UN CURÉ BRETON AU XIXᵉ SIÈCLE

VIE

DE

M. HUCHET

ARCHIPRÊTRE DE LA CATHÉDRALE DE SAINT-MALO

Vicaire général de Rennes.

APPROBATIONS

Lu et approuvé :

Fr. Antonin VILLARD,
des Frères-Prêcheurs,
Maître en Sacrée Théologie.

Fr. Bernard CHOCARNE,
des Frères-Prêcheurs,
Ex-provincial, Prieur du T. S. Sacrement.

Paris, 31 janvier 1888.

Imprimatur.

Fr. Aymon NESPOULOUS,
des Frères-Prêcheurs, Provincial de France.

Paris, 2 février 1888

A mes chers Condisciples et Amis

L'abbé Aristide ZINGUERLÉ

ET

Le docteur Jules PHILOUZE

*En souvenir des jours heureux passés ensemble au presbytère
de Saint-Malo.*

UN CURÉ BRETON AU XIXᵉ SIÈCLE

VIE

DE

M. HUCHET

ARCHIPRÊTRE DE LA CATHÉDRALE DE SAINT-MALO

Vicaire général de Rennes

PAR

Le P. Marie-Joseph OLLIVIER

DES FRÈRES-PRÊCHEURS

> « On ne saurait trop propager le
> culte et le souvenir des belles âmes
> dans un temps où il y en a si peu. »
>
> P. LACORDAIRE.

TROISIÈME ÉDITION

PARIS

IMPRIMERIE ET LIBRAIRIE CENTRALES DES CHEMINS DE FER

IMPRIMERIE CHAIX

SOCIÉTÉ ANONYME AU CAPITAL DE SIX MILLIONS

20, rue Bergère, 20

1889

AVANT-PROPOS

Le livre que nous confions aujourd'hui à la bienveillance du lecteur est surtout une œuvre de piété filiale. Dans notre première pensée, il devait avoir les proportions d'une simple notice destinée à des amis. Comment cette notice est-elle devenue un livre? Il serait assez difficile de le dire, et d'ailleurs il importe peu à ceux qui liront ces pages sans prétention littéraire.

Nous désirons qu'elles plaisent et rendent aimable la mémoire de celui que nous y faisons revivre. Dieu veuille qu'il en soit ainsi !

Paris, 21 janvier 1888.

Frère Marie-Joseph OLLIVIER,

des Frères-Prêcheurs.

CHAPITRE PREMIER

ENFANCE ET JEUNESSE DE M. HUCHET

EVEZÉ est un humble bourg du département d'Ille-et-Vilaine (1), qui ne semble guère destiné à sortir de l'oubli où il est resté jusqu'à ce jour. Aucune industrie ne l'anime ; aucune route importante ne le traverse. Sa physionomie est celle des localités voisines des grandes villes : propre et riante, avec un air de bien-être et certaine tendance à sortir de l'antique simplicité. On y est encore à peu près campagnard, mais on s'efforce d'y paraître citadin. Cependant la foi s'y conserve et les mœurs y sont restées graves. Le « recteur » y est encore une puissance : les « gens du château (2) » y reçoivent

---

(1) Canton nord-est de Rennes. La population est de deux mille habitants — Voyez aux notes la lettre A.

(2) Château de Beauvais situé près du bourg.

toujours les marques de ce respect empreint de familiarité, qui distingue les relations du paysan breton avec les vieilles familles du pays. Tout y est tranquille et régulier comme dans une maison où règnent l'ordre et la paix.

En l'an IV de la République, — l'année 1795, suivant l'ancien style, — Gevezé ne différait pas beaucoup de ce qu'il est aujourd'hui, à cela près que les toits de chaume dominaient et que les relations avec la ville étaient moins fréquentes. Or, le 1er vendémiaire de ladite année, c'est-à-dire le 23 septembre (le jour même où l'on promulguait la nouvelle Constitution décrétée *in extremis* par la Convention nationale), le « citoyen » Michel Huchet, demeurant au village de la Forge-en-Gevezé, venait déclarer, par devant le maire Chausseblanche, que Jeanne Rebillard, son épouse, lui avait donné un fils (1).

C'était un honnête homme et un bon chrétien que ce Michel Huchet (2), serrurier-armurier de son état, récemment encore maire de sa commune ou, comme l'on disait alors, « agent national ». Issu d'une vieille race bretonne dont un des rameaux s'était appauvri et avait perdu son lustre, il était compté parmi les « notables habitants » et frayait avec les nobles du lieu, sur le pied de cette égalité

_____

(1) Voy. aux notes la lettre B.

(2) Voy. aux notes la lettre C.

discrète qui n'avait pas attendu la *Déclaration des
Droits de l'homme* pour rapprocher et unir étroitement, dans nos campagnes, les gentilshommes et
les roturiers. Chacun gardait sa place et défendait
son droit sans envier la place ou contester le
droit d'autrui : aussi fut-il facile à tous de se
sentir les coudes et de marcher du même pas
quand la Révolution menaça la foi catholique, la
seule chose qu'on lui eût interdit de toucher.
Car, il faut bien le remarquer, le mouvement
rénovateur de 1789, non seulement ne rencontra
pas d'obstacles en Bretagne, mais y fut accepté
et servi avec un loyal enthousiasme ; au début,
l'élan parut même dépasser la mesure, particulièrement à Rennes, où la jeunesse des écoles accla-
mait les ardentes prédications de Victor Moreau,
le futur vainqueur de Hochstaedt et de Hohenlin-
den (1). Les innovations schismatiques de la *Constitution civile du clergé* attristèrent les vrais amis
de la réforme, sans leur ôter l'espoir d'un avenir
meilleur, et les amener à l'abandon des fonctions
qu'ils avaient d'abord acceptées. Les circonstances
incessamment changeantes, à travers lesquelles se
développait l'essai de la nouvelle vie sociale, leur
permettaient encore de concilier leurs convictions
politiques et les exigences de leur foi religieuse.
Ce n'était pas toujours sans périls qu'ils y réussis-

(1) Voy. la note **D**.

saient : plusieurs y jouèrent leur tête, héros obscurs et le plus souvent méconnus par ceux mêmes dont ils défendaient les intérêts au prix de leur liberté ou de leur vie.

Michel Huchet fut un de ces hommes. Gevezé n'avait pas tardé à ressentir l'influence de Rennes et, tout en restant fidèle à ses pasteurs légitimes, avait accepté le nouveau régime sans nulle difficulté. L'agitation qui remuait la Bretagne, de Nantes à Dol, n'y avait eu aucun retentissement, bien que les troupes des deux partis sillonnassent le pays dans tous les sens et que leurs quartiers généraux fussent souvent établis dans les environs. L'église était fermée, le recteur se cachait ; mais il n'y avait point d'intrus et l'on attendait patiemment la fin d'une épreuve qu'adoucissaient les mesures conciliantes des généraux républicains, lorsqu'ils étaient libres d'agir à leur guise (1). Gouverner cette petite commune était donc une besogne possible avec du sang-froid et du tact : de quoi Michel Huchet ne manquait point, comme il paraissait par l'expérience.

Il avait accepté les fonctions d'agent national ou de maire, peut-être par sympathie personnelle pour les idées de 1789, mais surtout dans l'espérance de rendre service à ses administrés. Appuyé sur l'estime de tous les honnêtes gens, il avait pu

____

(1) E. Veuillot : *Guerres de Vendée*. — A. Thiers : *Histoire de la Révolution*.

longtemps tenir tête à la minorité révolutionnaire,
sans prêter le flanc à ses jalousies et à ses rancunes.
Comme il arrivait souvent à cette époque, sa maison
servait de refuge au vénérable recteur, M. Pierre
Feudé, qui n'avait pas voulu quitter son troupeau
et continuait son ministère avec toutes les précautions commandées par les dangers du moment. Il
est facile de comprendre quelle prudence et quel
courage il fallait à Michel pour ne pas se compro-
mettre et pour imposer silence aux dénonciations
toujours prêtes à se produire. Il y réussit jusqu'aux
derniers jours de la Terreur : ce dont il ne faut
s'étonner qu'à demi. Ce fut en effet le temps de
toutes les couardises : les coquins aussi avaient
peur, quand un homme de cœur et de sens les
tenait sous sa main. Mais, à la dernière heure,
une délation fut portée à Rennes contre le maire
de Gevezé et la complice de son « incivisme »,
Mlle Perron, autre « notable habitante » du pays,
soupçonnée, non sans motif, de donner asile au
recteur quand les circonstances l'obligeaient à
changer de refuge. Une dénonciation en ce temps-
là équivalait à un mandat d'amener : et l'arresta-
tion n'était que le prélude obligé de la compa-
rution au tribunal révolutionnaire d'où l'on sortait
d'ordinaire pour aller à l'échafaud.

Michel Huchet fut conduit à Rennes avec
Mlle Perron et jeté dans la prison de la Tour-le-
Bas, en attendant l'heure du jugement et de la

mort. Par bonheur on était au commencement de Thermidor ; la chute de Robespierre sauva les deux prisonniers qui purent revenir à Gevezé, après une assez courte détention. Michel reprit tranquillement son marteau, laissant l'écharpe municipale au citoyen Chausseblanche, et continua de cacher dans sa maison le prêtre qu'il avait su dérober aux poursuites de ses persécuteurs. Il demeura suspect de « modérantisme », cela va sans dire ; mais, chose étrange, il n'en fut pas moins, pour certaines gens, coupable de complaisance envers la Révolution. Après les violences du parti jacobin il avait à craindre celles du parti contraire, dont les espérances se relevaient avec d'autant plus de force que l'armée royaliste s'était rapprochée de Rennes, où les généraux Humbert et Hoche avaient, il est vrai, leurs quartiers, mais à quelques kilomètres seulement de la Prévalaye, occupée par les avant-postes vendéens. Les traités de la Jaunais (17 février 1795) et de la Mabilais (19 avril de la même année), avaient mis fin aux hostilités : une sorte de pacification générale permettait aux prêtres de rentrer dans leurs églises, aux officiers des chouans de se montrer ouvertement dans la ville, aux imprudents de parler de réaction, et même de restauration (1).

Michel se contenta de jouir de l'accalmie, sans

---

(1) A. Thiers : *Histoire de la Révolution*. — E. Veuillot : *Guerres de Vendée*.

trop croire à sa durée, surtout sans rien changer
à sa conduite prudente et réservée. L'événement
ne tarda pas à lui donner raison : deux mois
après le traité de la Mabilais, l'aventure de Qui-
beron détruisait les espérances des uns et des
autres. Tout était remis en question ou plutôt tout
s'écroulait pour ne se relever que longtemps après
à la suite de nouveaux désastres et de nouvelles
persécutions.

C'est à ce moment que Jeanne Rebillard donnait à son époux son huitième enfant, celui que le
maire Chausseblanche inscrivait, le 23 septembre 1795, sur les registres de l'état civil, avec les
prénoms de Jean-François.

Il ne faut pas conclure de cette dénomination
chrétienne que le nouveau-né, au sortir de la
maison commune, fût porté à l'église pour y recevoir le baptême. Pendant la courte période des
trêves, l'église n'avait pas été rouverte : plus que
jamais elle était fermée aux fidèles, et l'enfant
dut être ondoyé dans la maison paternelle, en
attendant le jour où les cérémonies du baptême
pourraient être suppléées sur les fonts sacrés.
Heureusement ce jour n'était pas loin, mais il
devait encore être précédé de jours mauvais dont
le nouveau-venu subirait le contre-coup.

Les campagnes étaient alors sillonnées par des
bandes armées, d'organisation plus ou moins régulière, également redoutables par les violences dont

elles avaient coutume, quel que fût d'ailleurs le drapeau dont elles se couvraient. La maison de l'ex-maire reçut plus d'une fois leur visite ; suspect aux deux partis, comme on l'a vu, il était souvent en butte aux avanies et aux menaces. Un jour même, il faillit être mis à mort; sa demeure fut pillée ; sa femme et ses enfants eurent à souffrir toute sorte de mauvais traitements. L'un des bandits renversa d'un coup de pied le berceau où dormait le petit Jean-François, et comme l'enfant criait, il s'apprêtait à le percer de sa baïonnette, lorsqu'un de ses camarades l'arrêta par cette plaisanterie : « Laisse-donc ce petit sans-culotte ! Pour sûr il ne verra pas la fin de la République ! » Quatre-vingts ans plus tard, le bon curé de Saint-Malo racontait cette aventure avec un mélancolique sourire : « Cet homme, disait-il, avait raison : je ne verrai pas la fin de la République ! »

Tels furent les débuts dans la vie de M. l'abbé Huchet. Il était encore dans les langes quand Dieu lui reprit son père usé avant l'âge par les émotions et les chagrins. Conçu et mis au monde au milieu des tristesses et des alarmes, le frêle orphelin ne semblait être entré dans la vie que pour en sortir après quelques jours de lutte contre la mort. Il vécut cependant. Sa mère, justement effrayée de sa complexion délicate, l'entoura des soins les plus minutieux jusqu'au moment où elle fut à son tour enlevée à l'amour de ses enfants. Il avait alors huit ans ; sa première éducation chrétienne était achevée, et déjà l'on pouvait deviner ce qu'il serait un jour ; la sage direction de sa sœur Jeanne, devenue mère de famille par droit d'aînesse « *secunda mater orphanis,* » suivant l'expression de l'Eglise (1), porta plus haut cette jeune âme dont elle avait conquis l'affection. Un an s'était à peine écoulé depuis la mort de Madame Huchet, lorsque Jean-François prit à part sa confidente ordinaire pour lui révéler son désir d'être prêtre et lui demander de concourir à la réalisation de son désir. Jeanne ne fut point étonnée et promit facilement son aide : les chrétiens d'autrefois, tenant à grand honneur de compter un prêtre parmi les membres de leur famille, bénissaient Dieu quand il les honorait de son choix et s'imposaient les plus durs sacrifices pour donner à l'élu de la Providence les moyens d'obéir à sa vocation.

Les premières études du futur séminariste furent sans doute dirigées par le recteur, suivant la coutume de l'époque où les presbytères étaient autant d'écoles, à défaut de celles que la nouvelle France ne possédait pas encore. A ce point de vue, le diocèse de Rennes n'était guère mieux partagé que ses voisins (2). Saint-Malo avait, depuis deux ans,

---

(1) Expression que M. Huchet rappelait lui-même, dans le panégyrique de Saint-François de Sales : « Élevé à l'école d'une sœur à qui l'on peut appliquer ces paroles de l'Église : *Patrona custos virginum, secunda mater orphanis.* »

(2) Allain : *L'œuvre scolaire de la Révolution de l'an Ier à l'an X.* (Revue des questions historique.s)

un collège établi par M. Pierre Engerand, ancien directeur de la *préceptorerie* du chapitre, et qui servait à la fois de grand et de petit séminaire pour la région maritime du diocèse. Une autre école de moindre importance venait de s'ouvrir dans la paroisse du Loup, sous la direction de M. Texier, jadis membre de la congrégation des Eudistes. Le grand séminaire de Rennes, qui venait d'être rétabli par décret impérial, ne devait pas exister de sitôt en réalité ; il était suppléé par le petit collège ouvert dans l'ancien couvent des Cordeliers, aux frais de M. Brossays-Saint-Marc, sous la direction de M. l'abbé Blanchard. On y faisait les études ordinaires d'humanités, de philosophie et de théologie (1). Cet état durait encore lorsque le jeune Huchet quitta Gevezé pour entrer à la « pension Blanchard », comme on disait longtemps après la mort du vénérable directeur.

Il y avait déjà deux ans qu'il étudiait la langue latine, tout en se préparant à sa première communion. Nous n'avons pas de notions précises sur cette période de son enfance ; mais le plaisir qu'il montrait, dans son âge mûr, à lire et à citer les jolis vers où Brizeux chante son premier maître (2), nous dit assez quels traits de ressemblance il trouvait entre lui et l'écolier d'Arzannô. Le doux poète

(1) Tresvaux : *L'Église de Bretgne.*

(2) A. Brizeux : *Marie*, p. 71 (Édition Lemerre, 1874).

lui semblait avoir écrit son histoire à lui-même ; après le presbytère, le collège tel que l'ont connu ces temps si loin de nous, — véritable famille où les frères étroitement unis se pressaient autour d'un père aimé et respecté tout à la fois, comme on savait alors aimer et respecter. Mais aussi quels maîtres et comme ils s'entendaient à former la jeunesse !

Cet abbé Blanchard, auquel Jean-François fut présenté vers l'âge de onze ans, était alors dans toute la force de sa maturité. Né, en 1755, à Carantilly, dans le diocèse de Coutances, il était supérieur du grand séminaire de Rennes à trente-quatre ans, lorsque la révolution vint l'arracher à ses fonctions pour l'exiler en Espagne. Six ans plus tard il revenait en cachette avec le titre de vicaire-général de Mgr de Girac, et, par un trait d'audace qui lui réussit, appelait autour de lui quelques jeunes gens dont il commençait la formation (1). En 1800, il s'installait ouvertement à La Mettrie, en Montgermont, avec ses élèves plus nombreux de jour en jour. En 1801, il se rapprocha de Rennes, par l'installation de son collège à La Hautière, en Saint-Grégoire ; la même année, il entrait bravement en ville, et logeait ses élèves dans les mansardes de l'hôtel de Talhouët, au vu et su de

(1) Dans une maison appartenant à M. de Talhouet, ancien conseiller au Parlement de Bretagne.

tout le monde. Mais ce n'était là que du provisoire ; l'amitié acheva l'œuvre commencée par
l'amitié. Le 24 juin 1802, M. Brossays-Saint-Marc
conduisait le père Blanchard aux Cordeliers (1)
où l'évêque, Monseigneur de Maillé, lui ordonnait
d'organiser un séminaire. Le nouveau supérieur
avait appelé à son aide ses anciens collaborateurs
de la congrégation des Eudistes ; le père Guillaume
Morin faisait fonctions de directeur du grand séminaire, tandis que le père Blanchard s'occupait
plus spécialement des études d'humanités.

Comme le curé d'Arzannô, « il avait la passion
de l'enseignement. » Comme lui aussi, « par le
charme de son esprit et par la bonté de son cœur,
il avait le don de s'attacher ses écoliers pour la vie,
et aujourd'hui encore, après tant d'années, ceux
qui l'ont connu ne peuvent parler de lui sans larmes (2) ». Ces paroles, M. Huchet les a dites bien
des fois en parlant de son ancien maître, ne se
doutant guère qu'on pourrait, un jour, les lui
appliquer à lui-même.

Entré aux Cordeliers en 1806, il s'y trouvait
encore en 1812, au moment où sévissait dans toute
sa rage la passion guerrière de Napoléon Ier, alors
entouré de tout son prestige. La grande armée
allait partir pour la Russie : la jeunesse se jetait
avec ardeur à la suite du triomphant César. Pres-

(1) Sur la place du Palais.
(2) Saint-René Taillandier : *Notice sur Brizeux.*

que tous les condisciples du jeune Huchet sollici-
tèrent des brevets de sous-lieutenants et partirent
pour la conquête de Moscou, d'où bien peu devaient revenir. La santé de Jean-François était restée si délicate qu'on le disait malade de la poitrine,
et par conséquent incapable de courir les hasards
de la guerre. Désireux du sacerdoce, il avait sans
doute mis de côté toute velléité de vie militaire,
mais il est bien difficile de croire qu'il n'avait
pas subi l'ascendant de cette gloire et l'engoue-
ment auquel obéissait alors la jeunesse tout
entière. Il était du reste d'humeur assez aventu-
reuse et, pendant les vacances, il s'était déjà
lancé plus d'une fois dans des escapades où l'on
reconnaissait une âme peu soucieuse des faiblesses
et des timidités auxquelles on eût pû la croire
assujettie (1). Jusque dans les derniers temps de sa
vie, les récits de l'épopée impériale lui furent
chers : il relisait avec délices l'*Histoire de la Révolution et de l'Empire*, par M. Thiers, et s'enflammait
involontairement au commentaire de ces pages où
revivaient pour lui les émotions de l'adolescence.
Il dut lui être pénible de séparer sa marche de celle
de ses amis : regret bientôt atténué par les désastres des années suivantes, les persécutions dirigées
contre le Pape et les vexations dont la pension
Blanchard eut alors à souffrir.

(1) Voyez aux notes la lettre E.

L'empereur avait préludé à la funeste campagne
de Russie par la fermeture des établissements
libres d'éducation, à la suite du refus que lui
opposèrent les directeurs de professer *toutes* les
doctrines de l'Université : à quoi répugnait leur
conscience de chrétiens et de prêtres. Le Père
Blanchard se retira dans une maison bâtie par
lui près du pont Saint-Martin; mais ses élèves
ne furent pas longtemps dispersés, grâce aux
mesures prudentes de l'évêque auquel il avait
donné sa maison des Cordeliers. Sans être un
prélat courtisan, Mgr Enoch avait su gagner la
faveur du maître : fermé le 11 décembre 1811, le
collège fut rouvert le 23 juin 1812, sous le nom
de *Petit séminaire*, avec l'obligation pour les élèves
de suivre les cours du Lycée. C'était une situation désagréable et même périlleuse; mais en
cette occurrence, comme en beaucoup d'autres,
l'important était de vivre avec l'espérance de
jours meilleurs. Le gouvernement de la nouvelle
maison fut confié à M. le chanoine Yves des
Rieux, suffisamment agréable à l'Université pour
ne pas attirer sur lui les foudres qui avaient
frappé son prédécesseur.

Le jeune Huchet suivit donc les cours du
Lycée, où l'esprit du XVIIIe siècle soufflait en
toute liberté. La littérature y était professée par
M. Rubillon, ancien sous-officier des armées
républicaines, disciple fervent des Encyclopédistes,

mais d'un goût assez délicat pour préférer les écrivains du grand siècle, et leur donner la première place dans son enseignement. La philosophie était le lot d'un ecclésiastique à qui les *Confessions* de Jean-Jacques Rousseau paraissaient une lecture convenable à ses élèves, et qui disait en trouvant ce livre dans le pupitre de l'un d'eux, Pierre Leroux (1) : « *Hæc oportuit facere et illa non omittere* (2), » par allusion au devoir de classe négligé au profit du sophiste genevois.

En abusant ainsi de l'Évangile, le pauvre homme croyait sans doute faire merveille : il *posait* pour l'indépendance et l'élévation de l'esprit, sans se rendre compte du danger que couraient l'innocence et la foi des jeunes gens remis à sa conduite. Il n'était pas le seul de ce caractère, à l'époque dont nous parlons. « Quoique je ne fusse qu'un écolier de sixième, dit le père Lacordaire en parlant de son répétiteur, il me faisait lire beaucoup et apprendre par cœur, d'un bout à l'autre, des tragédies de de Racine et de Voltaire, qu'il avait la patience de me faire réciter. Ami des lettres, il cherchait à m'en inspirer le goût ; homme de droiture et d'honneur, il travaillait à me rendre doux, chaste, sin-

(1) Pierre Leroux était le rival le plus sérieux de M. Huchet dans les concours de fin d'année. Par une rencontre singulière, ils se revirent une fois seulement, dans la prison de Saint-Malo, où le célèbre utopiste était de passage à la suite de quelqu'une de ses frasques révolutionnaires.

(2) Matth. XXIII, 23.

cère, généreux, et à dompter l'effervescence d'une nature peu docile. La religion lui était étrangère : il ne m'en parlait jamais, et je gardais le même silence à son égard. Si ce don précieux ne lui eût pas fait défaut, il eût été pour moi le conservateur de mon âme, comme il fut le bon génie de mon intelligence..... M. Delahaye, mon vénéré maître, me laissa donc suivre la pente qui emportait mes condisciples loin de toute foi religieuse : mais il me retint sur les sommets élevés de la littérature et de l'honneur, où lui-même avait assis sa vie (1) ».

L'excuse de ces braves gens peut être dans leur sincérité. Ils savaient sans nul doute, « combien est puissante la couche première déposée dans notre esprit par l'éducation et l'instruction, » et que « tout porte là-dessus, sans détruire ou effacer ce sillon premier où tous les germes ont été semés si laborieusement (2). » Mais ils se croyaient, de bonne foi, obligés seulement à professer comme ils le faisaient, laissant de côté l'enseignement religieux, d'après ce principe alors triomphant que la philosophie et la foi, la science et la religion n'ont rien de commun, suivent des routes différentes pour aboutir à des conclusions absolument indépendantes.

La conséquence devait être tout au moins l'in-

_____

(1) Lacordaire : *Mémoires.*
(2) Lettres à Mme de Prailly : 22 mars 1855.

différence religieuse. Heureusement la première
éducation du jeune Huchet avait été trop profondément chrétienne pour qu'il se sentît ébranlé, et
son rare bon sens suffisait à le mettre en défiance
contre les sophismes débités en sa présence.

Contre d'autres entraînements il avait une sauvegarde dans l'amour de l'étude qui marqua toute
la suite de ses années de collège. Esprit à la fois
perspicace, judicieux et patient, il trouvait le travail agréable, lors même qu'il lui faisait sentir ses
aridités, et les obstacles ne lui furent jamais qu'une
occasion de mettre en relief les qualités dont il
était favorisé. Les lettres et la philosophie le pas-
sionnèrent à ce point qu'il ne put jamais se
déprendre de cet amour, même dans sa vieillesse,
lorsque sa plus douce récréation était encore la
lecture et le commentaire d'une page d'Horace ou
de Tacite, à moins qu'il n'eût choisi, ce jour-là,
Saint Jean-Chrysostôme ou Platon.

Il n'était pas exclusivement classique, comme il
est facile de le comprendre d'un élève qui avait de
tels maîtres et de tels condisciples. Le *Génie du
christianisme* dut faire tort quelquefois aux *Commentaires de César*, peut-être même au *Discours sur
l'Histoire universelle*. On pouvait déjà deviner, dans
l'écolier de Rennes, le maître qui fournirait à ses
disciples de Saint-Malo des arguments pour défendre Lamartine contre leur professeur de rhétorique et ne craindrait pas de prendre le parti de

Lacordaire contre les routiniers de la prédication, tout en riant avec malice des imitateurs maladroits. Ces incartades littéraires et philosophiques pouvaient bien n'être pas toujours approuvées du bon chanoine Des Rieux : mais l'excellent homme savait, par une longue expérience des jeunes gens, que tout profite aux esprits de cette trempe, et fermait les yeux sur ce qu'il ne pouvait empêcher. Il n'eut pas tort comme l'avenir le montra.

Des Cordeliers, Jean-François fut envoyé à la Trinité, c'est-à-dire au grand séminaire, vers la fin de sa dix-septième année. Les temps étaient devenus sombres, le colosse impérial ébranlé sur sa base menaçait de s'écrouler, mais non sans avoir énergiquement résisté aux efforts de ses démolisseurs. La jeunesse française était mise en coupe réglée, et les séminaires défendaient mal leurs élèves contre les appels de l'Empereur. Quelquefois même, dans un de ces mouvements de colère dont la résistance des évêques était la cause, il arrachait au sanctuaire les sous-diacres et les diacres pour les incorporer dans les régiments décimés. Pauvres soldats qui ne pouvaient guère retenir la victoire sous des drapeaux désormais voués aux malheurs! Le deuil était partout, avec la crainte de maux plus grands encore : en Bretagne, les murmures commençaient à se produire; et, si les conscrits partaient docilement pour cette guerre d'où l'on ne revenait plus, c'était dans un silence farouche,

après avoir récité pour eux-mêmes, de concert
avec le prêtre, un *De profundis* comme pour les
morts (1). Ils étaient loin les jours où les nouvelles recrues partaient enthousiasmées, au cri de :
« Vive l'Empereur ! » Encore deux ans et les
écoliers de Vannes allaient répondre aux recru-
teurs : « S'il faut mourir, eh bien ! nous mour-
rons au moins sur la terre natale. » Ce qu'ils
firent, le 10 juin 1815, en cette « mêlée terrible où blancs et bleus, enfants d'un même pays,
tombèrent sous des balles françaises. » (2).

La faible constitution du jeune Huchet le pré-
serva de cet enrôlement désespéré : il avait gardé
la mine chétive de ses premières années, petite
taille, membres frêles, visage pâle et maigre, toutes les apparences de la phtisie, comme il le rappelait en riant, soixante-deux ans plus tard (3). Il
put donc achever tranquillement sa théologie,
pendant que l'Empire s'en allait, cédant la place
aux Bourbons, puis revenait pour disparaître tout
à fait après le désastre de Waterloo. En 1817, il
fut élevé au diaconat : ses études étaient à leur
terme, et le supérieur, M. l'abbé Millaux, plus
tard évêque de Nevers, le trouva capable de professer à son tour.

(1) Briseux : *Les conscrits de Plô-meur.*

(2) Saint-René Taillandier : *Notice sur Brizeux.*

(3) « Il y a bientôt quatre-vingt deux ans, écrivait-il le 24 mars 1877, que
je suis atteint de cette maladie (la phtisie) et que je vis tout de même,

En conséquence, lors de la rentrée des classes au petit séminaire des Cordeliers, Monseigneur Enoch chargea l'abbé Huchet du cours de rhétorique. C'était une marque singulière de confiance et qui pouvait paraître excessive. « Avant d'avoir passé l'âge où les autres ont besoin d'être dirigés, il était chargé de les diriger lui-même », comme il le disait plus tard d'un de ses vénérables confrères (1).

Cependant personne ne songea, parmi ses collègues et ses élèves, à se plaindre de la jeunesse du professeur mis ainsi au premier rang pour ses débuts ; là, comme ailleurs, il s'imposa par la supériorité de son intelligence, de ses connaissances, de son caractère, surtout de son cœur peu pressé de s'ouvrir, mais où l'on découvrait bientôt des trésors de tendresse et de simplicité. Si haute que soit la place où les met la fortune, de pareils hommes sont toujours à la place qui leur convient.

L'abbé Huchet professait aux Cordeliers, depuis deux ans, lorsqu'il fut élevé au sacerdoce, le 10 avril 1819, la veille de Pâques (2), ce qui indique une ordination extraordinaire motivée peut-être par le besoin de pourvoir au service des paroisses jusque-là délaissées. Cette ordination ne modifia pas cependant la situation du nouveau

1) *Oraison funèbre de M. le recteur de Châteauneuf*.
2) Le même jour que Pie IX.

prêtre : il continua d’occuper la chaire de rhétorique, jusqu’au mois d’août de l’année 1825. Ai-
mait-il l’enseignement ou s’y résignait-il ? La
question paraît difficile à résoudre. Il était chéri
de ses élèves, estimé de ses collègues, soutenu
par la faveur de ses supérieurs ; c’était assez pour
qu’il dût se plaire dans la carrière où il était entré,
et tout semblait l’inviter à y persévérer, lorsque
la main de Dieu l’enleva tout à coup de sa chaire
pour le mettre dans une autre plus en rapport
avec sa vocation, ses aptitudes et sans doute avec
ses désirs.

Il s’était voué au sacerdoce pour le service des
âmes ; un instant détourné de cette voie par la
faiblesse de son tempérament, il sentait renaître,
avec ses forces, l’inspiration première à laquelle
il résistait par obéissance. Les événements lui
rendirent sa liberté à la mort de Monseigneur
Mannay qui avait remplacé Monseigneur Enoch (1)
sur le siège de Rennes, l’année même de l’ordination de l’abbé Huchet.

Ici finit ce que nous pourrions appeler, avec le
père Lacordaire, « la genèse » du bon curé de
Saint-Malo, « c’est-à-dire la suite des choses qui
ont formé son corps et son âme, et l’ont préparé
pour la fin providentielle qu’il devait librement
accomplir. Tout homme a sa genèse particulière,

1) Voyez la note F.

proportionnée à son service futur dans le monde, et dont la connaissance seule peut bien expliquer ce qu'il est. » (1).

Par la date de sa venue au monde et la condition de sa famille, il naît au point de partage, ou mieux de rencontre, de deux époques et de deux sociétés dont la double empreinte marquera toute sa vie et déterminera le caractère de son action. A l'ancien régime il devra la finesse de l'esprit et du langage, la grâce des manières, la délicatesse dans le maniement des affaires ; aux temps nouveaux il empruntera la largeur des vues, la générosité des aspirations, la confiance dans l'avenir. Il y aura toujours en lui du gentilhomme, sans qu'il oublie pour cela dans quel milieu la Providence a placé son berceau ; de telle sorte qu'il soit naturellement et sans effort l'homme de tous, au moment où Dieu lui confiera, pour le conduire, un peuple également fier de ses souvenirs et jaloux de ses droits, fidèle à la foi des ancêtres et désireux de tous les progrès.

Si les difficultés et les tristesses de ses premières années lui laissent quelque chose de grave et de mélancolique dans la physionomie et la pensée, la chaire des Cordeliers lui vaudra cette exquise bienveillance relevée par une pointe de gaieté discrète, à laquelle tient le succès auprès

____

(1) Lacordaire : *Vie de Saint-Dominique*, c. **II**

des jeunes gens et souvent auprès des gens d'âge
mûr. Il en gardera surtout l'amour de la jeunesse
et le don de la servir qui seront la gloire de sa
vie pastorale, de même que son enfance orpheline
lui mettra au cœur la sollicitude de ceux que la
mort a privés de leurs soutiens naturels.

Les ruines, à travers lesquelles il a poursuivi
sa route, pendant vingt-cinq ans, lui ont appris
la fragilité des puissances et la vanité des attache-
ments du monde. S'il a laissé derrière lui quelques illusions et appris à se défier de certaines
espérances, il a reçu de ses déceptions la leçon
la plus nécessaire à qui doit conduire les hommes,
celle de l'indépendance, sinon de l'indifférence,
vis-à-vis de tout ce qui est humain, — de l'indulgence à l'endroit des erreurs et des faiblesses
où se laissent entraîner les meilleures âmes, —
et surtout de l'abandon à la volonté divine, à
qui le dernier mot reste toujours ici-bas et dans
l'éternité.

Conduit, par ses goûts de nature et la grâce
d'une vocation particulière, vers les hauteurs de
la philosophie, des lettres et de la science, il y
a retrouvé, plus joyeux et plus intense, le rayonnement de la foi dont sa mère et sa sœur ont
imprégné son âme dès son premier éveil. Il s'est
ainsi établi dans une région sereine et tranquille,
voisine du Ciel, supérieure aux agitations de la
terre, mais non pas étrangère à ses misères et à

ses besoins : tout au contraire, parce qu'on les y voit de plus haut, avec cette pénétration que la fréquentation de Dieu ajoute à la puissance native de l'esprit. Formé à l'art de bien juger et de bien dire, il l'utilise auprès des âmes, dans un premier essai d'où lui vient, avec un fond précieux d'expérience, le désir de monter à un ministère plus digne de son ambition.

Comme avec la plupart de ses privilégiés, la Providence ne s'était pas pressée avec lui ; mais elle avait ainsi achevé, avec un soin jaloux, la préparation d'une des plus belles vies sacerdotales dont il soit permis d'admirer et de bénir la persistante fécondité.

CHAPITRE II

DÉBUTS DE M. HUCHET DANS LE MINISTÈRE DES AMES

E nouvel évêque de Rennes, Mgr Claude-Louis de Lesquen, était un gentilhomme breton (1), jadis officier de cavalerie, entré dans les ordres à un âge avancé, puis élevé sur le siège de Beauvais en 1823. En sa qualité de pair de France, il avait assisté l'archevêque-duc de Reims au sacre du roi Charles X; puis, renonçant aux avantages problématiques de cette pairie, il avait accepté le siège de Rennes, auquel l'appelait un décret royal du 8 mai 1825.

Sa prise de possession coïncidait à peu près avec la fin de l'année scolaire : l'une de ses premières mesures eut pour objet de modifier l'or-

---

(1) Il était né à Trégon (au diocèse de Saint-Malo), le 23 février 1770, et avait reçu l'onction sacerdotale en 1806.

2

ganisation et le personnel des maisons d'éducation. Confiée jusqu'alors à des prêtres séculiers,
la direction de ces établissements fut donnée
à la société récemment fondée par l'abbé Jean-
Marie de La Mennais. Ce saint prêtre avait
débuté dans l'enseignement au collège de Saint-
Malo, puis avait été chargé du petit séminaire
de Saint-Méen (1), destiné par Mgr de Lesquen
à remplacer l'ex-petit séminaire des Cordeliers,
devenu depuis trois ans le collège de la Trinité.

Cette dernière institution ne devait pourtant
pas être fermée : tout au contraire, l'évêque se
flattait d'en faire une rivale du Lycée, grâce à la
supériorité de conduite et d'enseignement qu'il
voulait lui assurer. Le nom seul du prêtre, son
ami de longue date, qu'il appelait à diriger la
Trinité, semblait une garantie de succès : le nouveau supérieur était l'auteur même de *l'Indifférence en matière de religion*, alors dans toute sa
gloire, l'abbé Félicité de La Mennais. Pendant
que son aîné réunissait, en juin 1825, ses missionnaires à ceux que M. Coëdro avait groupés en
1821, et pressait les travaux de la rue de Fou-
gères, où s'établissait la nouvelle congrégation (2),
Félicité prenait en main le gouvernement du
grand et du petit séminaire en attendant la fonda-

(1) Autorisé par décret royal du 12 février 1823, sur la demande de
Monseigneur Mannay.

(2) Dite de « Missionnaires de l'Immaculée Conception. »

tion d'une « École de hautes études » qu'il rêvait d'ouvrir avec des hommes de son choix, Rorhrbacher, Gaume, Blanc, Gerbet, et d'autres de même valeur (1). Grands desseins qui ne devaient avoir aucune suite heureuse, mais n'en sont pas moins l'honneur des deux évêques dont la faveur les fit naître et les eut fait prospérer sans doute si l'orgueil n'en eût paralysé le principal instrument.

Quoi qu'il en soit, l'abbé Huchet se trouva libre de changer sa voie, aux vacances de 1825. Tout d'abord il hésita : l'habitude déjà longue de l'enseignement l'empêchait peut-être de voir clair dans sa vocation définitive. L'abbé Demeuré, l'un de ses plus chers amis, était alors sous-directeur du collège de Pontlevoy, maison devenue justement célèbre sous la direction des Bénédictins, rouverte par eux dès le 9 Thermidor, avec un plein succès, et finalement remise aux mains d'une société d'ecclésiastiques à la suite des décrets de 1811. Dans la pensée de rejoindre son ami, il voulut connaître la maison confiée à ses soins et choisit, pour sa visite, le moment de la distribution des prix. Son esprit observateur ne laissa rien échapper de ce qu'il lui fut permis de voir ; l'impression ne fut pas conforme aux espérances avec lesquelles il était venu, mais

(1) Voyez la note G

dont il se gardait bien de parler (1). Sa décision fut prise aussitôt : rentré chez lui, il se mit à la disposition de Monseigneur de Lesquen pour la pratique du ministère paroissial et fut nommé vicaire à Saint-Sauveur de Rennes, ce qu'il accepta sans observation.

Cependant, il y avait là quelque chose d'étrange, et bien que la paroisse de Saint-Sauveur fût des plus considérables, le poste pouvait paraître peu en rapport avec le rang occupé jadis par le nouveau vicaire. Si quelqu'un toutefois s'en étonna ou s'en plaignit, ce ne fut pas l'abbé Huchet ; tout au contraire, il était au comble de ses vœux. En s'engageant dans la vie ecclésiastique, il ne s'était, avons-nous dit, nullement proposé de se vouer pour toujours à l'enseignement des lettres. Par obéissance il avait continué, pendant six ans, l'œuvre à laquelle l'autorité diocésaine l'avait attaché, non sans plaisir comme on peut le conclure de ce que nous savons de lui, mais avec l'arrière-pensée de substituer, un jour, le véritable enseignement sacerdotal à celui qu'il donnait dans sa chaire des Cordeliers ou de la Trinité.

Le ministère des âmes était sa véritable voie. Il avait fait jusque-là œuvre de jeunesse ; il allait

(1) Cette impression, toute personnelle, n'était en rien défavorable à la maison, comme il ressort d'une lettre, du 1er novembre 1859, à M. l'abbé Vallée, aujourd'hui curé de Notre-Dame-de-Clignancourt, à Paris, et professeur de rhétorique, à cette époque, au collège de Pontlevoy,

faire œuvre d'homme, sans répudier les goûts du philosophe et du lettré, si propres d'ailleurs à lui faciliter l'accès des esprits et des cœurs. Quelque chose de jeune se montra toujours dans sa parole, sa physionomie, ses allures, comme un reste de ce professorat pendant lequel il s'était mis en si intimes relations avec les jeunes gens. Il les aima jusqu'à la fin comme il les avait aimés au commencement de sa carrière ; et, puisque pour faire du bien aux hommes il faut d'abord les aimer beaucoup, il eut le don assez rare de parler à la jeunesse le langage qui lui convient. Ceux-là en sont témoins qui gardent, à cinquante ans de distance, le souvenir vivant de ses catéchismes à Saint-Sauveur : ceux-là aussi, qui l'ont approché de plus près, sur un autre terrain, et purent voir à quel point la gravité se tempérait en lui de grâce et de tendresse, quand il avait affaire à l'inexpérience présomptueuse de leurs quinze ou vingt ans.

La position secondaire qui lui était faite lui ménageait convenablement, à son gré, le passage d'un ministère à l'autre. Il avait trop de bon sens et d'humilité pour ne pas voir l'avantage d'un début au second rang, avec la sécurité que donne l'obéissance et les profits que l'on peut retirer de l'expérience des anciens. Sa doctrine ordinaire était que pour commander avec honneur et succès, il faut avoir été à l'école de la subordination, non pas en disciple ennuyé ou revêche, mais avec le sincère désir de se tenir aux ordres donnés et à la besogne imposée. Il avait trouvé tout simple d'apprendre avant d'enseigner : il trouvait aussi juste d'être vicaire avant de prendre en main le gouvernement d'une paroisse, s'il plaisait à Dieu de l'y appeler un jour.

Au moment où M. Huchet arrivait à Saint-Sauveur, la situation pouvait paraître plus que délicate pour un débutant. Le vieux curé, M. Olliviéro avait prêté serment à la *Constitution civile du clergé*, ce que ses paroissiens ne lui pardonnaient pas, bien qu'il eût réparé publiquement en chaire le scandale donné par sa défaillance. Les vicaires se trouvaient ainsi forcés à une grande réserve envers leur curé; d'où résultaient entre les habitants du presbytère des relations pénibles, toujours voisines de l'acrimonie. Le tact parfait du nouvel arrivant le sauva du péril auquel semblait l'exposer la nécessité de prendre part entre le curé et les autres confrères. La mort de M. Olliviéro ne tarda pas du reste à détendre la situation ou plutôt à la changer complètement : la liberté remplaça le malaise et, d'un commun accord, le nouveau curé, M. l'abbé Beaulieu, et ses vicaires se mirent au travail, s'excitant et se soutenant mutuellement. Comme il arrive d'ordinaire, M. Huchet se lia davantage avec l'un de ses collaborateurs; l'abbé du Pontdes-Loges, le futur évêque de Metz, devint son ami, par la pente de sa nature délicate et généreuse, enthousiaste sous des apparences d'extrême retenue, énergique jusqu'à l'héroïsme en dépit d'un extérieur timide auquel beaucoup devaient se tromper. Ce que fut cette amitié, nous le devinons sans peine, encore qu'il ne nous reste aucun document relatif aux rapports de deux âmes si bien faites pour se comprendre. Au dire de ceux qui les ont connus tous les deux et qui se souviennent de leur intimité, jamais la parole du Père Lacordaire n'a pu mieux s'appliquer : « C'est une rare et divine chose que l'amitié, le signe d'une grande âme et la plus haute des récompenses visibles attachées à la vertu. » (1).

Mais si la vie intime de l'abbé Huchet échappe à nos regards par certains côtés, il n'en est pas ainsi de sa vie extérieure qu'il n'a pu environner de la même ombre et du même silence. Les documents ne nous manquent pas et nous pouvons reconstituer de toutes pièces, pour ainsi dire, la physionomie du vicaire de Saint-Sauveur.

Il n'avait pas tardé à se concilier les sympathies, comme il aimait plus tard à le dire, en rappelant les relations agréables qu'il entretenait alors avec la plupart des hommes distingués de son entourage. La finesse et la culture de son esprit, la grâce de ses

____

(1) Lacordaire : *Sainte-Madeleine,* c. 1er.

manières en faisaient un homme du monde accompli: « *Vir amabilis ad societatem* (1); » ce qui n'ôte rien au mérite du prêtre, et lui rend souvent son ministère plus facile (contrairement à l'opinion trop accréditée que le prêtre peut se contenter de vertu, sans se préoccuper du savoir-vivre). Il voulait que la piété sacerdotale fût aimable, accessible, persuasive; il aima le mot spirituel, la répartie vive, le rire franc, jusque dans ses derniers jours (2), et sans rien sacrifier de sa dignité, sut être à l'aise avec tout le monde en mettant à l'aise tous ceux qui l'approchaient.

Il eut toujours l'apparence grave et le premier abord un peu froid. Le vicaire de Saint-Sauveur ne différait pas beaucoup, à ce point de vue, du curé de Saint-Malo; et pourtant, — le lecteur nous pardonnera cette anecdote, — voici la preuve que le fond n'avait rien d'âpre ni de morose. Il racontait volontiers cette historiette, rendue plus amusante par la malice qui brillait dans les yeux et le sourire du narrateur.

En 1830, après la chute du roi Charles X, la société légitimiste de Rennes s'enticha, comme c'est l'ordinaire dans les temps agités, de prophé-

_____

(1) Prov. XVIII, 24.

(2) « Croyant être trop vieux pour me faire à la vie d'ermite, — écrivait-il le 6 octobre 1871, à la suite d'une indisposition, — je suis descendu au salon, j'ai pris une tasse de café et *ri comme un bossu.* » C'est la note ordinaire de sa correspondance avec son neveu J. Philouze.

ties toutes plus rassurantes l'une que l'autre, à des
degrés divers de clarté et de précision. Une surtout
obtenait un succès universel, en raison peut-être
de ce qu'elle restait obscure par certains côtés et
fournissait aux sagacités d'élite l'occasion de se
mettre en lumière. Dans un salon, où se trouvait
l'abbé Huchet, les hasards de la conversation ame-
nèrent la question *actuelle*, pour nous servir d'un
mot à la mode.

Tout le monde s'avouait incapable de donner à
certaines paroles un sens assez justifié pour que
l'oracle fût pleinement intelligible :

— « Il me semble, dit tout à coup l'abbé, que le
sens est clair, d'un bout à l'autre de la prophétie. »

Stupéfaction profonde de l'assistance qui s'em-
presse autour de l'interrupteur.

— « Voyons votre explication, Monsieur
l'abbé ! » crient déjà dix voix railleuses et émues
tout ensemble.

— « Rien de plus simple ! » Et notre vicaire développe, commente, explique avec tant de suite et
de lucidité, que tout le monde s'extasie et déclare
la prophétie transparente comme du cristal.

— « Mais, Monsieur l'abbé, qui a pu vous donner cette intelligence d'un document si énigmati-
que ? »

— « L'auteur lui-même, madame, » répond
malicieusement l'abbé Huchet.

— « L'auteur ! vous le connaissez donc ?

— « Autant que l'on peut se connaître soi-même ! »

Tout le monde ne comprit pas ; et c'est pourquoi l'aimable vieillard ajoutait en guise de commentaire rétrospectif : « J'avais de bonnes raisons pour connaître l'auteur. Et j'en étais fier, non sans motif, avouez-le, après un pareil succès. Je suis sûr que ma prophétie court encore le monde, tout aussi mystérieuse et tout aussi respectée. (1) »

Mais s'il portait dans les salons cet esprit légèrement railleur qu'il garda toute sa vie, il y portait aussi des pensées plus capables de lui concilier l'estime des gens sérieux. Écoutons-le se rendre témoignage à lui-même :

« Vous souvient-il, Monsieur le docteur, — écrit-il en 1860, — d'un jeune prêtre, vicaire à Saint-Sauveur de Rennes, il y a un peu moins de quarante ans ? Hélas, il n'est plus jeune, il est vieux, glacé par les années. Cependant, il sent encore son cœur battre au souvenir de certaines causeries avec le docteur Toulmouche, sur les sciences, les arts, les hommes distingués dans ces parties. La bienveillance que vous me montrâtes alors semble m'autoriser à vous recommander un petit neveu (2) qui se propose de suivre votre cours...

(1) Il ne se trompait pas et tout récemment encore il était permis de le constater dans le monde auquel plaisent ses excursions hors du raisonnable et du réel.

(2) M. le docteur Jules Philouze, alors étudiant en médecine.

J'ose espérer que vous voudrez bien ne pas lui refuser vos bons conseils. Ce que vous ferez pour le neveu, vous le ferez pour l'oncle que vous accueilliez autrefois avec tant de bonté. »

Cette lettre au docteur Toulmouche, il eût pu l'écrire à tous les survivants de l'époque où il charmait, par ses qualités d'homme et ses vertus de prêtre, la bonne société rennaise, l'une des plus distinguées qui se pussent trouver dans la France de la Restauration.

A cette époque la *bonne société* constituait encore une classe à part où n'entrait pas qui voulait, où surtout l'on n'arrivait pas à se mettre en vue sans des mérites incontestables. Exclusive plus et moins qu'on ne le dit, elle demandait qu'on fît, avant d'entrer, preuves de noblesse, mais non pas seulement de naissance, car l'esprit, les talents, les services, tenaient lieu de titres et de parchemins dans les salons les plus à la mode. Qu'il y eût, à Rennes comme ailleurs, des réunions fermées à tout ce qui n'était pas blasonné, c'est facile à reconnaître pourvu qu'on ajoute : « Moins qu'ailleurs. » Ce n'étaient pas celles-là qui donnaient le ton et faisaient « l'opinion des salons », cette opinion tant raillée, mais dont Napoléon et Louis-Philippe, deux hommes de quelque valeur, recommandaient de tenir compte.

Ce qui distinguait cette société c'est l'art de la causerie délicate où les femmes ne le cédaient point aux hommes, si même elles n'y étaient pas supérieures (1). Rien n'est plus propre à mettre en relief les qualités de l'esprit et à donner aux manières ce tour élégant et mesuré qui marque l'homme bien élevé. Pour bien des causes, notre temps ne connaît plus guère cet art éminemment français dont les représentants se font de plus en plus rares. L'ancien clergé y excellait, non seulement dans les villes, mais encore dans les campagnes, avec les nuances que comportaient la situation des prêtres et leurs rapports avec les gens du dehors. Une familiarité de bon aloi, pleine de dignité et de réserve, les rapprochait des gentilshommes, des magistrats, des gens de lettres et même des dames auxquelles ils apportaient des hommages qui ne compromettaient en rien leur autorité. Ils savaient rester à leur place et parler le langage qui convient à leur état, mais ne s'interdisaient pas de paraître cultivés et spirituels à l'égal des autres habitués de la maison. Aussi aimait-on à les y voir et se plaisait-on à leur y faire les succès que nous venons de constater en racontant les relations de l'abbé Huchet avec la bonne société de Rennes.

Il ne se laissait point enivrer par la faveur dont il était entouré. Une grâce particulière l'accompagnait dans tous les actes de son ministère, à

____

(1) M. de Carné : *Souvenirs de ma jeunesse.*

l'église et dans le monde, le gardant contre les dangers que crée toujours le succès, surtout quand il produit la popularité, comme il arrivait pour lui. Car, — c'est une remarque à faire, — les petits et les pauvres lui rendaient le même témoignage que les grands et les riches, séduits qu'ils étaient également par son affabilité, sa prompte intelligence des affaires, sa charité à servir ceux qui se recommandaient à lui. A coup sûr il ne recherchait pas cette popularité dont il paraissait même gêné quelquefois ; il l'acceptait comme un moyen de faire le bien, s'en remettant à Dieu du soin de la lui reprendre ou de la lui conserver, suivant qu'il serait plus utile au salut des âmes dont il se préoccupait avant tout.

Les écrits de La Mennais agitaient alors l'Église et le monde. Les goûts d'étude que l'abbé Huchet avait non seulement conservés mais développés, et les tendances *modernes* de son esprit (si l'on peut ainsi parler), ne lui permettaient pas de rester indifférent à cette agitation. Le diocèse de Rennes avait des raisons tout à fait spéciales de s'intéresser aux questions débattues, soit dans le journal *l'Avenir*, soit dans les ouvrages de l'auteur de *l'Essai sur l'indifférence*. Par sa naissance, La Mennais appartenait à ce diocèse ; le domaine de la Chesnaie (1), où il avait réuni ses disciples, faisait partie

____

(1) Dans la commune de Plesder

de l'arrondissement de Saint-Malo, et lorsqu'il eut
transféré à Malestroit, dans le diocèse de Vannes,
sa *Congrégation de Saint-Pierre*, il se rattachait encore au clergé rennais par son frère, supérieur des
missionnaires diocésains. Le nouvel évêque, Monseigneur de Lesquen, peu soucieux des défiances
de ses collègues (1) lui témoignait depuis longtemps une vive amitié, dont les preuves éclataient
aux yeux de tout le monde, comme nous l'avons
déjà dit. Mais il y a plus. Une étroite communauté
d'idées religieuses et politiques avait d'abord rap-
proché le clergé rennais du grand écrivain ultramontain et royaliste, qui s'était révélé, en 1808,
par les *Réflexions sur l'état de l'Église en France* (2)
et, en 1814, par la *Tradition de l'Église sur l'institution des évêques*, dont la première pensée était
venue à l'auteur pendant le pseudo-concile de 1811.

Lorsque parut le premier volume de l'*Essai sur
l'indifférence*, le diocèse de Rennes se sentit ému d'un
joyeux orgueil bien légitime, il faut l'avouer.
« Cent quatorze ans avaient passé sur la tombe de
Bossuet, soixante-seize ans sur celle de Massillon.
Il y avait donc soixante-seize ans qu'aucun prêtre
catholique n'avait obtenu en France le renom d'é-
crivain ou d'homme supérieur. M. de La Mennais

(1) Voyez sur l'esprit et les dispositions des évêques pendant la Restau-
ation, M. de Carné, *Souvenirs de ma jeunesse*, p. 154 et suiv.

(2) Ouvrage supprimé par ordre de l'Empereur.

apparut avec d'autant plus d'à-propos que le dix-
huitième siècle reprenait les armes..... L'enthousiasme et la reconnaissance n'eurent pas de bornes;
il y avait si longtemps que la vérité attendait un
vengeur ! M. de La Mennais, inconnu la veille, se
trouva investi de la puissance de Bossuet » (1).

Hélas ! tout cet enthousiasme devait bientôt
s'en aller avec les espérances qui l'avaient suscité !
L'ultramontain farouche, le défenseur exagéré des
droits du Saint-Siège, pour qui les évêques de
France étaient des *gallicans* dignes des foudres de
Rome, ne tarda pas à s'élever contre la chaire de
Saint-Pierre, près de laquelle il avait pourtant
trouvé un si bon accueil, sous le règne de Léon XII.
Le royaliste absolu du *Défenseur* et du *Drapeau
blanc*, le partisan du *rey neto* espagnol, allait bientôt
qualifier ses coréligionnaires politiques de « parti
stupide et absurde, comme il le fut toujours (2), »
et jeter par dessus bord ses derniers principes
monarchiques. Les extrêmes se touchent, et les
bons esprits avaient deviné, presque aux débuts,
cette évolution prochaine d'une âme où tout était
sans équilibre et sans mesure (3).

L'abbé Huchet était l'un de ces bons esprits.

---

(1) Lacordaire. *Considérations sur le système de M. de La Mennais*, p. 35.

(2) Lettres à la comtesse de Senfft, 30 janvier 1829 et 13 septembre 1830.

(3) Ils avaient prévu, comme dit M. de Carné, « dans la fièvre de sa logique royaliste, le futur prophète des idées républicaines. » — *Souvenirs de ma jeunesse*, c. III, p. 78.

L'*Essai sur l'indifférence* devait lui plaire; il avait,
à Rennes, avec les amis de M. de La Mennais des
relations fréquentes; il désirait, comme les rédac-
teurs de *l'Avenir*, « ôter l'Église à l'état d'engrè-
nement où elle était pour la mettre dans l'état
d'indépendance (1). » Il avait dû par conséquent,
plus que tout autre, sentir avec joie sur son âme
le souffle de renouveau qui semblait si plein de
féconde vitalité. Mais la justesse de son esprit et
surtout l'humilité de son cœur le préservèrent de
l'entraînement où se laissaient aller quelques-uns
de ses confrères; il n'eut pas à rétracter quoi que
ce soit de ses admirations et put ainsi se préserver
des duretés où se complurent, après coup, les trop
ardents disciples du sectaire foudroyé (2).

Bien qu'il se fût rencontré quelquefois avec
M. de La Mennais, il n'avait jamais eu avec lui de
relations particulières; mais un concours exceptionnel de circonstances lui avait permis de voir
au fond de cette âme. Il lui garda toujours un souvenir mêlé d'affection et de tristesse. Un jour,
longtemps après la mort du malheureux écrivain,
quelqu'un rappelant devant lui un article cruel de
l'Univers, où La Mennais était représenté comme
un misérable sans cœur, il se récria douloureuse-
ment : « Sans cœur ! sans cœur ! ceux qui ont

____

(1) Lacordaire. Lettre du 19 juillet 1830, à M. Foisset.
(2) Voir Maurice de Guérin : *Lettres, passim.*

écrit cela ne l'ont jamais connu ! (1) » Et ses yeux se remplirent de larmes, pendant que se faisait autour de lui un silence respectueux. Malgré les ombres de la dernière heure, il était resté confiant dans la divine miséricorde, et priait assidûment pour l'homme qui avait impressionné sa jeunesse au point d'agir encore sur ses dernières années avec une telle puissance d'émotion.

Il fallait citer ce trait pour donner la mesure de la sagesse avec laquelle il avait sauvegardé sa foi, au milieu des agitations qui en troublèrent tant d'autres. Il était humble et doux, à l'exemple du divin maître, et semblable à l'un de « ces petits auxquels le Père révèle ce qu'il cache aux orgueilleux (2). »

Cependant, les années s'écoulaient sans modifier la situation peu brillante qu'on lui avait faite. Monseigneur de Lesquen paraissait avoir oublié ce jeune prêtre auquel pourtant il ressemblait par plus d'un côté et d'autant plus facile à remarquer que le voisinage amenait souvent le clergé de Saint-Sauveur aux petites réunions de l'évêché. L'abbé Huchet, content de son sort, en avait peu souci ; mais plusieurs s'étonnaient d'un oubli si

(1) C'était aussi l'opinion du P. Lacordaire : « Je ne saurais exprimer combien il était bon, carressant, tendre même pour ceux qu'il voulait gagner. » (Lettre du 19 juillet 1830, à M. Foisset.) — « Son caractère était bon et tendre. » (Lettre du 31 mars 1854, à Mme Swetchine.) — Cf. Maurice de Guérin. (Lettre à M. de Bayne, du 16 mai 1833.)

(2) Matth., XI, 29. — Luc, X, 21.

peu en rapport avec son mérite. Rien toutefois ne
portait à croire que l'évêque eût la pensée de le
distinguer, lorsqu'un beau matin du mois de juillet de l'année 1833, il le fit mander à l'improviste.

— « Mon cher abbé, lui dit-il gracieusement,
je veux de vous un avis sur une question délicate.
Vous êtes, m'assure-t-on, homme de bon conseil ;
j'en veux profiter. »

Et sans lui laisser le temps de la réplique, il lui
exposa l'état fâcheux où se trouvait la paroisse
de Saint-Malo, par suite de l'affaiblissement des
forces physiques et des facultés intellectuelles de
son curé, le vénérable M. Le Breton (1). Bien
que sa démission fût devenue nécessaire, elle avait,
aux yeux de beaucoup de gens, quelque chose
d'arbitraire du côté de l'autorité épiscopale, et le
successeur devait s'attendre à une opposition d'autant plus vive et plus persistante que M. Le Breton
continuerait d'habiter Saint-Malo. Les dispositions
du gouvernement de Juillet ne rassuraient nullement l'évêque sur les mesures qu'il voulait prendre et vis-à-vis desquelles il sentait l'opinion en
défiance, presque en révolte, avant même qu'elles
fussent prises.

Puis il y avait à tenir compte de la solidarité

____

(1) François-Yves-René Le Breton avait remplacé, en 1823, Noël Le Daen
du Cosquer, successeur lui-même de Jean-Christophe Le Saout, dernier
curé de l'ancien régime, exilé, puis rétabli dans sa charge à l'époque du
Concordat.

qui unissait étroitement les prêtres de cette paroisse,
pour la plupart confesseurs de la foi, amis de longue date sinon d'enfance, quelques-uns rattachés
par les liens du sang, et qui se sentiraient tous
atteints par une mesure dirigée contre le curé.
L'évêque songeait à un administrateur qui aurait
plus tard la charge pastorale; mais l'homme lui
manquait. Du moins il le donnait à entendre : ce
qui n'était peut-être pas très loyal, puisqu'il avait
déjà des convictions à ce propos et d'autant mieux
établies qu'il les sentait appuyées sur le consente-
ment des meilleurs esprits de son entourage.

L'abbé Huchet ne pouvait deviner, et l'évêque
se gardait bien de lui dire que le curé de Saint-
Sauveur, M. l'abbé Beaulieu, avait été mandé la
veille au palais épiscopal. Mgr de Lesquen, juste
appréciateur des services rendus par ce vénérable
prêtre, lui avait proposé la cure de Saint-Malo,
poste encore honorable après celui qu'il lui faudrait quitter, puisque c'était le premier du diocèse, une sorte d'épiscopat, surtout au lendemain
du Concordat avorté de 1817, qui avait rendu son
titre séculaire à la cathédrale des Jean de Châtillon et des Josselin de Rohan.

M. Beaulieu n'avait pas hésité un seul instant
à refuser cette charge qu'il trouvait trop lourde
pour ses épaules déjà vieillies. Il lui paraissait
meilleur de mettre à cette tâche quelqu'un de
vigoureux et de confiant en l'avenir, car de telles

œuvres ont besoin d'un lendemain où l'on puisse continuer l'effort sans abattement et sans crainte d'être arrêté avant l'heure.

— « Monseigneur, avait-il ajouté, je ne suis pas l'homme de la situation, mais je puis vous l'indiquer, si Votre Grandeur me le permet.

— » Dites, mon cher curé. Quel est votre candidat ?

— » Mon premier vicaire, l'abbé Huchet. Il a tout ce qui me manque et tout ce que vous pouvez demander. Votre Grandeur me saura gré de lui avoir indiqué le prêtre dont les qualités répondent le mieux aux besoins de la population malouine. »

Mgr de Lesquen était resté quelques moments sans rien dire; il évoquait la figure du vicaire de Saint-Sauveur et réfléchissait. Peut-être s'étonnait-il de n'avoir pas eu la pensée qu'on venait de lui suggérer. Quoi qu'il en soit, il n'avait pas tardé à congédier grâcieusement M. Beaulieu, en le priant de lui envoyer M. Huchet.

C'est dans ces conditions qu'avait commencé l'entrevue où l'évêque voulait prendre, une dernière fois, la mesure de celui auquel il allait donner une si grande preuve de confiance.

— « Mon cher abbé, conclut-il après l'exposé que nous venons de résumer, connaissez-vous cet homme, vous qui connaissez si bien les confrères dont vous êtes entouré ? »

L'abbé Huchet, un peu surpris, s'excusa tout d'abord. Il n'avait pas caractère pour prononcer. Le prélat insistant avec malice, il était à la torture et pourtant il ne pouvait esquiver l'ennui d'une réponse plus ou moins catégorique.

Il chercha donc une tangente; au lieu de désigner quelqu'un, il se mit à dire ce que ce *quelqu'un* devait être, suivant lui, pour remplir dignement une mission si délicate. Prudence, tact, fermeté, patience, doctrine, abandon à Dieu et aux supérieurs, — la perfection en quelque sorte, — lui semblaient nécessaires, et l'homme qu'il faudrait était un résumé de toutes les vertus sacerdotales associées à toutes les ressources d'une nature et d'une éducation supérieures.

Il parla longtemps, les yeux baissés, replié sur lui-même comme s'il regardait dans son âme, donnant à sa voix lente et un peu hésitante des inflexions profondes qui prouvaient l'intensité de son émotion. L'évêque écoutait en souriant, avec de petits mouvements de tête qui acquiesçaient à chaque parole pour ainsi dire, tout disposé à laisser l'abbé parler indéfiniment. Le silence se fit pourtant et les deux interlocuteurs échangèrent un regard où se croisaient des sentiments bien opposés. Le pauvre vicaire demandait grâce; l'évêque donnait sa complète approbation. Si perspicace que fût M. Huchet, il n'y comprenait plus rien et cherchait vainement à deviner la raison de cette fantaisie peu en rapport avec ce qu'il savait du caractère de Monseigneur de Lesquen. Un peu d'impatience finit par se mêler à cette angoisse : il avait hâte de se retirer.

L'évêque ne pouvait manquer de s'en apercevoir :

— « Voilà bien l'homme que je veux, dit-il tout à coup; et cet homme, mon cher abbé, je l'ai trouvé. C'est vous! Disposez-vous à partir pour Saint-Malo ! »

La foudre tombant aux pieds de M. Huchet ne l'eût pas troublé davantage. Il ne retrouva son sang-froid que pour demander avec instance l'exemption d'une pareille charge. Peine inutile : le parti de l'évêque, s'il n'eût pas été pris d'avance, l'eût été à partir du moment où l'abbé avait commencé de peindre en traits si justes le pasteur nécessaire aux Malouins. Il fallut donc obéir, si dur que pût paraître le sacrifice.

C'est le mot qu'il faut écrire : « sacrifice ». Au premier abord, il semblera peut-être à certains lecteurs, plus attentifs aux considérations humaines qu'aux motifs surnaturels, qu'il n'y eût point d'effort à faire pour échanger le titre, assez humble en somme, de vicaire à Rennes contre celui de curé d'arrondissement, — la modeste église de Saint-Sauveur contre la cathédrale des évêques de Saint-Malo, — un rôle secondaire et nécessairement effacé contre une action presque indépendante et très en vue. Mais il ne faut pas, même humainement parlant, oublier que l'abbé Huchet vivait, à Rennes, tout près de sa famille, — qu'il s'était créé des amitiés précieuses, — qu'il avait arrangé sa vie, comme tout homme l'arrange, en prévision d'un avenir bien différent de celui-là. Il avait un ministère défini, fructueux, aimé, qu'il lui fallait quitter pour aborder une situation incertaine, où il pouvait ne pas réussir, dont il ne retirerait peut-être que des ennuis et plus tard des regrets. En faveur ici, il pouvait, là-bas, se préparer une disgrâce. Il jouait la paix et l'honneur de sa vie sur ce coup de dés, et il lui était bien permis d'hésiter avant de prononcer l'*alea jacta est*. Tout n'était donc pas pour le séduire dans son éléva-tion subite, sans parler de la responsabilité dont il allait charger sa conscience et qui l'écrasait par avance. Là était la véritable raison de son angoisse, parce que là était vraiment le sacrifice à faire, celui de la paix où la modestie de sa condition lui avait permis de vivre. Avait-il bien les qualités nécessaires ? La bienveillance de l'évêque ne se faisait-elle pas illusion ? Dieu avait-il manifesté sa volonté par cette singulière rencontre d'idées entre le pauvre vicaire et son supérieur ? Demain peut-être on ne pourrait plus voir en tout cela qu'une surprise où tous deux s'étaient trompés, l'un pour charger outre me-sure les épaules de son subordonné, l'autre pour accepter imprudemment une tâche au-dessus de ses forces.

Telles sont les pensées qui se heurtèrent dans la tête de l'abbé Huchet, au premier moment, mais non pas longtemps. Il était avant tout l'homme de l'obéissance : la parole de son évêque devait renfermer l'ordre de Dieu, et il n'avait plus qu'à courber la tête avec résignation et confiance. Il lui restait bien une certaine appréhension de l'avenir, mais elle n'empêchait pas l'espérance : « Soldat peureux, soldat téméraire, l'un et l'autre sont près d'être vaincus (1) », écrivait-il un jour à son neveu pour lui relever le courage à la veille d'un grand effort ; comme rien de téméraire n'était dans ses habitudes, il se défendait aussi de la peur par l'abandon à Dieu. Il se soumit donc, et sa nomination officielle à l'administration de la cure de Saint-Malo fut signée par Monseigneur de Lesquen, le 1ᵉʳ août 1833.

Il était alors dans toute la maturité de son âge et de sa vertu. Il achevait sa trente-septième année ; depuis quatorze ans, il exerçait le ministère des âmes, dont il avait une rare expérience. Il était en mesure de tenter la conquête difficile à laquelle on l'envoyait et dont la plénitude devait être la gloire de sa vie devant Dieu et devant les hommes.

(1) Lettre du 30 janvier 1865.

Le dernier jour de son ministère à Saint-Sauveur de Rennes fut le 15 août, fête de l'Assomption de la Très-Sainte Vierge, sous la protection de laquelle il plaça tout naturellement son changement de vie. Il allait vivre au bord de la mer dont elle est l'Etoile, au milieu d'un peuple de marins tout dévoué au culte de Marie, comme l'attestent les images vénérées de Notre-Dame *de la Grand'Porte,* Notre-Dame *de la Croix-du-Fief,* d'autres encore, moins en vue, mais considérées par les Malouins comme la sauvegarde des maisons qu'elles décorent. Il se mit donc, pleinement et en toute espérance, entre les mains de cette divine Mère, lui laissant la responsabilité, si l'on peut ainsi parler, de la tâche qu'il allait entreprendre. Il savait que l'Eglise lui applique les paroles du prophète : « La sagesse et la justice, la prudence et la force sont à moi... J'aime qui m'aime, et ceux qui viennent à moi, au début de leur journée, me trouveront prête à les aider (1). »

Il allait en faire l'heureuse expérience : Marie, dont il fut toujours le dévot serviteur, ne devait pas être en reste avec lui. C'est une marque de prédestination, au dire de saint Bernard, que le zèle pour la gloire de la Reine du Ciel. Mais n'y a-t-il pas deux sortes de prédestinations pour les

---

(1) Prov. VIII, 14 : « Meum est consilium et æquitas, mea est prudentia, mea est fortitudo... Ego diligentes me diligo. et qui mané vigilant ad me invenient me. »

élus ? Celle qui les rend dignes de la gloire éternelle et celle qui leur assure, ici-bas, une coopé-
ration plus assidue et plus active de la Providence,
une plus haute habileté et un succès plus décisif
dans la conduite des affaires où ils s'engagent,
une mémoire plus honorée et plus durable parmi
les hommes.

Toutes les deux tiennent à la même cause, se
reconnaissent au même signe. Le monde, qui ne
voit pas le fond des choses, cherche sans le
trouver le secret de ces vies privilégiées; le chrétien ne s'y trompe pas et reporte à leur véritable
principe les grands effets qu'il vient d'admirer.

CHAPITRE III

SAINT-MALO EN 1833

SUR le rivage de la Manche qui forme la limite septentrionale du département (d'Ille-et-Vilaine), s'avance en mer un rocher de granit presque isolé de la côte, entouré d'écueils où viennent se briser les lames. Sur ce rocher commandant l'embouchure de la Rance, une citadelle et une ville murée, c'est-à-dire un château gothique flanqué de tours et sommé d'un vieux donjon, le tout relié à une ceinture de remparts d'aspect monumental mais sévère, décrivant une sorte de pentagone irrégulier ; dans cette enceinte retrécie, un fouillis, un pêle-mêle de rues et de petites places entassées, où l'espace et la lumière sont mesurés avec parcimonie, que bordent de hauts bâtiments variés d'aspect et de forme; là, hôtels somptueux, régulièrement alignés le long des remparts; ici, groupes bizarres et pittoresques de vieilles maisons étagées sur un sol accidenté; par-dessus toutes ces toitures inégales, amoncelées, un svelte clocher, semblable à un mât de navire, dominant de sa blanche et élégante flèche ajourée les grands combles de l'ancienne cathédrale; en dehors des murailles, un port magnifique et commode, avec bassin à flot, quais et cales de construction; voilà Saint-Malo (1) ».

Cette description aurait pu convenir aussi bien à la ville de 1830, avec ces différences que le clocher ne portait pas alors dans le ciel sa flèche au fin profil, et que les abords étaient infiniment plus pittoresques qu'ils ne le sont aujourd'hui. Pas de quais : la mer haute battait de toute part les murailles de Vauban. Pas de bassin à flot : la grève, à marée basse, était sillonnée d'un petit cours d'eau, le Routhouan, que franchissait à mi-route le pont de Rocabey. L'unique lien de la cité d'Aaron avec la terre ferme était le Sillon, étroite chaussée d'une élévation médiocre, que les grandes lames venues du large franchissaient sans effort. Les modifications apportées aux environs et à l'entrée de la ville ont évidemment profité aux intérêts matériels; mais elles ont gâté

____

(1) P. de la Bigne-Villeneuve : *Bretagne contempo aine.*

l'un des plus beaux paysages du monde. Apre et mélancolique au temps de l'hiver, comme Maurice de Guérin le vit en 1833 (1), radieux et charmant sous le soleil de l'été qui le caresse de ses rayons adoucis et lui donne une vague ressemblance avec les côtes de l'Italie méridionale, il mérite encore la contemplation des artistes et des poètes; mais combien plus, il y a cinquante ans, lorsqu'il n'avait rien perdu de sa beauté primitive et s'épanouissait dans le cadre auquel Dieu seul semblait avoir travaillé. L'homme est presque toujours un *arrangeur* malhabile, surtout quand il a pour raison de ses arrangements la satisfaction des intérêts matériels.

Quoi qu'il en soit, Saint-Malo reste l'une des villes les plus intéressantes de notre littoral, non seulement par l'agrément de son site, mais encore par son importance commerciale et surtout par la grandeur de ses souvenirs. Humble bourgade de pêcheurs au commencement du VIᵉ siècle, elle était devenue, au XIIᵉ, assez considérable pour motiver le transfert dans ses murs du siège épiscopal d'Aleth. Fortifiée par ses évêques, dont l'autorité spirituelle se doublait de la souveraineté séculière, elle put tenir tête au duc Jean IV de Bretagne, et plus tard au roi Charles VIII de France. Au temps de la Ligue, elle se déclara

(1) Maurice de Guérin : *Journal*, p. 130.

absolument indépendante, après un hardi coup de main qui mit la citadelle au pouvoir des bourgeois et se donna de son plein gré à Henri IV, lorsqu'il consentit à secouer le joug du protestantisme. Le xviie siècle fut l'âge d'or de son histoire : Duguay-Trouin fit oublier Jacques Cartier, à qui pourtant nous devons le Canada. Les Anglais justement irrités des victoires remportées sur mer par l'illustre chef d'escadre, mirent plusieurs fois le siège devant Saint-Malo : Marlborough lui-même fut de la partie. Efforts inutiles qui achevèrent de montrer leur vanité, à la bataille de Saint-Cast, où le duc d'Aiguillon « se couvrit, suivant un mot plaisant, de gloire et de farine (1) ». La Compagnie française des Indes avait dans ce port un établissement assez florissant pour prêter au roi, en 1711, une somme de trente millions. C'est alors que se bâtirent les hôtels qui bordent les remparts, l'Hôtel-Dieu et l'église Saint-Sauveur, des économies faites sur les dépenses nécessitées par les nouvelles fortifications.

Au commencement du xixe siècle, Robert Surcouf (2) renouvela contre l'Angleterre les exploits de Duguay-Trouin, dont il n'eut cependant pas les allures chevaleresques et la gloire incontestée. Ce fut le dernier coup de soleil de la

(1) Il avait établi son quartier général dans un moulin.
(2) Voyez aux notes, la lettre H.

gloire militaire sur la vieille cité d'Aaron. Mais elle
ne jeta l'épée que pour prendre la plume, avec un
bonheur plus grand encore : Toullier dans la
jurisprudence, Broussais dans la médecine, La
Mennais dans la philosophie, — surtout Chateaubriand dans les lettres, l'histoire et la politique,
lui firent une part suffisante à illustrer plusieurs
villes. Encore n'avons-nous tenu compte que des
noms les plus éclatants, autour desquels se groupe
une foule de noms honorables à divers titres,
mais que la rapidité de cet exposé nous force à
négliger.

Il serait toutefois injuste de passer sous silence
la série d'évêques, recommandables par leurs vertus
et par leurs talents, que l'église de Saint-Malo peut
offrir à l'admiration du monde catholique. Outre
les initiateurs inscrits au catalogue des saints,
elle peut rappeler Hélocar, le fondateur de la première église de Saint-Vincent, devenue plus tard la
cathédrale, — Jean de Châtillon, qui transféra le
siège d'Aleth en l'île d'Aaron, — le dominicain
Simon de Clisson, — Josselin de Rohan, qui ferma
résolument ses portes à Jean de Bretagne, — le
cardinal de Montfort, — le cardinal Guillaume Bri-
çonnet, ministre de Charles VIII, — Guillaume Le
Gouverneur, Vincent des Marets, dont la mémoire
est restée en vénération, — et le dernier des titulaires du siège, Gabriel Cortois de Pressigny,
ambassadeur de France à Rome, mort archevêque

de Besançon (1). La Révolution fut pour le clergé malouin l'occasion des plus héroïques exemples. Tous, sans doute, ne résistèrent pas avec le même courage ; mais, s'il y eut quelques défections, elles furent largement compensées par la fidélité du plus grand nombre. Aussi les premières lueurs d'un meilleur jour les trouvèrent-elles prêts à reprendre la conduite des âmes confiées à leurs soins : ce qui s'entend des exilés et non de ceux qui n'avaient cessé, au péril de leur vie, de remplir les fonctions de leur ministère (2). Et cependant la Convention avait installé en permanence à *Port-Libre*, comme on disait alors, l'un de ses plus féroces représentants, Jean-Baptiste Le Carpentier, auquel le Mont-Saint-Michel jadis peuplé par lui de victimes innocentes devait, un jour, donner un cachot pour le sauver de l'échafaud.

C'était donc un poste d'honneur que recevait l'abbé Huchet, le plus en rapport avec ce qu'il demandait lui-même du prêtre appelé à diriger une grande paroisse. Il devait s'en trouver doublement honoré aux yeux de ses confrères, et peut-être plus d'un lui envia la faveur exceptionnelle qui le mettait au premier rang après le premier

---

(1) Sa tombe se voit à Paris, dans l'église Saint-Roch ; c'est un humble monument qu'on s'étonne justement de rencontrer si loin de Saint-Malo et de Besançon.

(2) Comme M. Lainé, chanoine prébendé, et M. Régeard, prêtre habitué à Saint-Sauveur.

pasteur du diocèse. Il était loin toutefois de se laisser éblouir par cette élévation inattendue, dont il avait d'un seul coup d'œil apprécié les conséquences.

Pour bien comprendre la situation qui lui était faite par la décision de Monseigneur de Lesquen, il est nécessaire de connaître exactement l'état des esprits à Saint-Malo, au moment où le nouveau curé s'y présentait.

Saint-Malo a été longtemps une ville à part, non seulement par sa construction sur un rocher au milieu des flots, mais encore par son esprit tout à fait différent de celui qui animait les populations voisines, soit qu'on les regardât comme bretonnes, soit qu'on les englobât dans la grande unité française. *Breton* autant qu'on peut l'être, le Malouin n'a jamais parlé la langue celtique ; *Français* plus que personne, il regardait la France avec les yeux du marin qui a laissé « la mère », là-bas, au pays qui l'attire, mais dont il est loin sans trop de peine. Avant la Révolution de 1789, il prenait parti le plus souvent pour son évêque contre les ducs de Bretagne ou les gouverneurs envoyés par le roi, mais avec des retours d'indépendance fort gênants quelquefois pour l'évêque. Croyant, d'une foi tranquille et sans enthousiasme, grand ami de la vie de famille et peu liant avec les étrangers, bornant volontiers ses affections, ses préoccupations, ses espérances, au cercle tracé par les murs de la cité,

persuadé (bien qu'il eût couru le monde en tous
sens), que rien ne vaut les gris horizons aperçus du
haut de ses remparts, le Malouin se suffisait à lui-
même et ne demandait qu'à rester dans la vie dont
il avait toujours vécu.

Ses prêtres, il lui semblait qu'il les avait toujours
eus à la tête de la paroisse. C'étaient, pour la plupart, des confesseurs de la foi, que personne ne
semblait avoir vus jeunes, qui avaient baptisé les
hommes arrivés maintenant à l'âge mûr, à qui les
moindres secrets de chaque vie étaient connus,
avec lesquels on traitait familièrement et respec-
tueusement, et au-dessus desquels on voyait, véritable prince du sacerdoce, « le Grand Curé » (1),
un beau vieillard entouré de l'affection et de la vénération générales.

Il me souvient encore de quelques-uns de ces
témoins du passé et j'en ai gardé comme une vision
surhumaine ; M. l'abbé Le Joliff, dont la tombe,
élévée par souscription populaire, en 1841, se
dresse au cimetière avec une majesté qui rappelle
la haute taille et la belle figure du vénérable prêtre ;
M. l'abbé Manet, dont la vieillesse se consumait à
la recherche des traditions nationales, et qui entassait le résultat de ses travaux dans des livres
oubliés aujourd'hui, fort appréciés alors de ses

______

(1) Ce titre remonte au moyen âge et se donnait jadis au *vicaire-perpétuel*
du chapitre, curé de a cathédrale et précédant en dignité les desservauts
des paroisses moins importantes.

compatriotes (1) ; M. l'abbé Hay, le fondateur de
la maison de retraite et de l'orphelinat du Rocher.
le créateur de la congrégation des jeunes filles (2) :
M. l'abbé Lainé, jadis chanoine semi-prébendé,
mort simple diacre d'office, dont l'odyssée pendant
la période révolutionnaire semblait tenir du roman ;
d'autres encore, que nous omettons pour ne pas
nous attarder, mais que les hommes d'âge mûr ont
tous présents à l'esprit et au cœur.

La révolution de Juillet n'avait point amoindri
leur considération ni leur influence. Sans parler
de leur prudence irréprochable, de l'affection qui
les eût soutenus quand même, il faut reconnaître
aux Malouins une égalité d'âme voisine de l'indifférence à l'endroit des changements dynastiques.
Les dames de la Halle avaient, il est vrai, en 1826,
fermé le port de Saint-Malo au navire qui menait
au Mont-Saint-Michel le conventionnel Le Carpentier (3), en menaçant de mettre en pièces le misérable proconsul. Mais c'est, à peu près, tout ce qui
peut attester l'ardeur du sang malouin à cette
époque, à propos des questions politiques. Les
Bourbons n'étaient guère connus, sur nos côtes,
que par le passage du duc d'Angoulême, incident

____

(1) Voy. *Histoire de la petite Bretagne,* — *Biographie des Malouins célèbres* etc.

(2) M. l'abbé Hay, de qui j'ai reçu le baptême, était le seul de ces vénérables prêtres que l'on ne comptât pas au nombre des confesseurs de la foi.

(3) Ce navire avait subi des avaries, à la hauteur des îles Bréhat, et
relâchait à Saint-Malo, pour y faire les réparations nécessaires.

sans importance et sans effet sur l'esprit de nos populations. Ils avaient des partisans dans les vieilles familles de noblesse ou de bourgeoisie (1). Mais les souvenirs de l'Empire avaient encore trop de force, au milieu des contemporains de Surcouf, pour que les sympathies ne fussent pas du côté du drapeau tricolore. Le gouvernement de Juillet ne disait pas grand'chose aux Malouins. On l'accepta tranquillement comme on faisait tout; il y eut émotion seulement chez ceux que le nouvel état de choses « amenait au pouvoir », comme on disait alors avec solennité.

La nouvelle municipalité se composait d'hommes connus, honorables, fort modérés, bien qu'imbus des idées du jour, indifférents en matière religieuse, mais observant les formes et très exacts aux solennités officielles dans lesquelles l'Église avait sa part. Ceux qui les ont pratiqués d'une façon plus intime se plaisent à leur reconnaître des vertus naturelles, totalement inconnues du monde officiel issu des derniers événements. Ils avaient le tort, il est vrai, de se croire obligés à une physionomie rogue, à des airs dédaigneusement protecteurs, à des taquineries agaçantes au possible; mais les choses en restaient là. Saint-Malo n'avait pas de « fils de

(1) Saint-Malo avait montré, en 1789, peu de goût pour les idées nouvelles; ce qui lui avait valu, dans la contrée, le surnom de *Petit-Coblentz*. Mais le temps avait bien modifié ces premières impressions.

Voltaire » ; les ouvriers chantaient du Béranger, mais avec une préférence marquée pour les chansons napoléoniennes ou grécophiles : on continuait d'aller à la messe, on défendait Notre-Dame de la Grand'Porte menacée d'un déplacement par le génie militaire, et on célébrait en grande pompe les processions de la Fête-Dieu, de l'Assomption et de la première communion. Le reste du temps, chacun allait à ses affaires ou à son travail, avec la même tranquillité que l'on mettait à tout. Le samedi soir, les négociants partaient pour la campagne ; le dimanche, après midi, les ouvriers les imitaient en se répandant, avec leurs familles, dans les guinguettes de Paramé ou de Saint-Joseph, où ils prenaient leur repas du soir. Puis tout recommençait, le lundi matin, sans que personne parût se douter que les choses pussent aller autrement.

Ce qui laissait le plus à désirer, c'est la conduite de la jeune bourgeoisie, de celle que la Révolution avait mise au pinacle. Ces fils d'hommes sérieux se conduisaient en fous de la pire espèce, s'épuisant dans les plus sottes débauches, avec un désir de scandale tapageur, auquel l'esprit public opposait le dédain et la pitié. On en parlait à demi-voix, le soir, en famille, pour déplorer la profanation de tant de noms honorés et s'apitoyer sur le chagrin des parents. Du reste, ils faisaient peu de mal ; il n'était pas facile d'entamer cette masse si fortement imprégnée d'honnêteté chrétienne, et la troupe de ces jeunes fous elle-même ne se recruta pas aisément. Peu à peu l'âge vint, l'argent s'en alla, la bande joyeuse fut dispersée par la mort, les déplacements, le retour aussi à des sentiments meilleurs. Mais que ces jours-là sont loin, et que les Malouins d'aujourd'hui ressemblent peu à ceux dont je viens d'esquisser le portrait !

Au-dessus de ce milieu paisible, dans un empyrée vers lequel se levaient les regards de quelques esprits supérieurs ou oisifs, rayonnaient les noms de Chateaubriand et de La Mennais, qui n'avaient certainement pas pour le peuple la valeur du nom de Robert Surcouf. Tous les enfants savaient par le menu les aventures du célèbre corsaire ; mais à combien d'écoliers il a fallu rriver en seconde pour lire le *Génie du Christianisme !* La Mennais, dont les neveux habitaient Saint-Malo, y était connu surtout à cause de son frère, le fondateur des *Frères de l'Instruction chrétienne* auxquels ont donnait vulgairement le nom de *Frères de La Mennais*. Quant aux illustrations médicales et parlementaires, comme Broussais et Toullier, personne n'en avait cure. Jacques Cartier était plus moderne et Duguay-Trouin semblait avoir vécu bien plus près de nous.

Cependant un groupe assez considérable d'esprits cultivés et délicats conservait le goût des let-

res, des sciences et des arts (1) ; des littérateurs,
des philosophes, des savants, des historiens, des
poëtes, des artistes, il y avait un peu de tout parmi
eux, non sans mérite, et l'on pourrait citer avec
honneur plus d'un nom emprunté à cette période.
La ville entretenait un bon collège (2), une
école communale de garçons et deux écoles congréganistes. Un cours d'hydrographie préparait
les « candidats » aux examens pour le commandement au long cours et au cabotage. Une biblio-
hèque assez considérable était ouverte au public ;
et s'il n'y avait pas de musée municipal, on pouvait aisément visiter de belles collections particulières de conchyliologie, de numismatique ou
d'ethnologie. Il y avait donc, dans les parties supérieures de la société, un courant de vie intellectuelle qui méritait attention ; d'autant que les
hommes de cette catégorie étaient en même temps
d'un commerce fort agréable en raison de leur
urbanité et de leur connaissance de la vie. Plusieurs
avaient occupé de hautes fonctions ; les plus jeunes
avaient voyagé avec intelligence et profit ; tous
étaient Malouins jusqu'à la moelle des os. A ce

(1) Voy. la note I.

(2) Ce collège avait remplacé le petit séminaire ouvert en 1803, par l'abbé
ngerand, jadis chanoine de Saint-Malo, avec le concours de l'abbé Jean-
Marie de La Mennais, vicaire et professeur tout à la fois. Le séminaire,
fermé en 1812, devint peu après le collège municipal, dont le premier directeur fut l'excellent M. Querret, mathématicien distingué.

groupe d'hommes cultivés, il convient de joindre celui que formaient les familles nobles du pays, et les représentants de la vieille bourgeoisie historique dont Richelieu et Louis XIV avaient exploité si avantageusement le patriotisme et la fortune. Rien de plus honorable que cet ensemble de gens bien élevés, polis, vivant un peu à l'écart, mais toujours prêts à s'associer au clergé pour les œuvres de dévotion et de charité.

Les pauvres étaient nécessairement nombreux dans une ville où la population maritime était décimée chaque année par les naufrages. De nombreuses veuves restaient chargées d'enfants sans aucune autre ressource que le travail, dont une femme est capable dans un atelier de couture ou dans les sècheries de morues, à certaines époques de l'année. Tout ce petit monde restait honnête, à peu d'exceptions près : une foi simple et une grande énergie de caractère les maintenaient dans la bonne voie et parfois les relevaient au-dessus de leur condition première, comme il est arrivé pour plusieurs dont les fils sont aujourd'hui au premier rang de leurs concitoyens. Les plus misérables même, ceux qui se résignaient à l'infériorité matérielle et morale, ne perdaient pas tout à fait le sentiment de leur dignité ; les bateliers du Naye (1)

---

(1) On donnait ce nom aux mariniers — de toute provenance — qui manœuvraient les chaloupes dans lesquelles s'effectuait, à mer haute, le trajet.

se croyaient encore de la famille, et les rôdeurs du port saluaient le gentilhomme ou le bourgeois sans craindre qu'on leur refusât le salut.

Tel était le milieu complexe dans lequel entrait le nouveau curé, — « non pas comme un inconnu, mais comme un étranger (1) », la pire des conditions pour réussir auprès d'un peuple si exclusif et si traditionnel. Il savait qu'il ne rencontrerait pas au presbytère toute la sympathie désirable, — que la municipalité le tiendrait à distance comme un agent de l'évêque, auquel l'État n'accordait pas grande confiance, — que la population l'observerait avec plus de curiosité que de bienveillance, — en un mot qu'il faudrait faire le siège de ces cœurs, plus difficiles à ouvrir que le château d'Anne de Bretagne. Mais il arrivait avec une philosophie qui devait le soutenir dans les difficultés et les ennuis de l'attente : « Ne te décourage pas, se disait-il à lui-même, — comme il devait le dire à un autre, trente-quatre ans plus tard, — fais de ton mieux. Si tu échoues ne le dis qu'à un ami éprouvé et compte sur un meilleur avenir. Il n'y a que les lâches à se décourager (2). » Or, à coup sûr, il n'avait pas à

entre Saint-Malo et Saint-Servan, moyennant une redevance de cinq centimes par personne. Dix passagers complétaient le chargement de ces chaloupes.

(1) M. l'abbé Leclerc : *Oraison funèbr. de M. Huchet.*

(2) Lettre du 26 mars 1867, à M. le docteur Philouze.

craindre le reproche de lâcheté : ceux qui l'ont
vu à l'œuvre savent avec quelle énergie il marchait dans la route où sa conscience l'avait engagé. Défiant de son ardeur naturelle, se dominant
quelquefois avec effort, mais arrivant bientôt à la
pleine possession de soi-même, il avait ce courage
raisonné qui est le meilleur, parce qu'il est fait
de sang-froid, de perspicacité, de patience, qu'il
ne livre rien au hasard et ne s'expose pas à ces
retours si prompts à dégénérer en déroutes. Le
découragement lui était donc interdit par sa nature
autant que par son devoir : on l'avait envoyé, il
venait, désireux *que son entrée fût pacifique* (1),
comme celle de Samuel à Bethléem, et que tous
vissent en lui « *un frère, participant de leurs tri-
bulations, de leurs espérances et de leur patience en
Notre Seigneur Jésus-Christ* (2). »

Lorsqu'il aperçut, de la grève de Chasles, la
vieille cité malouine doublement enfermée dans
la mer qui battait alors ses murs et dans cette
ceinture de granit dont Vauban l'avait entourée, —
grave et sombre sous le ciel qui lui riait en vain, —
presque inaccessible par l'étroit Sillon, qui la reliait
au continent, — il dut avoir aux lèvres ce sourire
un peu mélancolique dont ses amis ont encore le

(1) *I Reg*. *XVI*,*4* : « Pacificus-ne ingressus tuus ? »

(2) *Apoc. I, 9* . « Ego Joannes, frater vester et particeps in tribulatione,
et regno, e patientiâ in Christo Jesu. »

souvenir et se dire tout bas : « Si Dieu est avec nous, qui sera contre nous ? (1) »

L'aspect du presbytère n'était pas fait pour lui donner des pensées bien gaies. Après un grand portail, une petite cour plantée d'arbres rabougris et au delà, une maison d'un étage, resserrée entre les hauts murs d'un bâtiment communal, — tout à la fois boucherie, école et magasin, — et ceux d'une demeure amie mais de bien triste apparence (2). Au rez-de-chaussée, un salon obscur où l'on entrait rarement, une salle à manger ouvrant sur un jardin, par-dessus le mur duquel la prison et la caserne de la Victoire jetaient, au long du jour, des rumeurs attristées ou des clameurs assourdissantes. Au premier et unique étage, surmonté de mansardes encombrées de vieux livres, de petites chambres mal éclairées, vraies cellules de cénobites, que hantait familièrement la pensée des fins dernières. Au seuil, la gravité polie qui convient à une première rencontre ; à l'intérieur, une gêne croissante à chaque parole, à chaque mouvement Mais il s'était promis de vaincre la froideur à force de bonne grâce. Tout parut lui plaire ; il s'installa tranquillement, comme un hôte reçu de la façon la plus cordiale, et l'heure venue, il s'endormit sans autre souci que celui des paroles par lesquelles il devait, le jour

______

(1) *R m. VIII, 31* : « Si Deus pro nobis, quis contrà nos? »

(2) Cette maison est devenue depuis une annexe du presbytère.

suivant, commencer son ministère auprès de ses nouveaux paroissiens.

Dans la ville, la soirée fut moins calme. Les esprits étaient en grande agitation, pour ne rien dire de plus : on parlait à mots couverts de manifestations hostiles, dont le nouveau curé avait déjà eu vent et qu'on avait retardées uniquement afin de leur donner plus de force. Pour ne pas s'émouvoir facilement, les Malouins n'en paraissent pas moins capables de se porter à des extrémités d'autant plus alarmantes à prévoir qu'il était plus difficile de les déterminer par avance. On attendait donc avec une impatience mêlée de crainte et de curiosité.

Dans les petites villes, les moindres incidents prennent tout de suite des proportions colossales ; il y avait évidemment beaucoup d'exagération dans ces craintes et surtout dans les menaces qui les motivaient. Cependant il était permis de s'attendre à des inconvenances sinon encouragées, au moins tolérées par ceux qui auraient dû les rendre impossibles. On n'espérait pas sans doute obliger le nouveau curé à partir ; mais, suivant le goût et les formules du temps, on donnerait à l'évêque une leçon qui profiterait du même coup à son délégué. Des alliances étranges, comme on en voit aux heures de détraquement public, favorisaient ce plan, auquel pour réussir il manquait si peu de chose qu'on n'y avait pas songé : c'était le bon plaisir de Dieu, le seul maître des événements et des cœurs.

CHAPITRE IV

E lendemain 18 août, douzième dimanche après la Pentecôte, M. l'abbé Huchet parut dans la chaire de la cathédrale. « Je commençai, dit-il, mon long ministère par ces paroles : « *Pax vobis*, et j'ajoutai : Heureux les pacifiques parce qu'ils possèderont la terre (1) » En choisissant ce texte pour en faire le commentaire dans son premier sermon, il avait sans doute dans la pensée le chant de l'Église au *Graduel* de ce jour : « Mon âme se félicitera dans le Seigneur ; que les pacifiques entendent et se réjouissent ! (2) » On ne saurait croire en effet à une coïncidence fortuite : il l'avait préparée dans la mé-

(1) Lettre à M. le docteur Philouze, du 27 juin 1873.

(2) Psalm. XXXIII, 2 : « *In demino laudabitur anima mea ; audiant man-sueti et lel ntur.* »

ditation avant de paraître devant le peuple qu'il voulait conquérir.

Ce premier discours nous a été conservé, tel qu'il fut composé dans les derniers moments du séjour de M. Huchet à Rennes, tel aussi qu'il fut prononcé à Saint-Malo. A part quelques ratures le travail a été fait d'un seul trait, comme si l'expression avait jailli du trop plein du cœur. C'est donc un devoir d'en donner ici, non pas la totalité, mais les parties les plus dignes d'attention comme plus en rapport avec les circonstances : rien ne saurait égaler, on le comprend sans peine, la valeur de ces citations.

— « *Pax vobis !* la paix soit avec vous ! » Telles sont, mes frères, les paroles que le Sauveur des hommes adressait à ses apôtres avant de les envoyer au milieu des nations pour leur annoncer l'Evangile. Deux fois il leur fait le même souhait : *dixit iterum, pax vobis.* Il voulait leur montrer qu'il allait établir un ministère de paix, de bénédiction, de consolation éternelle, dont le but serait d'apprendre aux hommes qu'ils ont tous la même origine, tous le même père qui est dans les cieux, qu'ils sont tous rachetés du sang du même Dieu, qu'ils sont tous frères et qu'ils doivent tous être unis par les liens de la charité la plus ardente. »

Après avoir tracé rapidement le tableau de la charité et de la paix qui régnaient parmi les premiers chrétiens, l'orateur continue :

— « Tels sont les fruits merveilleux que produisit alors le ministère évangélique : tels sont ceux qu’il est destiné à produire encore. Oui, le but de celui que les fidèles se plaisent à nommer le ministre de paix, doit être d’entretenir ou de rétablir la paix parmi les hommes confiés à ses soins et de leur faire goûter les douceurs de l’union fraternelle. Tout pasteur des âmes doit dire, comme le prophète Isaïe : *Misit me evangelizare pauperibus, misit me ut mederer contritis corde et annuntiarem clausis apertionem, clausis indulgentiam* (1). Le Seigneur m’envoie évangéliser les pauvres, guérir les cœurs malades, et annoncer aux prisonniers leur délivrance, aux captifs leur pardon.

» Oh ! qu’il est beau ce ministère ! Que de consolations il offre ! Mais en même temps qu’il est terrible, qu’il est capable d’effrayer celui qui n’a pas oublié les obligations qu’il impose : celui qui se rappelle qu’un pasteur chargé des intérêts du peuple devant Dieu doit travailler, tous les jours, tantôt à détourner la vengeance prête à éclater sur les pécheurs, tantôt à attirer sur les justes les bénédictions du ciel. Défenseur, gardien de la foi de son troupeau, il doit veiller sans cesse pour conserver pur et intact ce depôt précieux et empêcher que *l’homme ennemi ne vienne*

(1) Isaï, LXI, 1.

semer l'ivraie dans les champs du père de famille (1).
Toute sa vie doit être consacrée à raffermir les
pas chancelants du juste dans le sentier glissant
de la vertu, à tendre une main secourable aux
pécheurs courbés sous le poids de leurs iniquités,
à montrer des rivages amis à ces malheureux
naufragés, à les conduire sûrement à travers les
écueils et les tempêtes, au port de l'éternité.
Pour tout dire, en un mot, il doit se rappeler
que ses destinées sont liées à celles des fidèles
confiés à ses soins, et qu'il ne peut plus se sauver
seul ni se perdre seul, mais se sauver ou se perdre avec eux.

» Il est vrai, — s'il n'a obéi qu'à la voix des
supérieurs que Dieu lui a donnés pour le diriger
lui-même, — son fardeau semble s'alléger : il a le
droit de compter sur les secours de Celui dont il
a exécuté les ordres. Mais cependant, de quelle
frayeur ne doit-il pas être pénétré, lorsque fran-
chissant les bornes de cette courte vie, il se trans-
porte en esprit au tribunal du souverain juge
qui lui demandera un compte si rigoureux des
âmes confiées à ses soins ?... »

Personne ne pouvait se méprendre à l'accent
de ces paroles si pleines d'une humilité et d'une
crainte motivées surtout par le respect et l'amour
des âmes. Personne non plus ne se méprit à

(1) Matth., XIII, 25.

l'accent de fermeté et de surnaturelle confiance. avec lequel il continua :

« Mais quoi, faut-il donc se laisser aller au découragement ? Faut-il renoncer à une œuvre uniquement parce qu'elle est difficile et périlleuse ? Non, mes frères. Sans doute, de nous-mêmes nous ne pouvons rien : nous avons tout lieu de nous défier de notre faiblesse, et encore plus celui qui a l'honneur de vous parler aujourd'hui. Cependant, d'autant plus confiant dans le secours du Très-Haut que c'est à son ordre que nous obéissons, nous jetons aujourd'hui toutes nos craintes, toutes nos inquiétudes dans le sein de Celui qui souvent emploie à l'exécution de ses plus nobles desseins les instruments les plus faibles. »

Il prenait ainsi, d'un seul élan, la place qui lui convenait, et qu'il devait si bien garder jusqu'à la fin ; mais aussitôt un retour habile, le ramenant vers les vénérables prêtres dont il allait continuer les traditions (1), atténuait ce qu'il pouvait y avoir d'altier dans la phrase précédente.

« Que dis-je, mes frères, si je dois trembler à la pensée du fardeau honorable mais pesant que Dieu m'impose, ne dois-je pas remercier la divine Pro-

---

(1) A l'exception de M. Le Breton, que la maladie retenait chez lui, tou[s] les prêtres du clergé malouin assistaient à la cérémonie : MM. Le Joliff, Le Masson, Hay, Le Breton jeune, Chaperon aîné et cadet, Cardonnet, Luzière, Géraux, Lainé, Marchais, Manet, Boulangier, Méré et Derrien — M. Beaulieu, curé de Saint-Sauveur présidait à l'installation.

vidence d'avoir placé ma jeunesse à l'ombre de ces anciens du sanctuaire ? Quel avantage en effet pour nous de succéder à ce pasteur chéri de son peuple, dont il fut le père et le modèle ! Si d'un côté il est impossible de remplacer un pasteur orné de tant de vertus, distingué par tant et de si rares talents, de l'autre ,quel avantage n'est-ce pas pour nous d'avoir à travailler dans un champ arrosé de ses sueurs, cultivé de ses mains, et où l'on ne peut faire un seul pas sans rencontrer des monuments de sa sagesse, de sa vigilance et de son zèle ? Ce n'est pas à moi, il est vrai, de vous retracer la carrière qu'il a parcourue, avec tant de gloire pour l'Église, de bonheur pour vous, de consolation pour lui-même. Ce n'est pas à moi de vous dire combien, — grâce à son ministère, — combien de familles divisées furent réunies, d'injures oubliées, d'injustices réparées, de passions étouffées, de vices déracinés, de grandes vertus produites et perfectionnées ! C'est à votre école, mes frères, que nous apprendrons à apprécier les merveilles de sa charité et de son zèle. Les souvenirs de ses vertus, profondément gravés dans vos cœurs, ne s'en effaceront jamais. Vous vous plairez à nous raconter, et nous apprendrons avec bonheur de votre bouche, avec quelle adresse il plaidait la cause de la veuve et de l'orphelin, — avec quel soin il visitait les asiles de la douleur,— avec quelle bonté il essuyait les larmes. Reconnaissants envers lui, envers tous ses pieux collaborateurs qui sont pour lui la couronne glorieuse autant que l'honorable cortège de ses vertus ; — jaloux de leur payer à tous le tribut sacré de la reconnaissance, vous nous raconterez tout le bien qu'ils ont opéré au milieu de vous. Et le récit des efforts généreux de leur zèle, des pieuses inventions de leur charité, nous apprendra à entrer dans le détail des misères humaines, à distribuer le baume des divines consolations aux affligés, à réchauffer la piété dans l'âme des fidèles, et à toucher les cœurs durs et insensibles. »

Dans cette phraséologie un peu contournée et qui sent bien son époque, il est pourtant facile de reconnaître une grande délicatesse et une habileté supérieure : chaque mot portait juste dans l'esprit des auditeurs et dans le cœur des confrères dont les mérites étaient mis en relief avec ce soin méticuleux. L'intention évidente d'être agréable n'y avait rien de banal : rien n'y sentait, en effet, le convenu, comme il arrive aux discours d'où la conviction est absente et que n'a point préparés une étude sérieuse des talents et des mérites à faire valoir.

Il sut de même payer un juste tribut d'éloges aux fabriciens « dont la sagesse et le bon vouloir » se faisaient « un devoir d'aller au-devant des désirs de leur vénérable pasteur », et qui devaient, disait-il, « suppléer par leurs lumières à ce qui pourrait lui manquer. »

Puis vint l'éloge des écoles des Frères et des
Sœurs, dont il appelait, avec des accents vibrants,
les maîtres à lui prêter leur concours pour la préparation de l'avenir religieux et social. Par un entraînement facile à comprendre, l'orateur mis en
face de cette jeunesse qui lui était si chère, ne
songea pas d'abord à parler aux parents, mais bien
plutôt aux enfants eux-mêmes. Son âme déborda :

— « Et vous, enfants, pour qui le divin Sauveur montra toujours une prédilection si marquée,
— vous que sa voix douce et tendre appelait
autour de Lui, — vous qu'il se plaisait à serrer
contre son cœur, quelle confiance ne nous ins-
pirez-vous pas ! Le zèle et le succès avec lequel
vos jeunes cœurs sont formés à la vertu sont
connus au loin et sont devenus l'objet de l'édification et de l'envie des étrangers. Vous serez,
comme vous l'avez été jusqu'ici, la joie et la couronne du clergé de cette ville : *gaudium nostrum
et corona nostra* (1). Oui, tous, nous vous envi-
ronnerons de nos soins les plus empressés. Que
dis-je ? C'est avec vous que nous viendrons nous
délasser de nos fatigues : et, si quelquefois la vue
de quelque désordre venait contrister nos cœurs,
nos regards se reposeraient avec joie sur cette can-
deur, cette simplicité, cette innocence, qui sont
vos plus riches ornements. Nous nous console-

(1) Philipp. IV, 1

rions dans l'espérance des fruits précieux et abondants que nous avons lieu d'attendre de jeunes plantes cultivées jusqu'ici avec tant de soins. Oui, chers enfants, nous pouvons vous appliquer les paroles du prophète : *Sicut lignum quod plantatum est secus decursus aquarum, quod fructum suum dabit in tempore suo* (1). »

Ce n'était pas un artifice oratoire qui avait ainsi entraîné le nouveau pasteur dans cette apostrophe aux enfants : il avait seulement suivi la pente de sa nature ou mieux l'inspiration de son cœur. Il n'en avait pas moins suivi la tactique la plus habile pour prendre la masse de l'auditoire où courut un frémissement quand il s'écria :

— « Et vous, parents, ne nous seconderez-vous pas dans ce ministère qui doit vous intéresser si vivement ? Oh ! nous en sommes sûrs, vos efforts, vos exemples, vos instructions seconderont les nôtres !..... »

Il avait partie gagnée autant qu'elle pouvait l'être en cette première rencontre avec la population froide et prévenue dont on avait fait son troupeau. Un dernier trait enleva la situation. Après avoir parlé, comme il savait le faire, des pauvres, des malades, des affligés, — des établissements fondés en leur faveur par la charité privée ou publique et protégés par « les autorités de la

___

(1) Ps I, 3.

ville....., ces respectables magistrats si amis de l'ordre et de la justice et par conséquent de la religion, sans laquelle il ne peut y avoir ni ordre ni justice », il résuma son discours dans cette chaleureuse péroraison :

— « *Gloriosa dicta sunt de te, civitas Dei !* Cité de Dieu, on a raconté de vous des merveilles (1). O ville de Saint-Malo ! vous êtes distinguée parmi toutes les autres villes par votre attachement à la foi de vos pères, par votre charité envers les pauvres, par votre zèle pour la gloire de Dieu, par votre docilité aux instructions de vos pasteurs. Vous allez vous empresser d'élever vers le ciel des mains suppliantes et conjurer le Seigneur de répandre ses bénédictions sur celui qui n'ose encore prendre auprès de vous le nom de pasteur, tant ce titre lui paraît honorable et glorieux. Ames pieuses, âmes ferventes, âmes si zélées pour la gloire de Dieu, c'est au nom du Seigneur que nous venons au milieu de vous, et nous pouvons dire comme l'apôtre, de concert avec tous les prêtres de cette ville : *Pro Christo ergo legatione fungimur* (2) : nous sommes les vicaires, nous sommes les remplaçants de Jésus-Christ auprès de vous. En faut-il davantage pour intéresser votre piété et vous porter à demander au souverain chef des pasteurs qu'il

(1) Ps. LXXXVI, 3.
(2) II Co., V, 20.

soutienne nos forces, notre courage et bénisse nos travaux ? Ah ! c'est de vous, c'est de la ferveur de vos prières que nous attendons surtout, après Dieu, le succès de notre ministère !..... O mon Dieu, faites, je vous en conjure, que ces espérances ne soient pas de simples illusions ! Vous savez quels combats se sont élevés dans mon cœur, en pensant à l'importance des fonctions que vous vouliez me confier. Je vous ai fait le sacrifice de ma volonté. Vous avez parlé, Seigneur, par la bouche de votre vicaire : vous ne permettrez pas que ce soit pour le malheur de cette portion si précieuse de votre héritage. Jetez donc, ô mon Dieu, des regards de miséricorde sur ce troupeau nourri jusqu'ici de la plus pure doctrine, éclairé des plus vives lumières..... Faites que les ouailles et le pasteur s'aident mutuellement à porter le fardeau de la vie, quelquefois si accablant. Faites qu'après nous être consolés et soutenus, les uns les autres, dans cette vallée de larmes, nous puissions tous nous reposer un jour dans votre sein ! »

Tout cela était dit simplement, du fond du cœur, avec un accent pénétré et d'une voix dont l'émotion dissimulait ce qu'elle avait d'un peu traînant. L'effet de cette première prédication fut décisif : on vit tout de suite à qui l'on avait affaire et qu'il serait aisé de s'entendre avec un homme de cette nature et de cette disposition.

Il ne faut pas croire néanmoins que les difficultés disparurent aussitôt. « Pour arriver à cette possession (des âmes), continue le bon curé, dans la lettre citée au commencement de ce chapitre, — pour arriver à cette possession, à cette estime, à cette affection, il faut s'observer, faire souvent le sacrifice de sa volonté (1). » S'il ne l'avait pas su de longue date, il l'eût appris chaque jour : mais il le savait et le pratiquait en maître.

« Car à dater de ce moment, disait M. le chanoine Leclerc dans l'Oraison funèbre de M. Huchet, jamais sa vertu ne s'est démentie un instant ; et cependant, il faut le reconnaître, la tâche était ardue pour sa jeunesse. Il fallait plus qu'une vertu ordinaire pour faire face à la délicatesse de sa position et aux difficultés inévitables du grand ministère qui lui était imposé. Il n'avait que trente-huit ans, et il venait succéder à un vétéran du sacerdoce, à un saint prêtre, une des gloires et des lumières du diocèse. Il ne comptait parmi ses prédécesseurs que des pasteurs de haute lignée, qui tous avaient laissé une mémoire bénie, et une réputation parfumée de science et de vertu. Qu'importe ? Dieu aidant, il sut, sans bruit, modestement, presque à l'insu de tous, conquérir sa position... Certes, il fallait plus que du tact et de la prudence, il fallait de la vertu pour garder scrupuleusement toutes les convenances, rendre

---

(1) Lettre du 27 juin 1873, à M. le Dr Philouze.

à qui de droit les marques du respect et de l'affection et, sans descendre de son rang, maintenir la dignité des autres : disons-le sans exagération, le succès couronna pleinement la sagesse du jeune pasteur. »

En effet, quand le vénérable M. Le Breton s'éteignit, en 1836, entouré des soins les plus affectueux par l'abbé Huchet, la place était conquise. M. Le Joliff emporta bientôt après dans sa tombe ce qui restait des défiances et des préventions contre le nouveau curé : ce qui s'entend, non du saint prêtre défunt, mais de ses amis, « *laudatores temporis acti* », persuadés de la supériorité des hommes et des choses du passé, et qui se rallièrent de bonne grâce au représentant du temps présent. L'adjonction d'un élément plus jeune à la partie ancienne du clergé malouin contribua puissamment à effacer tout dissentiment. M. l'abbé Hay, le dernier des vicaires primitifs, avait un esprit trop semblable à celui de M. Huchet pour lui être un obstacle.

Les rapports avec la partie aristocratique de la population avaient été, dès le début, ce qu'ils devaient être : l'abbé Huchet arrivait de Rennes, précédé d'une réputation de savoir-vivre, d'esprit et de dignité qui lui ouvrait les portes de toutes les maisons de noblesse ou de vieille bourgeoisie. On savait d'ailleurs que ses préférences intimes étaient pour le régime tombé, et sa discrétion même à ce sujet lui valait un accueil plus empressé et plus cordial. Cependant il ne mettait à ces relations rien qui sentît l'obséquiosité, par laquelle certains ecclésiastiques s'introduisent et croient se bien poser dans le monde dont nous parlons. Il avait trop le sentiment de la supériorité de son sacerdoce et de sa charge pour tomber dans ce travers. Un proverbe dit : « Le roi fait les nobles, Dieu fait les gentilshommes. » Il avait plu à Dieu qui n'avait pas donné à l'abbé Huchet une appellation nobiliaire, de le faire gentilhomme jusqu'au bout des ongles. Sa bonne grâce, dont les pauvres s'extasiaient, n'était pas toujours sans hauteur avec les gens du monde, et la tentation ne serait venue à personne de le mettre au second rang dans la plus titrée des réunions. Il eût, du reste, payé sans retard un pareil oubli d'un de ces mots parfaitement corrects mais tout aussi malicieux dont il avait le secret; il n'eut pas souvent l'occasion de donner pareille leçon, tant il était respecté et aimé de ceux avec lesquels il daignait frayer. L'expression est juste : « Il daignait »; parce que tous se trouvaient honorés de le recevoir, et s'enviaient la joie de le posséder, un instant, dans leur maison.

Ses visites étaient toujours rapides, motivées par quelque raison de ministère ou de convenance, de sorte qu'il ne pouvait jamais être indiscret ou importun : il y parlait peu, d'un ton simple et sans apprêt, aimable pour tout le monde, même quand il avait à contredire ou à blâmer. Un trait caractéristique, c'est qu'il paraissait ne savoir rien demander, et qu'il emportait toujours quelque belle aumône au profit des pauvres ou de ses œuvres, à la grande joie des donateurs qui se regardaient comme ses obligés.

Avec le monde officiel, il eût pu se trouver moins à l'aise, semble-t-il, en raison même de ses bons rapports avec l'aristocratie. Tout au contraire : non pas sans doute que les hommes de Juillet ne l'eussent d'abord tenu, ne disons pas en suspicion, mais en observation, — désireux peut-être de le prendre en défaut. Mais la mesure impeccable de ses paroles et de ses actes les déroutait.

« Il n'aimait ni n'admirait le prince en qui se personnifiait la royauté bourgeoise : mais il s'efforçait d'être juste envers les d'Orléans comme envers tout le monde. Il avait d'ailleurs le bon sens de pressentir que Dieu allait accorder un temps de règne aux pouvoirs du milieu, et il préférait ce qui était, pour tout le temps où la Providence le préférerait, par ce motif que, du moins, ce gouvernement ne faisait pas prendre en horreur la liberté comme ferait la République (1). »

(1) Ces paroles dites du P. Lacordaire par M. Foisset (*Vie du Père Lacordaire*, I, 219) s'appliquaient trop bien à M. Huchet pour que nous ayons pu en négliger l'application. Cf. Dareste, *Hist. de la Restauration*, II, p. 479 et suivantes.

Puis, il faut bien le dire, ses regrets de la chute des Bourbons étaient bien diminués par le sentiment profond qu'il avait de la fausse situation faite à l'Église sous le régime déchu.

« Tout en déplorant la révolution de Juillet comme la plus cruelle injustice qu'ait jamais commise un grand peuple, comme la plus funeste catastrophe qui ait jamais compromis le présent et l'avenir d'un grand pays, on doit avouer pourtant que les dernières années de la Restauration créaient à la Religion et à ses ministres une situation fâcheuse. On leur donnait le superflu et on leur ôtait le nécessaire. On leur accordait je ne sais quelle puissance occulte, politique, qui, grossie par l'esprit de parti, devenait le texte de déclamations haineuses et de dissolvantes calomnies contre la Royauté et l'Église, et on leur retirait cette liberté au grand soleil qui eût servi à dissiper les préventions et les mensonges (1) ».

Telles étaient ses convictions qui lui rendaient plus facile l'acceptation, sans l'approbation, des faits accomplis.

Il n'y eut jamais de sympathie bien vive entre le presbytère et l'Hôtel de Ville, mais une froideur de bon ton qui permettait les rapports de politesse, l'accord raisonné sur la plupart des

(1) M. de Pontmartin : *Dernières Causeries du Samedi*, p. 206. — M. de Carné : *Souvenirs de ma Jeunesse*, p. 25 et suivantes.

questions, des concessions réciproques dont on paraissait reconnaissant : de telle sorte que le curé put mener à bonne fin le plus grand nombre de ses entreprises, ou pour mieux dire, toutes ses entreprises. Il savait attendre, au besoin se déclarer vaincu, quitte à reprendre la partie, un autre jour. Ne froissant personne, sachant ne se montrer froissé que dans la juste mesure, gardant sa place sans empiéter sur le droit d'autrui, il avait fini par paraître en si bons termes avec la Mairie que le populaire le croyait, en toute sincérité, membre-né du Conseil municipal, où son influence devait être prépondérante. Cette singulière illusion a persisté longtemps, et il ne faudrait pas jurer qu'elle n'ait pas duré jusqu'à la mort du curé, ou du moins jusqu'aux jours agités venus après l'échec du Seize-Mai. Il serait difficile de fournir une meilleure preuve du succès obtenu par M. Huchet sur le terrain des relations avec la municipalité.

Le petit clan lettré et artistique dont nous avons parlé plus haut, se divisait à peu près également entre les deux partis légitimiste et orléaniste (1) : par cela même que le curé vivait en bonne intelligence avec les deux camps, il se trouvait en relations convenables avec cette élite intellectuelle. Quelques-uns même étaient de sa fréquentation;

(1) Devenu plus tard le parti impérialiste, au moins pendant le règne de Napoléon III.

toutefois, il faut le reconnaître, il aimait mieux cultiver les lettres dans une intimité presque solitaire, et les soins de sa paroisse ne lui laissaient pas le loisir nécessaire à des préoccupations d'une autre nature. Il aimait les arts; mais il était absorbé par la pratique de « l'art des arts (1) », — suivant le mot de saint Grégoire, — celui de la conduite des âmes. Ce qui ne l'empêchait pas d'imposer à ses élèves favoris l'étude de la peinture et de la musique, comme une puissante ressource pour le bien, même dans la vie ecclésiastique. Il avait un goût très fin et très sûr : son approbation, quand il la donnait, ne procédait pas uniquement de sa bienveillance ordinaire, mais s'appuyait sur un discernement exact du vrai et du beau. C'est pourquoi ses avis et ses conseils furent plus d'une fois recherchés par les hommes compétents, non sans profit pour le succès de leurs créations.

Auprès du peuple, la situation du nouveau curé se dessina plus lentement, en raison de l'attachement à l'ancien clergé et du peu de goût pour les nouvelles connaissances qui distingue le caractère malouin. M. Huchet d'ailleurs « ne payait pas de mine », pour employer une expression populaire. Il était de petite taille, de physionomie sévère, d'abord réservé jusqu'à la froideur : il fallait vaincre la première impression pour le trouver tel qu'il était

(1) « Ars artium regimen animarum. »

réellement, gracieux, bon, supérieur en intelligence
et en dévouement. Les prêtres de l'ancien clergé,
avec leur belle mine et leur familiarité paternelle,
ne s'oubliaient pas facilement quand on leur opposait leur remplaçant jugé sur les apparences. Cependant on s'habitua peu à peu à le voir passer dans
les rues alerte, réfléchi, absorbé, semblait-il, mais
attentif à tout et à tous, d'une urbanité parfaite,
toujours prêt à écouter une réclamation ou faire une
aumône. Puis, on se répéta qu'il ne se contentait
pas de bien accueillir les petits et les pauvres, qu'il
allait vers eux avec autant d'empressement que vers
les grands et les riches, qu'il ne craignait pas de
monter les escaliers raides, obscurs, humides, des
vieilles maisons pour causer amicalement avec les
ouvriers, consoler les malades, porter secours aux
misères qui s'abritent sous les toits. A la grand'-
messe du dimanche, ses prônes, toujours préparés
avec soin et bien adaptés aux besoins de l'auditoire,
suivant le conseil du Sage (1), donnèrent la mesure de son zèle pour les âmes qui lui étaient confiées : dans les catéchismes, auxquels il se faisait un
devoir d'assister, les enfants perdirent les préjugés
craintifs qui les tenaient d'abord à distance, tout
en lui conservant un respect voisin de la vénération.

On savait aussi en quelle estime le tenaient les

(1) Prov. XXVII, 23.

classes élevées. La ligne de démarcation entre les gens du peuple et la « haute société », comme on disait alors, était bien difficile à indiquer : partout, à chaque instant, riches et pauvres, armateurs et marins, négociants et ouvriers, étaient en contact, — sans morgue d'un côté, sans envie de l'autre — sur le pied d'une certaine égalité résultant du travail commun et de la même simplicité de vie. Ce qu'on pensait ici était donc vite connu ailleurs : dans cette enceinte si vite parcourue et dans cette vie mêlée, tout était à jour pour les indigènes, les maisons, les existences et les âmes. Tout le monde se connaissait, dans tout l'acception du mot. C'est pourquoi l'opinion de « la haute société » fut bientôt répandue parmi les gens du peuple, et naturellement partagée : car les petits s'en rapportaient volontiers aux grands de ce qu'il fallait croire et faire.

Puis on ne fut pas longtemps sans remarquer la considération que lui témoignaient ses confrères, ceux de la ville et ceux du dehors. Les gens qui venaient de la campagne, pour les dispenses de baptême ou de mariage, parlaient de l'estime où le tenaient leurs pasteurs, de la bienveillance avec laquelle eux-mêmes avaient été accueillis, de la façon gracieuse dont il les avait chargés de ses compliments pour leur « recteur », pauvre petit prêtre de campagne, — lui, le « grand curé de Saint-Malo. » L'honneur en rejaillissait sur eux et ils faisaient partager leur enthousiasme aux parents et amis qu'ils avaient dans la ville.

Il se fit ainsi, peu à peu, autour de lui une sorte de légende qui le couronnait d'une auréole dans le rayonnement de laquelle on s'habituait à le voir. C'est un fait étrange, mais que tout le monde a constaté : il était devenu, après quelques années, un être à part, le *prêtre* par excellence, mais le prêtre constitué naturellement en dignité, né pour commander et conduire, aimé, vénéré surtout, comme les saints de la *Légende dorée*. Le peuple le regardait avec admiration, le dimanche, dans sa stalle au chœur : quand il faisait la quête, les rangs s'écartaient avec respect, les regards le suivaient, et l'offrande tombait dans son plateau avec un salut profond. Tout s'effaçait en sa présence, et les enfants d'alors se souviennent du peu que paraissaient auprès de lui, le maire et le sous-préfet, aux distributions de prix de l'école des Frères ou du collège. Il y avait un accent tout particulier dans la manière dont les gens des environs disaient : « le curé de Saint-Malo », mais surtout dans celle dont les Malouins disaient : « Monsieur le curé ! »

Il avait réellement pris place dans toutes les âmes, à ce coin du foyer intime où ne peuvent s'asseoir que le père et l'ami. On le vit bien, lorsque arriva, en 1853, dans une solennité religieuse à Cancale, un accident qui parut mettre sa vie en danger. Il fallut laisser les portes du presbytère ouvertes pour permettre au peuple d'aborder librement, en quête de renseignements sur l'état du malade : on arrivait sans bruit, on interrogeait avec inquiétude, et quand les réponses furent devenues plus rassurantes, on s'en allait d'un pas plus léger, le cœur délivré d'un poids écrasant. En ces jours-là *toute la ville fut languissante* (1) avec son pasteur, et l'on peut dire qu'elle revint à la vie normale avec lui. La douceur et la patience, qu'il avait préconisées dans sa première prédication, après en avoir fait la règle de sa conduite, lui avaient bien réellement assuré « *la possession de la terre* (2) ».

Mais cette terre qu'il possédait si sûrement, il fallait la remuer et en changer la face. Presque tout était à renouveler ; nous allons voir comment il y réussit.

Il commença tout naturellement par son église. Pour le prêtre appelé à la conduite d'une portion quelconque du troupeau de Jésus-Christ, l'église est une épouse (3) dont il doit aimer la beauté (4), et que ses soins doivent tendre à rendre plus belle de jour en jour par la parure dont il relève ses premiers attraits. Il veut, en effet, attirer vers elle ceux qu'il groupera dans la lumière de sa splendeur,

(1) I, 5 : « *Omne caput languidum e omne cor mœrens.* »

(2) Matth. V. 4 : « *Beati mites quia possidebunt terram.* »

(3) « *Ut sponsata… nuptiali thalamo præparata,* » dit la liturgie des églises, (*Offi e de la Dedicace* : hymne des premières vêpres).

(4 Psalm. XXV, 8 : « *Domine, dilexi decorem domus tuæ* ».

pour y entendre la parole de vérité et y participer aux sacrements qui donnent la vie surnaturelle. Un prêtre se juge assez bien d'ordinaire par son zèle ou son incurie à l'endroit de son église : sa foi peut se mesurer au souci qu'il a de la demeure de son Dieu.

CHAPITRE V

LA CATHÉDRALE DE SAINT-MALO

A cathédrale de Saint-Malo, bâtie presque au sommet du rocher, de façon que son chevet en dominât la dépression orientale, fut commencée sous l'épiscocat d'Hélocar, à la suite des dévastations commises, en 811, par les soldats de Charlemagne. Durant le sac de la ville, les Francs avaient incendié l'église élevée jadis, au même endroit, en l'honneur du martyr saint Vincent. La main d'Hélocar se reconnaît dans la grande nef, où de lourds piliers terminés par des chapiteaux dénués d'ornements représentent l'œuvre du IXᵉ siècle. Les voûtes sont d'une époque plus récente, mais indécise, tout comme l'arc triomphal et l'anse de panier qui le relie au chœur. Dans cette dernière partie, certains

archéologues ont voulu voir une construction gothique du XIe siècle, due à quelque architecte normand, en raison de l'influence exercée, dans nos régions, par l'art importé de la Sicile, après la conquête de Robert Guiscard. Cette opinion n'a pas prévalu, si flatteuse qu'elle pût être pour l'amour-propre des Malouins.

Suivant l'histoire acceptée, un vaste chœur fut ajouté à la nef d'Hélocar par le saint évêque Jean de Châtillon, que le peuple appelle Jean de la Grille, parce que son tombeau était jadis entouré d'une balustrade de fer ouvragé. Il en jeta les fondations dans le courant de l'année 1144, et mena d'autant plus vivement l'ouvrage qu'il voulait transférer dans la nouvelle église son siège épiscopal fixé jusque-là, de l'autre côté du port, dans la vieille basilique dédiée à saint Pierre, au bourg d'Aleth, la cité des premiers habitants du pays (1). Il opéra cette translation, non sans de grandes difficultés, et fut inhumé, dans sa nouvelle cathédrale, en l'année 1163. Il ne reste rien de son œuvre ; car le chœur actuel, magnifique sanctuaire qui tend l'arc de ses voûtes à vingt-huit mètres au-dessus du sol, a été commencé un siècle et demi plus tard, par Raoul Rouxelot de Limoëlan, sacré en 1310. C'est au moins l'opinion la plus

---

1) On peut encore en voir quelques débris sur le penchant de la butte de la Cité, du côté de l'avant-port de Saint-Malo.

accréditée, bien qu'elle rencontre de nombreux contradicteurs dont l'assertion reporte au XIIᵉ siècle les commencements au moins de l'entreprise poursuivie par Raoul Rouxelot.

Quoi qu'il en soit, le chœur de Saint-Vincent est un des plus beaux qui se puissent voir. Il se compose de quatre travées. Deux précèdent le sanctuaire proprement dit ; le grand autel occupe le centre de la troisième ; la quatrième confine au chevet auquel s'adosse l'autel dédié à Sainte-Anne. Au-dessus des grands arcs de la base court un *triforium* d'un style original et d'une décoration sobre, mais élégante. Le *clerestory* est d'une rare majesté : ces hautes et larges baies devaient produire un effet saisissant lorsqu'elles étaient garnies de leurs vitraux peints, surtout quand on les considérait du fond des anciens collatéraux abaissés de six mètres au-dessous du chœur. La nature du sol n'avait pas permis de mettre de niveau le sanctuaire et le déambulatoire ; de sorte qu'un pont conduisait du grand autel à la sacristie des chanoines, par dessus le bas-côté du midi.

Dans le pourtour du chœur, des chapelles d'un style plus élancé et plus orné furent fondées à diverses époques. La plus ancienne de ces fondations remonte à Philippe de Rennes, premier doyen séculier du chapitre, qui l'édifia en 1360 (1).

---

(1) Le chapitre fut sécularisé, en 1321, par l'évêque Alain Gonthier.

Plusieurs de ces chapelles servirent de sépulture aux évêques.

Jean de l'Épervier et Guillaume Le Gouverneur reposaient dans la petite chapelle voisine de la sacristie, et tout près d'eux, dans celle de la Sainte-Trinité, François de Villemontée. Dans le bas-côté opposé, la dernière chapelle, jadis dédiée à Sainte-Anne, contenait le tombeau de Sébastien de Guémadeuc, ce prélat que Mme de Sévigné appelait, avec irrévérence, *une linotte mitrée*. Du même côté, la chapelle suivante consacrée à saint François gardait le corps de Ferdinand de Neuville. Il avait été impossible d'ouvrir dans la roche dure qui portait le chœur un caveau pour les évêques : mais plusieurs étaient ensevelis autour du maître autel, entre autres, Jean de Châtillon, Geoffroy, son cinquième successeur, qui fonda, en 1252 l'hôpital de Saint-Thomas, — et l'avant-dernier des évêques de Saint-Malo, Antoine des Laurents mort sur le Sillon, en revenant des États de Bretagne. Les autres dormaient, un peu partout, sous le pavé de leur cathédrale : Josselin de Rohan semblait encore garder l'entrée de la chaire, du haut de laquelle il avait si fièrement protesté contre les prétentions de Jean IV de Montfort.

Le chœur se termine par un chevet droit percé, au-dessus du *triforium,* d'une grande fenêtre dont l'arc avait été fortement surbaissé, à la suite d'un bombardement par lord Barkley, les 14 et 15 juillet 1695. Un projectile avait atteint, paraît-il, le sommet de l'arc et y avait ouvert une fente qui menaçait d'entraîner la chute de cette partie de la voûte. Pour parer à ces craintes, on construisit à l'intérieur un autre arceau en anse de panier d'un effet déplorable, mais qui rassura les chanoines et leur parut d'ailleurs plus en rapport avec les goûts de leur époque. Inutile d'ajouter que les restes des vitraux peints furent enlevés avec soin et remplacés par de belles vitres blanches, bien transparentes, dont le bienfait fut étendu à toutes les fenêtres du *clerestory*. Le chœur fut alors inondé de lumière, et le soleil put venir en toute liberté accrocher ses rayons aux consoles bizarrement tordues, mais somptueusement dorées, de l'autel majeur mis à la dernière mode. La Révolution de 93 a démoli l'autel, qui s'en est allé, plus tard, orner une église de campagne, si nos renseignements sont exacts. Nous ne savons s'il y est bien; mais à coup sûr il y est mieux que sous la voûte de Raoul Rouxelot.

Les deux bras du transept, le bas-côté nord de la nef et la chapelle du Sacré-Cœur furent ajoutés successivement à la basilique primitive. Toute la partie septentrionale, de l'entrée du clocher au grand portail de la façade, appartient au xviiᵉ siècle. C'est l'œuvre de Poussin, qui ménagea les raccords de l'intérieur avec beaucoup d'habileté et sut, à l'extérieur, tempérer la sécheresse du style grec par des réminiscences heureuses de la Renaissance. Si disparates que soient les caractères, il subsiste entre les deux parties du monument une certaine harmonie qui ne se rencontre pas dans les constructions du côté méridional. La chapelle du Sacré-Cœur surtout est reliée au corps principal de l'édifice, sans aucun souci de l'art et du goût. L'immense arcade, qui s'ouvre comme la bouche d'un four à l'entrée de cette chapelle, est une des choses les plus disgracieuses dont on puisse avoir l'idée. L'autel ne déparait pas cette conception d'un maître-maçon déguisé en architecte. Une petite porte, à gauche, mettait la chapelle en communication avec l'ancienne sacristie paroissiale, étroite et obscure prison où les chanoines avaient jadis relégué leur vicaire perpétuel, le curé de Saint-Vincent.

Car ils n'étaient pas gens commodes à l'endroit de l'évêque et à l'égard de leurs subordonnés, messieurs de l'Insigne Chapitre de Saint-Malo, endormis maintenant, pour la plupart, dans le caveau creusé sous la chapelle du Sacré-Cœur. La « porte de l'évêque » est là pour dire comment on traitait les prélats, réduits à pénétrer dans leur cathédrale par une porte latérale, à l'exception du jour où ils en prenaient possession et de celui où leur dépouille mortelle venait y recevoir les derniers honneurs. Quant au vicaire perpétuel, il n'avait pas à croire que jamais il monterait au grand autel pour y célébrer le saint sacrifice : en quoi, du reste, il partageait le sort des prélats étrangers, vinssent-ils de Rome et fussent-ils porteurs des plus augustes rescrits.

Mais l'histoire des hautains successeurs des *Moines rouges* (1) de Marmoutiers nous mènerait trop loin, et nous achevons rapidement la description de la cathédrale. La porte dite de Saint-Côme, ouverte dans le bas-côté nord de la nef, confinait à l'autel du même nom. La chapelle des fonts baptismaux séparait cette porte de la fameuse *porte de l'Évêque* précédée d'un perron de onze marches, le même qui se voit encore aujourd'hui. Tout en face des fonts, dans le bas-côté du midi, la porte du cloître s'ouvrait sur un long passage aboutissant à la voûte par laquelle on accédait jadis de la place du pilori au parvis de la cathédrale. Enfin, dans l'axe de la nef, une grande porte, dominée à l'intérieur par la tribune de l'orgue, trouait à l'extérieur une façade du style grec le plus réussi, c'est-à-dire le plus sec et le plus froid. Rien ne pouvait choquer les regards à l'égal de ce placage de granit bleu, juxtaposé à un mur construit dans le goût de la Renaissance, et surmonté d'une tour dans le style du XIVe siècle. Malheureusement

---

(1) « Ar manach ruz », comme le peuple les appelait à cause de la croix rouge qu'ils portaient sur la poitrine.

les ressources ont toujours manqué pour le remanier de fond en comble, ainsi que le voulait M. Huchet, quand il substitua aux masures accolées jadis à la cathédrale une porte destinée à faire pendant à celle de l'Évêque et construite d'après le même dessin.

Si nous ajoutons que la cathédrale de Saint-Malo possédait déjà, en 1833, quelques bons tableaux, la *Descente de Croix*, de Santerre (1), et une *Bataille de Lépante*, de l'Ecole vénitienne (2), nous aurons achevé la description de l'église à laquelle le nouveau curé allait essayer de rendre une part au moins de son ancienne splendeur.

Au mois de novembre 1793, le conventionnel Lecarpentier, en mission sur les côtes de l'Ouest, avait mis la vieille cathédrale en vente, au prix de 23,540 francs payables en assignats ou 600 rancs en argent, au choix de l'acquéreur, qui fut un vieux maître pilote, nommé Saison, dont la plupart de nos contemporains ont gardé souvenir (3). L'abbé Goret, doyen du chapitre, avait réussi à soustraire les corps de saint Gurval et de saint Enogat, avec quelques autres reliques

(1) Jean-Baptiste Santerre, élève de Boullongue, est connu, à Paris, par la *Suzanne au bain* du Louvre, tableau qui lui ouvrit les portes de l'Académie en 1704.

(2) C'est une opinion soutenable, mais sans autorité suffisante.

(3) Il mourut en 1838. — Voir la note J.

qu'il cacha, dit-on, dans la chapelle de Saint-
Aaron, près du tombeau du titulaire. Ce fut tout
ce qui échappa, semble-t-il, à la profanation. Le
grand autel fut démoli ; les tombeaux des évêques
furent violés et mis en pièces ; tout ce qui pouvait
avoir un prix fut enlevé, de sorte qu'il resta entre
les mains de Saison un triste et sombre monument
dont il ne pouvait tirer parti. Au rétablissement
du culte, on pourvut au plus pressé, se contentant
du nécessaire. La foi des Malouins s'accommoda
longtemps de la misère où Dieu voulait bien vivre:
quant à leurs prêtres, ils éprouvaient trop de joie
de la liberté rendue à la prière pour avoir grand
souci des conditions matérielles dans lesquelles on
pouvait prier.

M. Huchet ne voulut pas que cet état de choses
se prolongeât, dès qu'il lui fut possible d'y remédier. En 1837, il se mit en devoir de remplacer
l'autel du chœur par un monument plus digne
des grands souvenirs qu'il devait rappeler. Il se
produisait alors un vif mouvement de retour vers
le moyen âge et le style gothique. Victor Hugo en
avait donné le signal par la publication de sa *Notre-
Dame de Paris* : Montalembert y avait puissamment
aidé par son *Vandalisme dans l'art*, et, en Bretagne
même, M. Rio secondait avec succès, dans son
livre sur l'*Art chrétien*, les efforts de ses illustres
devanciers. Il n'était pas difficile d'engager le curé
dans ce mouvement où tout l'attirait, en dehors

même de la considération des lieux qui lui dictait son choix. Le moyen âge l'avait toujours séduit et il en inspirait l'amour à ses disciples autant qu'il le pouvait : « Pourquoi, mon très cher Père, écrivait-il à l'un d'eux, ne nous donnez-vous pas quelques-unes de ces belles figures du XIIIe siècle ? Je vous l'assure, elles ne dépareraient pas la chaire. Si même vous aviez le loisir d'écrire l'histoire du XIIIe siècle, vous feriez grand plaisir au public et en particulier à celui que vous aimez tant. Le treizième siècle ! Ce sont les délices du vieux pasteur du Rocher ! (1) »

Malheureusement, en 1837, la connaissance du moyen âge et de l'art gothique n'était pas encore ce qu'elle est aujourd'hui. Ce n'est pas la faute de M. Huchet, mais celle de son temps, et on serait mal venu à critiquer le choix qu'il fit du modèle sur lequel fut élevé le grand autel du chœur. Ce modèle avait été fourni par l'église Saint-Urbain de Troyes, au moins dans son ensemble : il passait alors pour remarquable et faisait l'admiration de beaucoup qui se croyaient connaisseurs (2).

Ce fut évidemment une faute de faire porter un

---

(1) Lettre du 30 janvier 1874.

(2) Manet, *Vie du B. Jean de Châtillon*, p. 119, note 24. — L'architecte, conducteur des travaux, était M. Peynaud. M. Monconduit fit la menuiserie, M. Tiget eut le soin des marbres et M. Lebrun celui des peintures et dorures.

dais gothique, avec ses pinacles dentelés, par des colonnes de style grec : mais elles étaient d'une si belle venue et d'un galbe si pur ! Débris du maître-autel qui faisait l'orgueil des Bénédictins, elles vinrent orner le chœur de la cathédrale, en compagnie des saints Benoit et Maur, dont les draperies tourmentées s'ajustèrent tant bien que mal aux lignes sévères et tranquilles de leurs encadrements gothiques. Une statue de la Foi (1), de même provenance, fit le fond de la construction, dont le plus bel ornement, il faut l'avouer, est le tabernacle en bois doré, merveille de légèreté et de grâce, qui est bien du style gothique et eût fait, au moyen âge, la réputation d'un maître.

La table de l'autel recouvre le corps de saint Jean de la Grille, sauvé par un pauvre fossoyeur, Jean Coquelin, qui l'avait caché, pendant la tourmente révolutionnaire, dans le cimetière commun, où les profanateurs lui avaient ordonné de l'enterrer, sans penser qu'ils assuraient ainsi la conservation de ce précieux dépôt (2). Quand tout fut

(1) Cette figure tient à la main un ciboire de bois doré, qui a remplacé la custode où jadis se conservait le T és Saint Sacrement. Dans l'église des Bénédictins, elle servait à cet usage. Apportée à la cathédrale, nous ne savons à quelle date, elle avait d'abord été placée au-dessus de l'autel de Saint-Jean.

(2) Coquelin remit, le 3 novembre 1799, les reliques à M. l'abbé Manet qui se chargea de leur conservation jusqu'en 1839. (Voy. Manet. *Vie de S. Jean de Châtillon*, 101 et suiv.)

terminé, c'est-à-dire après deux ans de travail, la bénédiction du monument fut faite, le samedi 16 novembre 1839, par M. l'abbé Godefroy Brossays-Saint-Marc, vicaire général de Mgr de Lesquen, auquel il devait bientôt succéder sur le siège de Rennes (1). Une sincère affection rapprochait déjà le curé et le vicaire général. Le temps la rendit plus intime, sans lui rien ôter du caractère de liberté et de franchise qui en marqua les débuts : la mort devait, à quelques jours d'intervalle, en renouer pour toujours les liens un instant brisés.

Il ne faudrait pas affirmer que M. Huchet fut toujours aussi content de son œuvre qu'il l'était au jour de la bénédiction solennelle : il avait trop de goût pour cela, comme le prouvent, du reste, les améliorations qu'il entreprit sous l'influence de connaissances plus sûres et d'hommes plus compétents. Ainsi en fut-il de la reconstruction de la grande verrière du chevet, en 1855, de la restauration de la voûte, en 1873, et de l'aménagement de la chapelle Sainte-Anne, en 1875. Mais nulle part ce goût épuré ne se fit mieux sentir que dans la décoration de la chapelle du Sacré-Cœur, véritable transformation qui fit de cette grange un sanctuaire où l'on prie avec plaisir, surtout quand

---

(1) Le vieil évêque était alors malade et se fit remplacer, à son grand chagrin, par l'abbé Saint-Marc : mais il avait pris le plus vif intérêt aux travaux de la cathédrale de Saint-Malo.

l'on pense à ce que ces lieux furent autrefois. C'est sa dernière œuvre. « Après ce travail, considérant que le bon ouvrier avait bien rempli sa tâche et le jugeant digne des récompenses éternelles, le divin maître ne devait pas tarder à le rappeler à Lui. La jolie chapelle du Sacré-Cœur était à peine achevée quand le bon pasteur ressentit les premières atteintes de la maladie à laquelle il devait succomber (1). »

Entre temps il avait rendu plus convenables les autels de la Très Sainte-Vierge et de Saint-Jean, entouré le chœur d'une grille (2), réparé le grand orgue, fait construire un orgue d'accompagnement, élevé des tribunes au-dessus de la porte Saint-Côme (3), pour le service des nouvelles écoles, et ajouté au mobilier tout ce que lui permettaient les ressources dont il pouvait disposer.

Pour n'être pas une de ces belles cathédrales dont la France a le droit d'être fière, l'église Saint-Vincent n'en était pas moins alors digne d'attention de la part de l'archéologue et du chrétien. Aussi le bon curé se complaisait-il parfois dans la contemplation de son œuvre : que de fois il a retenu ses confidents sous le grand orgue pour

---

(1) J. Bazouge : *A la mémoire de M. Huchet*, p. 5

(2) Il avait aussi fait placer, aux deux côtés de l'entrée du chœur, un saint Pierre et un saint Paul, de taille colossale et d'un assez beau caractère.

(3) Ces tribunes, vivement critiquées par certaines gens, étaient devenues nécessaires, comme le prouve l'expérience de chaque jour.

leur parler de ce qu'il avait trouvé, de ce qu'il avait fait, de ce qu'il désirait faire. Ils admiraient ensemble ce beau chœur et même cette nef mystérieuse dont il rêvait la transformation, sans lui rien ôter de son cachet. Il fallait prendre des notes, esquisser des croquis; il était radieux, et déjà il lui semblait qu'une basilique nouvelle, celle qu'il avait dans l'imagination, ou mieux dans le cœur, se levait de terre et portait son front dans les cieux. Hélas! Dieu l'a pris avant qu'il ait pu réaliser ces projets si doucement caressés!

Il y en a un du moins qu'il a pu réaliser, le plus cher peut-être, mais aussi le plus difficile à mener à bonne fin.

La tour du clocher était toujours restée inachevée, les uns disent par crainte des tempêtes, les autres disent par défiance des fondations que l'on jugeait incapables de porter la flèche projetée. Quoi qu'il en soit, une vulgaire calotte, recouverte d'ardoise et surmontée d'un télégraphe aérien, terminait à contresens l'unique étage de la tour. Chaque fois qu'il regardait l'étrange couronnement de sa cathédrale, M. Huchet se sentait pris de tristesse. Il n'osait solliciter de ses paroissiens l'aide nécessaire à pareille entreprise, ni se risquer aux démarches obligées près de l'administration, parce qu'il avait peur de paraître imprudent et d'être mal accueilli, à quelque porte qu'il frappât.

Une circonstance tout à fait inattendue vint lui

ouvrir la route, ou plutôt lui assurer le plein succès de ses désirs. Ce

> « ... clocher (1) de Saint-Malo
> Que l'on voit de loin sur l'eau »,

ne serait plus un fantôme visible seulement dans la chanson populaire, mais un de ces aiguilles de pierre, brodées et dentelées, que la Bretagne montre avec orgueil à ses visiteurs.

Ici se place un incident sur lequel il faut arrêter l'attention du lecteur ; c'est-à-dire le passage de l'empereur Napoléon III et de l'impératrice Eugénie à Saint-Malo, pendant leur voyage en Bretagne.

On s'est étonné, non sans quelque affectation, de l'enthousiasme qui les accueillit dans la terre de la fidélité traditionnelle à la maison de Bourbon. Il y aurait d'abord beaucoup à dire sur cette fidélité, son extension et sa profondeur réelles, les causes qui l'ont peu à peu diminuée, et l'oubli qui l'a remplacée dans la plupart des esprits et des cœurs (2). Mais ceci nous entraînerait trop loin, et il est plus simple de rester sur le terrain des faits, tels que tout le monde a pu les observer.

(1) La chanson dit, il est vrai : « Le rocher » ; mais le peuple, qui tient peu compte des textes, dit plus volontiers « Le clocher », et nous avons suivi sa version.

(2) Voy. à ce sujet E. Veuillot, *Guerres de Vendée*, p. 494 et suiv.; — M. de Falloux : *Mémoires d'un royaliste*, — etc.

Les Bretons, comme l'avait très bien dit l'empereur, sont « un peuple essentiellement catholique, monarchique et soldat ». L'empire donnait satisfaction à cette triple aspiration. Par l'expédition de Rome, Napoléon III s'était posé en défenseur du Pape et de l'Église. Rien encore ne faisait pressentir, pour le commun des observateurs, sa politique future à l'endroit du Saint-Siège : il honorait les évêques et favorisait ostensiblement la religion. Comme chef d'État, il avait imposé le plus complet silence à la révolution ; c'est alors vraiment qu'il « répondait de l'ordre », et il paraissait, — pour achever sa pensée, — chercher à fonder la liberté. L'industrie et le commerce étaient prospères, le travail rémunérateur, le présent tranquille et l'avenir serein. Enfin, nous étions au lendemain de la campagne de Crimée, du traité de Paris, de cette flambée de gloire dans un ciel si longtemps assombri. Comment la Bretagne n'eût-elle pas été entraînée au-devant du souverain jeune encore, affable, généreux, qui venait à elle, ayant à ses côtés, sur le prie-Dieu de Sainte-Anne d'Auray et sur le balcon du palais de Rennes, la plus gracieuse des femmes, la mère de ce « petit prince », qui promettait un si beau lendemain à ce jour sans nuages ?

Pour nous qui n'avons jamais été des courtisans de cette fortune, nous avons subi l'entraînement

général pendant ce prestigieux voyage, vraie
course triomphale dont il serait puéril de chercher
à rien diminuer. Nous l'avouons sans regret, car
nous avons salué, ce jour-là, pour la première et
la dernière fois de notre vie, (du moins nous le
craignons), l'apparition de l'Autorité, telle qu'on
nous avait appris à la comprendre et à la vénérer.
Nous n'avons plus retrouvé cette impression qu'au
Vatican, devant celui qui représente ici-bas, dans
la plus parfaite mesure, le Roi de tous les rois (1).

La journée avait été pluvieuse ; le soir venait,
sombre, attristé par une attente de plusieurs heures
et la crainte que la nuit n'arrivât avant les
augustes visiteurs. La foule, agitée, inquiète, tenait
bon cependant, sur le Sillon, le long des rues,
devant la cathédrale, où l'on pensait que l'Empereur s'arrêterait au passage. Le bon curé, revêtu
de sa plus belle chape, attendait, sur le seuil, à
la tête de son clergé. Correct, comme toujours,
il avait, conformément à l'étiquette, mis des
gants (2), et il jetait de temps en temps, autour
de lui, un coup d'œil pour s'assurer que tout était
en ordre. Tous l'observaient avec attention, car
il y avait là pour tous une leçon dont ils ne

(1) Apoc. XIX, 16 : « Rex regum et Dominus dominantium.»

(2) Ces gants étaient noirs. Étonné de la couleur, un des plus jeunes
clercs présents eut la hardiesse de lui en faire l'observation. « Mon cher
abbé, répondit-il, ainsi le voulait l'ancienne étiquette, et je ne vois pas que
j'aie le droit d'y rien changer. »

voulaient rien perdre. On le savait défiant vis-à-vis du nouveau pouvoir, alarmé en secret plus qu'il ne voulait le paraître, peu satisfait d'avoir à saluer le maître de la France dans un homme qui n'était pas le représentant de la tradition nationale. Sans nul doute, il avait su prendre l'attitude convenable devant le prince de Joinville et le duc de Nemours lorsqu'ils avaient visité Saint-Malo ; mais leur réception ne lui avait pas imposé les mêmes préoccupations. Saluer et féliciter des fils de roi, tout jeunes, intelligents, mais sans influence politique à l'intérieur ou à l'extérieur, cela demandait sans doute du tact et de la présence d'esprit, mais n'avait rien de commun avec la rencontre qui allait se produire. Il le sentait, et son visage pâle disait assez son émotion.

Tout à coup, pendant une éclaircie, le canon du château se fit entendre ; les cloches furent mises à toute volée, les clairons lancèrent leurs fanfares mêlées aux roulements des tambours, et, passant au galop, un écuyer nous jeta ces simples mots dont toute l'assistance frémit : « Messieurs, l'Empereur. »

Presque aussitôt un escadron de chasseurs apparut, précédant le coupé dans lequel Napoléon III était assis à la droite de l'Impératrice. La voiture s'arrêta devant la cathédrale ; un valet de pied ouvrit la portière, et le curé faisant un pas se trouva face à face avec l'Empereur. En quelques

mots pleins de tact il félicita le Prince qui lui
répondit en termes gracieux, s'excusant sur la
fatigue du voyage et le retard prolongé, de ne
pas entrer en ce moment dans la cathédrale
dont il apercevait le grand autel splendidement
illuminé. Le curé offrit alors ses respects à
l'Impératrice. Mais l'émotion commençait à le
dominer : il voyait les objets à travers un voile,
et l'on fut obligé de lui dire tout bas : « Monsieur
le curé, l'Empereur vous tend la main ! » Il la
prit avec respect, puis se retira discrètement pour
laisser la place libre au souverain qui s'éloigna
en saluant avec un sourire bienveillant. A ce
moment, la foule, immobile et silencieuse jusque-
là, se rua sur la voiture, dans un élan d'enthousiasme impossible à décrire. Des acclamations à
faire crouler le ciel s'élevaient de tous les côtés ;
des gens du peuple avaient les larmes dans les
yeux, à l'aspect de cette Majesté qui résumait
pour eux toutes les grandeurs et toutes les gloires.
Ce fut au pas que les chevaux fendirent la masse
compacte, où ils semblaient incrustés : à cette
heure, il n'y avait dans le peuple malouin qu'un
sentiment, l'amour le plus sincère pour la France
et l'Empereur (1).

Le clergé laissa le cortège impérial gagner

(1) Des entraînements inattendus se produisirent, et plus d'un, qui s'en
défendit plus tard avec indignation, mêla sa voix aux acclamations popu-
laires.

l'hôtel de la sous-préfecture, et rentra au presbytère, d'où il devait se rendre en corps à la visite officielle, quelques instants plus tard. L'émotion du bon curé n'avait pas diminué, bien qu'il se retrouvât peu à peu et se sentît plus maître de lui. Pour ceux qui s'étonneraient, nous dirons simplement qu'il croyait de tout cœur à la vieille doctrine catholique : « C'est par moi que règnent les souverains » (1), et il voyait dans le Prince, non pas l'homme de ses préférences, mais l'élu de Dieu dont il ne lui était pas donné de scruter les desseins. Cette majesté de la terre lui donnait donc le même frisson que la présence de la Majesté divine lui eût donné : sentiment trop relevé et trop délicat pour être compris de tout le monde, mais qui dénote une âme de nature supérieure et des pensées habituellement portées en haut.

Une heure après, il était de nouveau en présence de Napoléon III et de l'impératrice Eugénie. L'Empereur debout, le visage doux et grave, le regard perdu dans le vague, reçut les compliments du curé en homme habitué à cette phraséologie ; l'Impératrice, souriante et attendrie, paraissait émue des vœux formés pour elle et pour son fils. Quand le curé eut fini, l'Empereur remercia brièvement en termes convenus ; puis, changeant

____

(1) Prov. VIII, 15 : « Per me reges regnant... per me principes imperant ».

de ton, il s'informa de la situation morale de la
population et des besoins de l'église, avec une
bienveillance qui n'avait plus rien de banal.
M. Huchet répondit avec plus d'assurance et ne
craignit pas d'assurer Sa Majesté que les Malouins
désiraient seulement à leur cathédrale ce fameux
clocher que, seule, la chanson

« Voyait de loin sur l'eau! »

L'Empereur sourit et demanda quels frais entraînerait cette construction ; puis, sur la réplique du
curé, tout à fait rassuré, il dit : « Cela se pourra
faire ! » Un regard jeté du côté de l'Impératrice
sembla la mettre de moitié dans la promesse, et
tout le monde tint pour assurée la réalisation prochaine du désir exprimé. Après quelques paroles
de l'Impératrice aux autres prêtres présents à
l'audience, Napoléon III fit un pas en arrière,
suivant la coutume des souverains quand l'audience
est terminée, et le clergé se retira. Il nous sou-
viendra toute la vie du regard jeté par l'Empereur, à ce moment, sur le curé qu'il venait
d'entretenir. Quand il baissa la tête pour répondre
au dernier salut, son regard voilé s'illumina subitement : à travers les cils, un rayon semblable à un
éclair enveloppa, pour ainsi dire, toute la personne
de l'interlocuteur. Il avait, — c'est évident, — pris
la mesure de l'homme, et lorsque, plus tard, il
lui envoya la croix, il dut signer le brevet avec la

conscience d'avoir attaché le ruban rouge sur la poitrine d'un prêtre dont l'Église et la France pouvaient se faire honneur (1).

Il n'y a rien à dire de plus ici relativement au voyage de l'Empereur : constatons seulement que M. Huchet garda bon souvenir de son entrevue avec lui, et attendit avec confiance le résultat de ses promesses, quels que fussent, autour de lui, les doutes et plus tard les récriminations de certaines gens. Ils semblèrent pourtant avoir raison, quand on parla d'une méprise du souverain attribuant à l'église de Saint-Malo de Dinan les faveurs promises à l'église de Saint-Malo de l'Ile. Mais le curé était de cette vieille race qui avait pour règle de foi : « Le roi l'a dit. » Il garda sa confiance, et il eut raison, car le clocher de Saint-Malo n'est plus une espérance; il dresse maintenant, à deux cent trente pieds au-dessus du rocher, sa flèche blanche et ajourée, « semblable à un mât de navire » (2), que l'on peut voir des points les plus reculés de l'horizon.

En 1866, la croix qui termine la flèche fut posée, au grand ébahissement des Malouins pour qui cette œuvre avait quelque chose de téméraire

(1) Tout ce qui précède est de la plus rigoureuse exactitude : nous étions alors trop jeune pour avoir à jouer en cette circonstance un autre rôle que celui d'observateur; mais nous avons conscience d'avoir bien regardé, bien vu et bien retenu.

(2) P. Delabigne-Villeneuve : *Bretagne contemporaine.*

jusqu'à la folie. La légende des tempêtes balayant les travaux entrepris par les évêques d'autrefois s'évanouissait comme tant d'autres : l'architecte Frangeul montrait avec un légitime orgueil l'aiguille de pierre perdant sa pointe dans le ciel, et le vieux pasteur rajeuni de vingt ans la contemplait avec des larmes dans les yeux. « Je n'en sais rien, comme eût dit Royer-Collard, mais j'en suis sûr, » le lendemain, à l'autel, il eut un *memento* tout spécial pour le prince déjà lancé sur la pente fatale qui de Sadowa glissait vers Sedan. M. Huchet n'était pas devenu partisan de l'Empire; les derniers événements d'Italie n'étaient pas de nature à lui donner pareilles convictions. Mais il avait pris pour l'Empereur, à son contact, une sympathie que rien n'altéra, comme le prouvèrent souvent ses paroles, après la chute du régime impérial. Il n'était pas de ceux à qui pèse la reconnaissance, et dont Napoléon III, si indulgent pour les ingrats, disait tristement à Chislehurst : « Ne me parlez pas de celui-là : je ne lui ai fait que du bien, il ne me rend que l'injure. » Il avait essayé d'être toujours juste envers le souverain tout-puissant : il voulut l'être surtout envers le souverain détrôné. Or, pour lui, la justice ordonnait de voir d'abord ce qui restait indiscutable et certain, les bienfaits dont la preuve était visible à tous les yeux : les erreurs et les fautes, Dieu les apprécierait, en tenant compte des prières

que la reconnaissance faisait monter vers sa miséricorde.

L'œuvre de restauration entreprise par le bon
curé était donc à peu près terminée, telle qu'il
la croyait possible, en considération de l'âge où il
était arrivé et des ressources sur lesquelles il
comptait. Rappelons ici, pour mémoire, des améliorations de détail perdues dans l'ensemble et
dont il n'est pas permis de s'occuper plus longue-
ment. Cependant, il convient de signaler l'acquisition de quelques bons tableaux, — la *Prédication
de Saint-Malo* par M. Duveau (1), et un *Porte-
ment de croix* par M. Doutreleau (2), — le grand
crucifix d'ivoire placé en face de la chaire, — la
restauration de la *Bataille de Lépante* (une relique
de ce grand couvent de la Victoire, connu par
l'épisode de *René)*, — une bonne copie de *la Mise
au Tombeau* du Titien placée dans la grande nef.
Il restait sans doute beaucoup à faire : la chapelle
de la Très Sainte-Vierge et celle de Saint-Jean, ou
pour mieux dire, les deux bras du transept étaient
complètement à transformer. L'entreprise lui
parut au-dessus de ses moyens : il la laissa donc
à ses successeurs, justement persuadé que leur

(1) Un artiste malouin, justement estimé, à qui l'église paroissiale de
Saint-Servan doit ses fresques d'un noble caractère et d'une exécution très
soignée.

(2) Peintre correct, un peu froid, mais digne de fixer l'attention des
connaisseurs.

zèle ne serait pas au-dessous du sien (1). Du reste, telle qu'il l'avait faite, cette église était bien son œuvre, dans sa totalité; car il en avait poli chaque pierre, s'il n'avait pu les changer toutes. A l'exemple de Néhémie et des Macchabées (2), il avait eu sans cesse la truelle et l'épée à la main pour restaurer le temple et le défendre en même temps. Il pouvait donc se reposer tranquille, comme Salomon, dans la pensée qu'il était agréable aux yeux du Seigneur (3).

(1) M. l'abbé Bourdon, l'archiprêtre actuel, a fait restaurer et transformer la chapelle de la Très Sainte-Vierge, avec un goût parfait.

(2) Nehem., IV, 16. — 1 Macch. 41 et seqq.

(3) III Reg., X, 9 : « Sit Dominus Deus tuus benedictus cui complacuisti. »

CHAPITRE VI

OEUVRES DE CHARITÉ ET DE ZÈLE

EN même temps que M. Huchet travaillait à la restauration et à l'embellissement de la cathédrale, il donnait tous ses soins à la conservation et à la dilatation de cette église des âmes sans laquelle l'autre resterait vide et deviendrait bientôt inutile. Il embellissait le temple pour y attirer les fidèles ; il l'agrandissait en prévision d'un concours plus considérable et plus assidu. C'est une pratique ordinaire aux prêtres versés dans la connaissance des âmes, parce qu'ils ont appris de l'expérience combien les objets extérieurs ont de part à nos sentiments, même les plus élevés et les plus surnaturels. La pauvreté ou l'étroitesse des églises détermine souvent leur abandon ; le mauvais goût de leur

décoration ou de leur service rebute la piété : suivant la pensée de sainte Thérèse, il est bon que tout l'être soit libre de gêne pour que l'oraison devienne facile et que la prière monte librement vers Dieu. C'est pourquoi le Protestantisme, avec un manque absolu de logique, s'efforce de rendre vivants ses temples naturellement morts. Il y conserve, en Angleterre et en Allemagne, les restes des splendeurs catholiques échappées aux ravages du temps et du fanatisme; en France, où cette fortune ne lui a pas été possible, il anime ses murs nus et froids à l'aide de la musique et de l'éloquence. Cependant on sent partout que la prière ne vient pas spontanément s'abriter sous ces voûtes; en France surtout, avec la raideur calviniste, les âmes pieuses sont ramenées, malgré elles, à l'isolement de la prière privée, le lien qui les réunit se détend incessamment, le nom d'*Église* n'a plus le sens qu'y attachent l'Évangile et la tradition. Il y a des rapports intimes entre l'esprit et le milieu où il pense, entre le cœur et l'atmosphère où il bat; — pour ne pas le comprendre, il faut être absolument ignorant de la nature humaine, et tenter de la plier à d'autres lois c'est n'avoir pas la juste notion de la durée promise aux efforts mal raisonnés.

Mais aussi, par une conséquence facile à prévoir, c'est de l'empressement des fidèles que vient au temple sa véritable splendeur. Sa beauté morale et matérielle doit s'accroître en raison de la ferveur croissante de ceux qui s'y réunissent : les plus belle‑ églises sont les monuments d'une foi plus vive, comme on peut dire que les églises délabrées témoignent de la somnolence où la vie chrétienne menace de s'engourdir jusqu'à la mort. Le zèle de la maison de Dieu va donc de pair avec celui des âmes dans les préoccupations et l'activité des bons prêtres : ils veulent, en même temps, restaurer ou embellir l'édifice matériel et l'édifice spirituel.

Cela ne veut pas dire qu'il y eût trop à faire, à Saint-Malo, sous le rapport de la foi et des mœurs chrétiennes : le lecteur se rappellerait aussitôt le tableau mis sous ses yeux dans un précédent chapitre, et verrait dans nos paroles une flagrante contradiction. Il nous permettra toutefois de le dire ; partout et toujours, dans une grande paroisse, le pasteur trouve beaucoup à faire, — et par l'exposé même de la situation générale à Saint-Malo, il a été facile de voir quel vaste champ s'ouvrait au zèle du nouveau curé. N'y insistons pas davantage, et arrivons tout de suite au récit des œuvres par lesquelles M. Huchet répondit aux besoins de son peuple.

Le souci des petits enfants lui vint d'abord, et il est aisé d'en donner la raison. Dans les familles pauvres, il était à peu près impossible aux parents

de s'occuper comme il convient des enfants en bas
âge. La plupart des métiers sédentaires étaient
pratiqués surtout par des ouvriers venus, le lundi
matin, de la campagne où ils retournaient le samedi
soir (1). Dans les familles malouines, le père
était le plus souvent marin. S'il restait à terre,
il était employé aux chantiers de construction,
ou sur les navires en réparation, en déchargement
et en partance, ou dans les corderies et les forges,
presque toutes placées hors de la ville, au delà
du Sillon. La mère n'était pas moins forcée à
l'abandon de sa maison, par les travaux qui lui con-
venaient, dans les sécheries des *Nielles* (2), dans
les ateliers de voilerie, à la manufacture des tabacs,
où l'enfant devait être un embarras, lors même
qu'on y eût toléré sa présence. Quelques vieilles
femmes se chargeaient de les garder, moyennant
une légère rétribution : on en confiait quelques-
uns à des voisines plus libres de leurs allures;
d'autres, en petit nombre, à des écoles enfantines
dont l'accès n'était pas possible à tous en raison
du prix d'admission.

Pour remédier aux inconvénients de toute sorte

(1) Il en était ainsi des calfats, des cordonniers, etc., qui venaient de
l'autre bord de l'eau, c'est-à-dire de la rive gauche de la Rance ou des environs
de Pleudihen, dans les Côtes-du-Nord. — Les métiers de catégorie plus
relevée, chapellerie, ferblanterie, etc., donnaient droit de *bourgeoisie* et tiraient
du peuple proprement dit.

(2) Dunes basses qui continuaient le Sillon et que remp'ace aujourd'hu
la Grande Digue.

résultant de cette situation, M. Huchet acquit, sur la place Duguay-Trouin, une maison où il installa des salles d'asile, le 14 octobre 1844. Elles se remplirent bientôt à la grande joie du bon curé, ravi de se trouver au milieu de ce petit monde, et de présider aux évolutions dont le claquoir des sœurs donnait le signal. C'était plaisir de voir cet homme grave et froid d'apparence, s'épanouir à l'aspect des têtes brunes et blondes dont il était entouré, dès qu'il apparaissait dans la cour de l'asile : le gazouillement de ces petites voix l'attendrissait, et ses mains pressaient doucement les menottes tendues vers lui avec confiance. Les enfants devinaient en lui un père, et les bonnes sœurs riaient sous cape en entendant la toux significative dont il essayait de masquer son émotion. L'avenir lui paraissait assuré désormais : au sortir des salle d'asile, les garçons entreraient chez les Frères, les filles chez les Sœurs, et l'éducation chrétienne se compléterait ainsi naturellement, sans lacune, à l'abri de toute influence mauvaise, autant du moins qu'il était permis de l'epérer.

Mais les orphelins ne trouvaient pas leur compte à une institution qui suppose la famille, c'est-à-dire une protection assurée au sortir de l'asile ou de l'école. Il y avait donc lieu de leur préparer un refuge spécial, aussitôt que le permettraient les ressources dont on pouvait disposer. Quinze mois

suffirent à trouver l'argent nécessaire à la partie
de l'œuvre qui semblait demander plus de hâte et
à préparer la demeure ouverte aux orphelines, le
9 janvier 1846. La jeune fille court toujours plus
de dangers que le jeune homme; où celui-ci peut
trouver du travail et, par conséquent, un préser-
vatif contre la misère et le désordre, elle trouve
la mendicité, triste avant-courrière de la corruption.
A Saint-Malo, les garçons s'utilisaient de bonne
heure sur les navires ; mais les filles vaguaient
tristement sur les quais et les grèves, sans autre
avenir que la débauche, le vol et la prison. C'est
pourquoi M. le curé commença par elles, sans
perdre de vue leurs frères incapables de la vie
maritime, ou désireux d'une autre carrière. Il fallut
toutefois surseoir à l'exécution de cette seconde
partie du plan relatif aux orphelins. Les travaux
de restauration poursuivis dans la cathédrale épui-
saient la bourse du charitable fondateur, et,
malgré son habileté à la remplir, il se sentait arrêté
par la discrétion dont il ne se départit jamais.
Du reste, il n'y avait rien de précipité ni de hâtif
dans ses allures : le temps est à Dieu, dont il se
croyait l'instrument, et il comptait bien avoir tout
le loisir de mener à bonne fin les œuvres inspirées
par le zèle des âmes. La précipitation lui semblait
aussi contraire à la foi qu'à la prudence : par
tempérament, il se fût pressé, mais par vertu et
par expérience, il attendait l'heure convenable,

en priant la divine miséricorde de le rendre à la fois patient, habile et heureux.

Le 2 février 1857, il put réaliser la plénitude de son désir : les garçons avaient aussi leur orphelinat confié, comme celui des filles, aux soins des sœurs de charité. Ces religieuses avaient alors pour supérieure, à Saint-Malo, la Mère Hennegrave, une femme du plus haut mérite et visiblement prédestinée à aider M. Huchet dans ses œuvres. Une parfaite entente régnait entre ces deux serviteurs de Dieu, dont la sainte amitié rappelait celle de saint Vincent de Paul et de Mlle Legras : les orphelins pouvaient bien dire que la Providence leur avait rendu un père et une mère uniquement occupés à préparer leur avenir et assurer leur bonheur. Aussi vit-on bientôt l'orphelinat des garçons prendre une extension qu'on n'avait pas prévue et devenir, en 1865, une maison d'apprentissage pour tous les métiers. Cette mesure devait en effet couronner la précédente. Ce n'est pas assez de protéger les premières années, si on livre celles qui suivent aux hasards d'une vie où s'exercent seulement une surveillance intermittente et un patronage rarement effectif. En faisant de l'apprentissage la continuation naturelle de l'école, avec la même direction, dans le même milieu, on a chance de donner à son œuvre toutes les garanties possibles de succès. Telle était la volonté de M. le curé et de son infatigable coopératrice, qui se firent ainsi tout un petit peuple dont ils étaient les rois par un droit incontestable bien que souvent méconnu, celui de la reconnaissance ; et, disons-le à l'honneur de cette jeunesse, la reconnaissance ne lui parut jamais une obligation difficile à remplir.

Il avait préludé à la fondation de l'orphelinat des filles, par celle de l'*Œuvre de la Persévérance*, qui recueillait les jeunes filles de douze à dix-huit ans abandonnées par leurs familles et, par suite, privées de l'éducation chrétienne sans laquelle la femme devient pour elle-même et pour la société le plus pesant des fardeaux.

De concert avec M. Garnier-Kerhuault et la sœur Hennegrave, il avait assuré à ses nouvelles pupilles le logement, la nourriture, le vêtement et l'instruction professionnelle ; une société de demoiselles, déjà protectrices de l'Asile, était chargée de pourvoir aux besoins croissants de l'œuvre par une cotisation annuelle de vingt-cinq francs, sans préjudice bien entendu des largesses que la charité pourrait leur conseiller. Les patronnesses se réunissaient une fois par mois pour travailler et prier en commun, en même temps qu'elles entendaient le rapport fait par les deux déléguées qui les représentaient incessamment dans la surveillance de l'Asile et de la Persévérance, sous la direction de la supérieure des Filles de la Charité, ou pour mieux dire, du curé lui-même représenté par la sœur Hennegrave.

Il avait fait de celle-ci comme son bras droit et s'en remettait à elle du soin de toutes ses entreprises charitables. Après les enfants de l'Asile et les jeunes filles de la Persévérance, il lui confia les orphelins et orphelines de Saint-Malo et, tout naturellement les orphelines du Rocher patronnées depuis longtemps déjà par les demoiselles de la Congrégation de la Très Sainte Vierge, dont il était le directeur. Les sœurs de charité avaient pris au même moment la conduite des deux maisons, dont la seconde devait son existence à M. l'abbé Hay.

Trente ans auparavant, avec l'aide de Mlle Thérèse Duguen, ce vénérable prêtre avait fondé un orphelinat de filles au lieu dit du Rocher, sur une éminence qui domine l'ancienne grève de Chasles, tout à l'entrée de la paroisse de Saint-Servan. Cette maison, dont les jeunes habitantes étaient les pupilles de la Congrégation des demoiselles, avait une existence en quelque sorte indépendante depuis que l'Évêché l'avait pourvue d'un aumônier : elle restait néanmoins sous la juridiction et la protection de M. le curé de Saint-Malo, fort attentif à tout ce qui pouvait en assurer la prospérité. Il aimait à se retirer au Rocher pour y respirer un peu d'air libre, lorsqu'il n'y était pas amené par le soin des affaires ; mais, il faut bien le reconnaître, les orphelines de la banlieue passaient après celles de la ville dans le cœur du père commun.

De celles-ci M. Huchet avait gardé la direction
immédiate, tandis que les autres étaient remises à
la conduite d'un excellent prêtre, M. l'abbé de
Boishamon, qu'il se fût bien gardé de contrecarrer
ou seulement de gêner en quoi que ce soit. Il est
facile de le comprendre : les enfants du Rocher
n'étaient que ses filles adoptives, et celles de
Saint-Sauveur tenaient à son âme comme à la cause
même de leur vie.

Les orphelines des deux maisons le compre-
naient du reste avec cette finesse d'intuition qui
est le propre de la femme : le respect dominait
chez les unes, la confiance chez les autres. A
l'égard de ses benjamines il avait presque des faiblesses, comme celle qui les amena dans la tribune
du grand orgue pour les chants du mois de Marie,
non sans jalousie peut-être de la part des demoiselles de la Congrégation. Quel plaisir on lui faisait alors en louant la parfaite exécution de ces
chants et l'heureuse inspiration qu'il avait eue de
procurer ce régal à l'assemblée des fidèles! Tous
les pères se ressemblent depuis Jacob, et se plaisent
à la flatterie dont leurs enfants sont le prétexte.

Nous rappelions tout à l'heure le nom de
M. l'abbé Hay, le fondateur de la maison du
Rocher. Il n'avait pas eu pour principal dessein,
lorsqu'il créait cet établissement, d'en faire un
orphelinat de jeunes filles : sa pensée était d'abord
d'y donner des retraites, à différentes époques de

l'année, aux fidèles de l'un et l'autre sexe, comme
cela s'était pratiqué en Bretagne avant la Révolution.

L'œuvre des retraites avait pris naissance au
milieu du dix-septième siècle, dans le diocèse de
Vannes, grâce au zèle de M. de Kerlivio, vicaire
général de Mgr de Rosmadec. Ce saint prêtre
ouvrit aux hommes une vaste maison qu'il avait
d'abord destinée à servir de séminaire : on pouvait y suivre pendant huit jours, à partir du samedi
soir, les exercices de la retraite, à l'instar de ce
qui se pratique dans les maisons religieuses. Le
succès dépassa toute espérance (1). C'est pourquoi
Mlle de Francheville voulut assurer le même bien
aux femmes qu'elle réunit dans sa propre maison
de Vannes, puis dans un vaste bâtiment qu'elle
fit ajouter au couvent des Ursulines. Noël Danican
et sa femme, Marguerite Chantoiseau, imitèrent
cet exemple en établissant l'œuvre des retraites, à
Saint-Servan, dans leur terre de la Croix, voisine
de l'église paroissiale. Mme de Budes et sa fille
Anne-Marie firent la même chose à Rennes, dans
leur maison de Saint-Hélier. La Révolution
détruisit cette institution comme tant d'autres, et
ce fut seulement en 1818, que Mme Molé, fondatrice des sœurs de charité de Saint-Louis (2),

____

(1) Voy. le P. Nepveu : *Retraite pour les ecclésiastiques*, préface.

(2) Dont la maison-mère est à Vannes. Ces religieuses ont, dans le diocèse de Rennes, à Pléchâtel, une maison où elles donnent des retraites.

rouvrit, à Auray, une maison de retraite bientôt
fréquentée avec un véritable enthousiasme par les
populations de la contrée environnante.

Le diocèse de Vannes ne fut pas le seul favorisé
de cette bonne fortune : le goût des retraites
reprit, avec une vivacité extraordinaire, parmi les
chrétiens de Bretagne, et l'établissement des *Dames
Budes* (1), à Rennes, ne tarda pas à rivaliser avec
ceux du diocèse voisin. M. l'abbé Hay voulut
doter son pays d'une maison semblable à celle
dont il avait admiré le fonctionnement dans la
ville épiscopale, persuadé que la rénovation de la
vie chrétienne serait le résultat de l'entreprise. Il
y employa ses ressources personnelles et celles
des âmes pieuses associées à son projet, dont la
réussite prouva l'intervention divine dans la conduite de cette affaire. Plusieurs fois dans l'année,
les populations des campagnes et des deux villes
se pressaient dans la chapelle du Rocher, avides
d'entendre la parole de Dieu et de renouveler
leurs âmes dans la réception des sacrements. Pour
répondre à cet empressement, il fallut donner
des retraites aux hommes et aux femmes séparé-
ment.

« L'organisation en était bien simple : chaque
retraite s'ouvrait le samedi soir et durait huit

____

(1) Ou *Dames de la retraite*, ainsi nommées du nom de leur fondatrice
Anne-Marie de Budes.

jours, pendant lesquels les retraitants étaient logés, chauffés, éclairés et nourris dans la communauté, moyennant une très modique rétribution, à la portée des plus petites bourses. Les exercices spirituels, sermons, instructions, offices, étaient nombreux et dirigés par les missionnaires du diocèse ou autres. Pendant ces semaines de bénédictions... la maison appartenait aux retraitants, dortoirs, réfectoires, chapelle, cours, jardins. Les religieuses passaient au milieu d'eux, souriantes, paisibles dans leur activité, silencieuses comme des abeilles du paradis, les servant de leurs mains, préparant leurs repas... On peut se rendre compte des prodiges d'abnégation qu'il leur fallait accomplir, des industries qu'il leur fallait imaginer, quand on songe que, dans les premières retraites, il y eut jusqu'à huit et neuf cents personnes à loger, coucher, nourrir et servir à la fois (1). »

Ce tableau, vrai à Vannes, l'était également à Saint-Malo. Mais l'abbé Hay (2) ne put jouir longtemps de son œuvre : la mort le frappa subitement, le 13 avril 1842, le jour même de la première visite que le nouvel évêque de Rennes,

____

(1) M. de Ségur : Vie de Mme Molé, c. XVI, p. 176.

(2) M. l'abbé Hay avait été nommé directeur de la maison du Rocher, sous l'autorité du curé de Saint-Malo, par ordonnance épiscopale du 31 janvier 1826. — La première retraite d'hommes avait eu lieu en 1825, un peu avant la première retraite de femmes.

Mgr Godefroy Saint-Marc, faisait aux Malouins. En passant des mains du vicaire à celles du curé, l'œuvre ne devait courir aucun risque : tout au contraire, elle prit un nouvel essor et paya au centuple les soins qu'elle exigeait. Certes, il n'était pas toujours agréable à M. Huchet de s'enfermer dans la solitude du Rocher pour présider aux exercices des retraites, où non seulement les fidèles l'accablaient de leurs affaires de conscience, mais où les prêtres eux-mêmes s'empressaient autour de lui afin de lui soumettre leurs difficultés, et réclamer ses bons offices auprès de l'autorité ecclésiastique ou civile. Il se faisait tout à tous avec la même patience et la même grâce, de telle sorte qu'il eût été difficile de rien soupçonner de sa lassitude et de son accablement. A peine s'accordait-il quelques moments de promenade au jardin où il recevait les visites de ses vicaires ou de ses coopérateurs en bonnes œuvres, venus pour lui rendre compte, soit de l'état de la paroisse, soit des diverses fondations auxquelles il travaillait alors. On eût dit que la fatigue n'avait pas de prise sur lui, lors même que sa santé était moins bonne, comme il arrivait ordinairement pendant l'hiver, surtout dans les dernières années de sa vie. Par un privilège fort rare, il resta jeune jusqu'au jour de sa mort, soutenu par une force cachée dont le principe était en Celui dont saint Paul, à bout de forces et de souffrances,

disait : « Je puis tout en Dieu qui me récon-
forte (1). »

Une œuvre semble manquer à la série des
entreprises charitables de M. Huchet, celle qui
vise les vieillards infirmes et délaissés. La raison
s’en voit tout de suite. Cette œuvre n’était plus
à entreprendre, parce qu’elle venait d’être menée
à bonne fin, au moment où le bon curé commençait la suite de ses fondations.

En 1840, une congrégation célèbre, celle des
Petites-Sœurs des Pauvres, avait pris naissance à
Saint-Servan. La fondatrice, Marie Jamet, était
servanaise ; mais le directeur de la nouvelle religieuse, le véritable inspirateur de l’entreprise,
était un jeune prêtre malouin, l’abbé Le Pailleur,
dont la famille jouissait, parmi ses compatriotes,
d’une estime bien méritée. Nommé vicaire à
Saint-Servan, en 1835, il n’avait pas tardé à
concevoir la pensée de donner un asile aux vieillards, dont la misère lui tirait des larmes. Une
servante, Jeanne Jugan, mit à la disposition de
l’abbé ses petites ressources jugées suffisantes à
un premier essai. Tout le monde connaît l’histoire de l’œuvre, — ses commencements héroïques,
— les cruelles épreuves du saint fondateur,
calomnié, interdit par son évêque, réduit à chercher dans un diocèse voisin la liberté de son minis-

____

(1) Philip. IV, 13 : « Omnia possum, in eo qui me confortat. »

tère, jusqu'au jour où Mgr Saint-Marc, mieux informé, lui rendit pleine justice, — le rapide développement de la congrégation qui compte aujourd'hui des milliers de Petites-Sœurs au service des vieillards, dans toutes les grandes villes du monde. Les annales de la vie religieuse ne racontent rien de plus merveilleux, et l'on reste stupéfait à mesurer la distance qui sépare l'installation sommaire tentée à la Corderie, en 1840, et l'établissement du noviciat dans la magnifique terre de la Tour-Saint-Pern. C'est le grain de sénevé devenu un grand arbre par la volonté de Dieu.

M. Huchet n'avait donc pas à s'occuper spécialement des vieillards et son esprit était trop juste pour avoir la pensée de placer, à Saint-Malo, un asile qui eût pu nuire à celui de Saint-Servan. Il semble, d'ailleurs, inutile de dire avec quelle bienveillance il traita le fondateur et l'œuvre : il tenait l'un et l'autre en trop haute estime pour ne pas être de leur côté, même aux plus mauvais jours, sans toutefois intervenir sur un terrain qui n'était pas le sien et dans une cause où personne ne le prenait pour juge. Entre Saint-Servan et Saint-Malo, il y avait alors une barrière, faite de préjugés et de défiances, par-dessus laquelle il n'eût pas été prudent de passer, avec les meilleures raisons du monde : tout se ressentait de ces antipathies, même les relations entre confrères dans la vie

commune, à plus forte raison quand il s'agissait
de questions administratives où le tact parfait du
bon curé n'était pas de trop pour éviter ou atténuer
les choses. De même entre le curé et l'évêché (ce
qui ne veut pas dire entre le curé et l'évêque), il
y avait toujours un peu de froideur et de réserve
réciproques, pour des motifs qu'il serait inutile et
fastidieux d'énumérer. C'est pourquoi M. Huchet
restait *chez lui*, — pour employer une expression
familière, — quitte à en sortir, sans le moindre
retard, lorsque le devoir de sa charge ou l'appel
de la charité l'y conviaient. M. Le Pailleur savait
à quoi s'en tenir pour lui-même et pour sa fondation.

Les œuvres de piété n'ont pas, dans le développement de la vie chrétienne, moins d'importance
que les œuvres de charité : les unes et les autres
se tiennent, vivent et progressent, en raison de
leur union, périclitent et meurent lorsqu'on les
sépare. C'est pourquoi M. le curé de Saint-Malo
veillait avec le plus grand soin à la conservation et
au développement des associations pieuses qui, du
reste, avaient toutes un double objet, le progrès de
leurs membres dans la vie spirituelle et le soin des
pauvres ou des orphelins.

Nous avons déjà dit un mot des demoiselles
chargées de patronner l'Asile et la Persévérance.
Elles appartenaient aux classes élevées de la société
et, pour la plupart, faisaient profession d'une piété

qui allait jusqu'au complet oubli des joies du monde, bien qu'elles vécussent dans le monde sans aucun engagement particulier. Il n'en était pas ainsi des demoiselles de la Congrégation prises un peu partout, d'âge et de vocation dissemblables, astreintes à quelques pratiques pieuses dont le mariage était le plus ordinaire couronnement. Elles se réunissaient, tous les mois, dans la chapelle de la Sainte-Vierge pour assister à la messe, faire la communion et recevoir les avis de leur directeur. Les jours de fête solennelle, la robe blanche et le voile étaient de rigueur, — même au dehors, dans les processions où leur place était marquée au premier rang : ce dont elles n'étaient pas médiocrement fières, bien que les mauvais plaisants s'égayassent parfois au passage des congréganistes un peu vieillies, marchant d'un pas inégal, embarrassées dans la mousseline que tourmentait le vent de mer. Toutes n'étaient pas trentenaires, et la prudence ne permettrait pas de jurer que les jeunes congréganistes aimaient leur blanche parure seulement en raison de son mystique symbolisme. Le bon curé lui-même se laissait aller à en sourire; nous pouvons bien faire comme lui, quoi qu'en pensent les esprits chagrins.

A tout prendre, la Congrégation répondait à un dessein plein de sagesse. En groupant un grand nombre de jeunes filles, elle leur donnait les moyens de conserver et de développer les habitudes

de piété qu'elles avaient contractées dans les écoles
et les catéchismes. L'isolement est, pour la jeunesse, le plus grand des périls : l'association renou-
velle les forces, prévient les défaillances, répare au
besoin les imprudences et produit facilement des
progrès qui compensent, et au delà, les petites misères inséparables de l'imperfection humaine.

M. Huchet le comprenait ainsi. C'est pourquoi
la Congrégation des demoiselles fut l'objet de ses
soins les plus attentifs jusqu'au dernier jour de sa
vie, nous pouvons bien le dire, puisque c'est à
elles qu'il adressa, presque mourant, sa dernière
prédication. Le dimanche qui précéda sa mort de
dix jours seulement, avait lieu leur réunion men-
suelle : il fit un suprême effort pour monter à cet
autel de la Sainte-Vierge où il offrait pour elles le
saint sacrifice, avant de leur donner ses conseils.
Il ne put leur parler longtemps, la fatigue l'accablait. Mais il mit toute son âme dans cette courte
exhortation, dont le souvenir ne s'est point effacé
dans l'âme de celles qui la recueillirent comme
l'adieu d'un père bien-aimé.

Une association qui ne lui était pas moins
chère, c'est la Confrérie des mères chrétiennes,
peu nombreuse, mais composée avec le plus grand
soin et dirigée avec une merveilleuse sollicitude.
Les réunions avaient lieu dans la chapelle des
sœurs de la charité, à une heure assez matinale
pour ne déranger ni les habitudes du bon curé,

ni les dispositions ordinaires de la vie de ces
dames : on savait à Saint-Malo, et l'on y sait
encore se lever de bonne heure, dans les meilleures familles, tant de la bourgeoisie que de la
noblesse.

A l'issue de la messe, une courte instruction
rappelait aux associées quelqu'une de leurs obligations en termes précis et pratiques ; puis elles
recevaient la bénédiction du Saint Sacrement. Une
heure à peine suffisait à ces exercices, dont le
charme était vivement goûté par toutes celles qui
pouvaient en profiter.

Le succès encouragea M. Huchet à tenter davantage, c'est-à-dire à introduire l'usage des retraites
annuelles, dont il pensait avec raison qu'elles
seraient le meilleur moyen de persévérance et
d'avancement pour les dames de l'association. Il
s'ouvrit de son dessein à l'un de ses disciples, sur
lequel il comptait pour inaugurer ces retraites,
parce qu'il espérait qu'un accueil plus favorable
serait fait à un prédicateur connu de toute l'assistance et associé de longue date aux entreprises
de son vénérable maître. L'événement justifia ses
prévisions, même au delà de son attente : la
retraite annuelle fit désormais partie intégrante
du règlement, à la grande joie du bon curé qui
voyait ainsi affermie l'une de ses plus chères
œuvres. C'était là en effet qu'il recruterait pour
l'avenir les aides de ses desseins charitables : après

les mères déjà vieillies, les jeunes mères seraient ses collaboratrices et formeraient, au bénéfice de ses successeurs, une génération nouvelle de dames et demoiselles de charité. Sans parler de l'influence qu'elles exerceraient dans la famille pour y maintenir l'esprit de foi et la pratique de la vie chrétienne, comme le montrait déjà et le montre encore l'expérience de tous les jours. La mère chrétienne n'est-elle pas le canal ordinaire des grâces dont Dieu visite la vie domestique?

Le lecteur s'étonne peut-être que nous n'ayons signalé aucune association d'hommes ou de jeunes gens, comme si M. Huchet avait négligé ce moyen d'amélioration dans la vie chrétienne, qui est en même temps à la charité un si puissant auxiliaire. Pour répondre, il faut établir une distinction entre les associations de bienfaisance et celles dont le but est la conservation ou le développement de la piété : les premières étaient de nature à solliciter le zèle du curé de Saint-Malo, les autres ne lui semblaient pas nécessaires au bien de ses paroissiens, et par conséquent il n'en prenait pas l'initiative.

Les conférences de Saint-Vincent-de-Paul ne pouvaient manquer de lui plaire, lors même qu'il n'eût pas professé pour Frédéric Ozanam une estime voisine de l'admiration (1). Aussi, dès l'année 1845, Saint-Malo possédait une conférence composée de

____

(1) Voy. aux notes la lettre **L.**

8.

plus de cinquante membres visitant quatre-vingts familles et distribuant annuellement quatre mille francs d'aumônes. Mais cette bonne œuvre s'accomplissait avec la même réserve et dans le même silence qui avaient marqué son commencement : ceux-là seulement dont elle prenait soin parlaient d'elle. Les « Messieurs de Saint-Vincent-de-Paul » paraissaient en public, une fois l'an, à la procession de la Fête-Dieu : encore le public n'y prenait-il pas garde, parce que la condition sociale de ces messieurs, autant au moins que l'exercice de la charité, semblait marquer leur place autour du Saint Sacrement, en ces temps, si loin de nous déjà, où ce poste était en grand honneur (1).

Cette pieuse association restait ainsi circonscrite dans la classe élevée de la population : elle faisait grand bien à ses membres et à ses clients, mais n'exerçait pas d'influence extérieure. Le tempérament malouin le voulait ainsi, et M. Huchet en avait un sentiment beaucoup trop exact pour désirer autre chose.

Quant aux associations d'hommes ou de jeunes gens pour la conservation ou le développement de la piété, elles n'existaient pas à Saint-Malo, pour cette raison toute simple qu'elles n'y étaient pas nécessaires. La vie de famille était la seule qu'on y comprît, et la prudence écartait tout ce qui pouvait

Voy. aux notes la lettre K.

modifier les habitudes, même au point de vue de la
piété. Le père allait avec ses fils déjà grands à la
messe de huit heures ; la mère, quand elle était
libre, préférait la grand'messe à laquelle assistaient
ses enfants plus jeunes, sous la garde des Frères et
des Sœurs. En temps de Carême, la famille se
partageait pour l'assistance aux prédications. Dans
la vie ordinaire, si le père s'absentait quelquefois,
à l'instigation d'un ami, — en dehors des heures
de travail, — ce n'était jamais pour longtemps : à
plus forte raison, les fils se tenaient rapprochés
du foyer domestique, en compagnie de leurs sœurs
et des amis de leur âge. Qu'il y eût des exceptions,
et qu'il se produisît par-ci par-là quelques misères,
— on ne peut le nier : mais ces exceptions et ces
misères ne modifiaient pas l'ensemble des gens et
des vies. Même les ouvriers, venus du dehors pour
le travail de chaque semaine, ne différaient guère
des ouvriers sedentaires auxquels, du reste, ils
étaient liés pour la plupart par le sang ou l'a-
mitié.

Les classes élevées ressemblaient à ce point de
vue aux classes inférieures, — avec des nuances
inutiles à préciser. On peut même dire que l'esprit
de famille y produisait encore plus de concentra-
tion : d'où cet avantage que la vie chrétienne s'y
maintenait plus facilement et que les désordres s'y
trouvaient plus aisément cachés et amortis, comme
nous l'avons déjà fait remarquer au lecteur.

L'esprit malouin, d'ailleurs, n'est pas porté aux manifestations extérieures qui sont la conséquence naturelle de l'association. Le respect humain n'empêchait pas les hommes de toute condition d'accompagner l'image de la Sainte Vierge pendant la procession du 15 août; — les marins et les ouvriers du port auraient même pris en très mauvaise part toute mesure qui leur enlevât la joie de promener le petit château de Sainte-Barbe en tête de la procession de la Fête-Dieu et de saluer de leur minuscule artillerie la bénédiction donnée aux reposoirs. C'était un grand honneur, pour les premiers de la ville, de tenir un des cordons du dais en cette fête, et les *autorités* de toute sorte aimaient à figurer dans le cortège du Très Saint Sacrement, entre deux haies de baïonnettes orgueilleuses autant que pacifiques. Entre temps, des cérémonies extraordinaires produisaient parmi les hommes un mouvement plein d'entrain et de générosité, comme à l'occasion de la plantation du Calvaire sur le Sillon, ou, avec un autre caractère, lors des visites épiscopales. Mais, en général, le tempérament malouin s'accommodait mieux de ce qui est tranquille, discret et même un peu effacé.

Aussi la pensée de créer un Cercle catholique d'ouvriers vint-elle assez tard à nos compatriotes : encore n'eût-elle pas fait grand chemin, sans la conviction bien établie dans tous les esprits qu'elle agréait à M. le curé (1). Le promoteur de l'idée était, il est vrai, un excellent chrétien, magistrat intègre et père de famille admirable, que M. Huchet honorait de la plus profonde estime. Mais, toujours prudent et peut-être un peu défiant dans cette circonstance, il se tenait sur la réserve et laissait faire bien plus qu'il n'approuvait. Ses amis furent ceux du cercle : il aimait à voir ses disciples associés au bien qu'il en espérait. Lui-même les y accompagnait volontiers, quand une certaine solennité environnait les réunions et qu'il devait avoir la joie de les y entendre. Cependant ce ne fut pas son œuvre à proprement parler, et par conséquent nous n'avons pas à nous y arrêter davantage, si ce n'est pour regretter la mesure qui ferma le cercle, au nom de la même liberté dont se couvrent la Loge maçonnique et l'Armée du salut. Le bon curé n'eut pas, du reste, le chagrin de voir accomplir cette violation du droit et de la conscience : il n'était plus là pour imposer aux instigateurs et aux complices de la décision préfectorale, sinon le respect de la justice, au moins la honte de leur iniquité.

Toutes les œuvres entreprises par M. Huchet

---

(1) « Depuis longtemps déjà, les jeunes ouvriers avaient éveillé la sollicitude de M. le curé, et même..... il avait essayé de les réunir et de leur procurer des distractions salutaires pendant les loisirs que leur laissaient leurs travaux. » — *Journal de Saint-Malo* du 13 mars 1878, sous la signature M. A

pour le bien matériel et moral de son peuple
furent élaborées avec une prudence et une patience
qui forcent l'admiration. Confiant en Dieu, mais
défiant de lui-même, ne voulant rien livrer au
hasard pour n'avoir pas à regretter son empressement, il s'assurait des ressources autant qu'il étudiait les difficultés, afin de bien proportionner les
unes aux autres. Il commençait seulement quand
il était certain du succès ; mais alors rien ne le
rebutait, ne le décourageait plus. Une préoccupation lui restait toutefois, même après la complète
réussite, — celle de l'avenir auquel il fallait pourvoir : parce que les œuvres les mieux étudiées et
les plus prospères peuvent ne pas durer au delà
de ceux qui en ont eu la pensée et le maniement.
Aussi prenait-il ses précautions pour leur assurer
une vie absolument indépendante de lui-même et de
ses premiers collaborateurs : précautions si bien
prises qu'il pouvait peu de temps avant sa mort,
— lui qui ne semblait jamais content de lui-même,
— s'applaudir devant nous de la sécurité où il
laissait tout ce qu'il avait accompli. Sans nul doute
il en renvoyait la meilleure louange aux dévouements qui l'avaient secondé, mais n'avait-il pas
le droit d'arrêter un regard satisfait sur l'œuvre
dont il était vraiment le premier ouvrier et de se
dire à lui-même : « C'est bien ! » comme il le
disait à ses élèves quand ils lui faisaient honneur
de leurs succès ?

CHAPITRE VII

CRÉATION DE LA PAROISSE DU TALLARD

L E souci de toutes ces œuvres ne l'empêchait pas de poursuivre un dessein dont on peut dire qu'il a été la grande préoccupation de sa vie pastorale, au moins à partir d'une certaine époque.

Lorsqu'il fut envoyé à Saint-Malo, la population tenait à peu près tout entière dans les murs de la cité, et c'est à peine si deux ou trois familles attachées à la culture de la terre vivaient au dehors, dans des fermes situées aux extrémités de la paroisse. L'une de ces métairies, par exemple, était située derrière le cimetière, aux confins de Paramé : l'autre au delà des grèves où se déversait le ruisseau de Routhouan, à plusieurs kilomètres de la ville. Les habitants de cette banlieue ne comptaient, pour ainsi dire, au nombre des paroissiens de M. Huchet, que le jour où un baptême, un mariage ou un enterrement, les mettait en relations avec lui. Pour l'accomplissement de leurs pratiques chrétiennes, ils profitaient du voisinage des églises ou chapelles plus rapprochées, à moins que leurs affaires ne les amenassent à Saint-Malo.

Mais l'élargissement du Sillon, l'endiguement de la grève de Chasles, la construction de plusieurs usines sur les terrains des Nielles, — plus tard les travaux du bassin à flot, — et enfin l'ouverture de la gare du chemin de fer, au Tallard, modifièrent complètement l'aspect de cette région. Elle se peupla rapidement : ce fut bientôt une agglomération assez considérable pour réclamer l'attention d'un pasteur aussi vigilant que l'était M. Huchet. De cette population nouvelle, une partie était bonne et ne demandait pas mieux que de vivre chrétiennement : une autre partie, composée d'éléments hétérogènes et pour la plupart étrangers au pays, n'avait guère souci de la foi et de la pratique religieuses. Dans les deux cas, elle était un sujet de grande pitié pour le bon pasteur, — les uns ne recevant pas les soins qu'ils désiraient, les autres n'entendant pas les exhortations dont ils avaient besoin. Aller vers eux n'était pas praticable d'une façon régulière et utile : les amener à la paroisse n'était pas pos-

sible en raison des distances et des inconvénients
de toute sorte qui en résultaient. Un seul moyen
se présentait, fonder une paroisse suburbaine : à
quoi M. Huchet s'arrêta, sans savoir quand et
comment il pourrait réaliser son désir.

Ce n'est pas en effet une petite affaire que la
création d'une nouvelle paroisse, — en tout temps
et en tout lieu, — mais surtout dans un pays
comme celui-là et dans un temps où chaque jour
amenait une difficulté entre l'Église et l'État. Partout une paroisse suppose une église, un presbytère
et des écoles à construire, un curé, peut-être un
vicaire, des professeurs à doter, sans parler des
œuvres charitables qu'il faut prévoir et presque
aussitôt commencer. Tout cela demande des ressources, non pas problématiques mais définies
avec une certaine ampleur et une complète sécurité.
Si l'État veut bien donner l'autorisation nécessaire,
une part du traitement sera sans doute assurée au
curé et au vicaire, s'il en a un ; mais cette part
serait vraiment illusoire si elle ne se joignait à une
autre part fournie par la charité. Il en serait de
même des professeurs séculiers ou congréganistes,
encore que leurs dépenses se réduisent au strict
nécessaire, pour ne pas dire avantage.

Le personnel n'a pourtant droit ici qu'à la seconde place dans les préoccupations du fondateur.
Pour bâtir une église, un presbytère, une école, il
faut acheter des terrains, si l'on n'a pas la bonne

fortune d'une donation : la commune y aidera, peut-être, à moins qu'elle ne s'oppose à la création projetée et ajoute les ennuis de son antagonisme à tous ceux qu'enfante naturellement un pareil projet. Supposons ces obstacles franchis, au moins en espérance, — car nous ne suivons pas ici l'ordre logique des précautions à prendre et des démarches à faire, — il reste à compter avec le bon plaisir de l'administration ecclésiastique et, — plus encore, — avec les préjugés locaux.

En thèse générale, le prêtre regarde l'ouverture d'une nouvelle église comme un avantage incontestable : plus il y a d'églises, en effet, c'est-à-dire plus il y a de lieux de prière, de prédication, de sacrifice, plus aussi il y a d'âmes mises en rapport avec Dieu. C'est un fait d'expérience dont l'impiété a conscience tout comme nous, lorsqu'elle ferme des églises ou des chapelles, ou s'efforce de les rendre désertes en leur enlevant les moyens de célébrer dignement les cérémonies du culte catholique. Par conséquent, la première impression du prêtre doit être toute de joie si l'on parle devant lui de la création d'une nouvelle paroisse ; car enfin l'Église est vivante et agissante par l'organisation paroissiale, soit dit sans méconnaître les services rendus par les religieux, mais aussi sans oublier que la paroisse est la forme première et nécessaire de la communauté chrétienne. Dès lors les évêques devraient, semble-t-il, être heureux de toute proposition qui leur est faite de créer une nouvelle paroisse, et le prêtre généreux, à qui vient cette pensée, devrait s'attendre à l'accueil le plus empressé.

Il n'en va pas toujours ainsi, et pour cause. Rarement ces projets arrivent à bonne fin sans avoir donné, non seulement des tracas, mais des mécomptes à ceux qui les forment ou les approuvent. Il ne faudrait rien savoir de la misère humaine pour ne pas deviner à combien d'obstacles il se faudra heurter, presque sans espérance de les tranchir ou de les tourner, si même on ne s'y brise pas. Pauvres évêques fondateurs de paroisses, pauvres curés bâtisseurs d'églises, vous seuls pourriez dire à quels déboires il faut se résigner pour donner un pasteur à un peuple et un temple à son Dieu !

L'évêque approuve, l'État sanctionne, la commune promet son concours, des personnes charitables apportent de l'aide, tout va bien sans doute : il n'y a plus qu'à creuser les fondements et à préparer le discours de prise de possession. Erreur ! Les préjugés locaux restent à vaincre. Peut-être n'y a-t-on pas pris garde, soit qu'on n'y ait pas songé, soit qu'on les ait dédaignés : ils se chargent de rappeler l'imprudent à la réflexion et à l'humilité. C'est là souvent la pierre d'achoppement où se brise la barque qui portait César et sa fortune : tout au moins c'est un écueil où plus d'une avarie se produit, avec la perspective d'un retard indéfini dans le voyage, et des changements de pilote, d'équipage et de direction peu propres à simplifier une besogne déjà si compliquée.

M. Huchet avait trop d'expérience et de bon sens pour ne pas connaître et juger, comme il convient, les embarras où il entrait en entreprenant la création d'une nouvelle paroisse. Mais il la croyait nécessaire : tout était là. Le reste lui importait peu; c'était affaire de prudence et de temps, de dévouement et de prière, de confiance dans la Providence et la charité qui ne lui avaient jamais manqué. Il se mit donc à l'œuvre, avec calme, comme il faisait toute chose, sûr du succès comme de sa résolution.

Il avait jeté son dévolu pour l'érection de l'église destinée à devenir le centre de la paroisse projetée, sur le terrain circonscrit par la route de Paramé, le chemin qui mène au cimetière, les terrains dits de Moka et l'avenue de la gare du Tallard, Ce vaste parallélogramme marque assez bien le centre de l'agglomération formée *extra muros*, à la suite des événements que nous avons signalés. Il y voyait déjà par la pensée une belle église gothique, abritant à son ombre un joli presbytère et des écoles pleines de bourdonnements joyeux.

Des murs de Saint-Malo, la vue se reposerait agréablement sur les deux flèches qui couronneraient l'édifice, et dont les pointes aiguës, reflétées dans l'eau du bassin, se profileraient sur la verdure des coteaux de Paramé avant de s'estomper dans le ciel. Souvent, le matin, quand personne ne pouvait le troubler, il s'arrêtait à contempler ces grèves, encore vides et silencieuses, où la foule s'assemblerait bientôt pour chanter les louanges de Dieu. Libre alors de toute contrainte, il s'attendrissait à la pensée des prières qui se feraient pour lui dans cette église et le payeraient de sa peine, si peine il y avait dans ce labeur plein d'espoir et de consolation. Des larmes lui montaient aux yeux; mais tout aussitôt, se reprenant comme d'une faiblesse, il s'arrachait à la douce vision pour aller au plus vite en préparer la réalité.

Le 15 août 1867 lui avait apporté la croix de la Légion d'honneur : personne ne vit le brevet ni la décoration soigneusement cachés à tous les yeux, personne ne fut admis à féliciter le nouveau chevalier que les allusions les plus discrètes semblaient mettre à la torture. Mais cette marque de la faveur souveraine avait cela de bon qu'elle lui permettait de demander la création de la nouvelle paroisse avec quelque chance de succès. L'assentiment de l'archevêque lui paraissait assuré, et le conseil municipal de Saint-Malo était trop bien composé pour qu'il craignît d'y trouver une opposition quelconque à ses projets. C'était l'heure favorable : comme il avait su l'attendre, il sut en

profiter. Les démarches commencées aussitôt de-
virent le cours ordinaire, sans autres retards que
ceux dont les administrations ont l'habitude, et,
trois ans après, le bon curé put ouvrir la tranchée
dans la grève de Rocabey. Ainsi vont les choses
de ce monde ! Le même flot qui allait emporter
le trône roulait ici la première pierre de la nouvelle église : le jour était loin où s'était épanouie,
sous les rayons de la gloire impériale, la croix
fleurie qui domine le rocher de Saint-Malo.

Par une sorte d'ironie mystérieuse, cette église,
dont les murs sortaient à peine de terre, emprun-
tait son vocable aux tristesses et aux craintes de
la guerre où sombrait, pour la seconde fois, la
dynastie napoléonienne. Il eût été naturel de lui
donner le nom porté jadis par la chapelle bâtie au
milieu des marais du Tallard et ruinée à l'époque
de la Révolution : *Notre-Dame-des-Anges* eût
ainsi renoué la chaîne des traditions. Cependant
M. Huchet préférait *Notre-Dame-de-Bon-Secours*, en
raison sans doute des souvenirs chers aux Malouins
qui se rattachaient à cette appellation. La péti-
tion adressée par plusieurs mères de famille à
Mgr Saint-Marc et favorablement accueillie par lui,
détermina son choix. Ces dames demandaient la
permission d'élever, dans l'église du Tallard, un
autel à la très sainte Vierge, sous le vocable de
Notre-Dame-Auxiliatrice : le 3 octobre 1870, cette
permission leur était accordée par une lettre

adressée au curé de Saint-Malo, qui se hâta de se conformer au désir de ses paroissiennes et à l'avis de son archevêque. Mais, comme il arrive souvent, l'on désigna tout d'abord la nouvelle église par un nom emprunté à sa position, *Notre-Dame-des-Grèves*, et ce nom est encore en usage.

En 1872, la nef principale était achevée, avec ses bas-côtés, et, pour ne rien cacher, les ressources étaient épuisées : plus de cent soixante-dix mille francs avaient été dépensés, avec la plus stricte économie, sans toutefois rien épargner pour la solidité et la beauté de l'édifice. Il convenait donc de s'arrêter : la partie terminée suffisait du reste aux besoins actuels, et le développement des constructions pouvait suivre tranquillement l'accroissement de la population. En attendant la reprise des travaux, un grand mur ferma la nef du côté de l'abside, et l'on se contenta de poursuivre, à petites journées, l'achèvement du vestibule et des tours. Le jeudi, 18 avril de la même année, Mgr Saint-Marc vint bénir Notre-Dame-des-Grèves. La première communion des enfants avait eu lieu le matin, avec la solennité accoutumée, et l'archevêque les avait confirmés, dans l'après-midi, suivant l'usage. A l'issue de cette cérémonie, vers quatre heures, tout ce petit peuple, accompagné d'une foule immense, se mit en marche vers la grève de Rocabey, précédant le clergé et l'archevêque, assisté de M. Huchet rayonnant d'une joie surhumaine. Les autorités communales faisaient cortège (1). C'était un beau spectacle, sous le ciel encore voilé du printemps, à l'heure où le soleil décline, dans le silence des soirs au bord de la mer. Les petites voix des enfants semblaient un appel des esprits bienheureux jadis patrons de ces grèves, et la blanche parure des communiantes donnait l'illusion d'une apparition angélique. Les voix mâles des hommes montaient vers Notre-Dame de Bon Secours, qui veille sur les marins et les soldats, — qui défend aussi, devant le tribunal suprême, les âmes des morts couchés, là derrière, à deux pas, dans la terre bénite. Les mères priaient à demi-voix, partagées entre la joie du présent et les tristesses du passé, confiant à la garde de la Reine du ciel ces têtes blondes sur lesquelles soufflerait bientôt le vent de l'épreuve et peut-être du malheur. Mais qui dirait les pensées du bon curé, à cette heure qui comblait ses désirs? Que de louanges il donnait à Dieu! Que de supplications il lui adressait pour son peuple, pour ses collaborateurs, pour lui-même! Secrets des âmes saintes, celui-là seul peut vous connaître qui vous inspire! Nous sommes réduits à vous entrevoir sans avoir jamais ici-bas la joie complète de votre participation.

(1). *Registre de Paroisse :* page 459 et suivantes. — De Courson : *Pouillé historique de Rennes.*

L'archevêque complimenta l'architecte (1), non
sans raison, car l'œuvre en valait la peine. C'est
un édifice gracieux et grave à la fois, de style ogi-
val, à trois nefs, orienté, suivant la tradition, de
l'est à l'ouest. La porte principale s'ouvre sur un
perron de plusieurs marches, entre deux tours
destinées à porter des flèches de forme octogone.
Le pignon de la façade est surmonté d'une statue
de la sainte Vierge, patronne de l'église et du
pays. La pierre employée pour cette construction
est le granit de Chausey, qui se prête suffisamment
au travail du sculpteur et reçoit du temps, loin
d'en souffrir, l'achèvement de sa beauté. Sous le
ciel nuageux de Bretagne, le granit seul réunit les
conditions nécessaires de durée et de coloration :
le vent de mer y use le calcaire, et l'humidité
saline revêt le marbre d'une végétation parasite
qui le déshonore. Depuis les druides, c'est avec le
granit que le Celte construit ses autels, moins brillants, mais tout aussi vénérés que les monuments
taillés dans l'ivoire ou l'albâtre par les artistes de
la Grèce et de l'Italie.

Le mobilier de Notre-Dame-des-Grèves fut digne
de l'édifice : la première dépense s'élevait à quatorze mille francs, après lesquels il en fallut bien
d'autres pour achever la décoration du nouveau
sanctuaire. Ce fut l'affaire des années qui suivirent

(1). M. Alfred Frangeul.

l'inauguration : tout se faisait lentement, sous la
haute direction de M. Huchet, bien que la paroisse
fût canoniquement instituée. Il était difficile en
effet de ne pas compter avec lui, en dépit de toutes
les précautions qu'il prenait pour ne pas s'ingérer
dans la conduite des intérêts ou des âmes. On
avait pris le premier *recteur* de Rocabey parmi les
vicaires de Saint-Malo. M. l'abbé François Turmel
avait été désigné pour ce poste, au mois de juin
1872; mais il ne prit pas possession, et deux ans
plus tard seulement, M. l'abbé Bayard reçut sa
nomination, avec le secours d'un vicaire dont il
avait le plus grand besoin, à cause de sa santé et
de son ministère de plus en plus actif. La vénération que ces messieurs portaient au vieux curé les
forçait à se considérer comme ses collaborateurs,
et lui-même se crut toujours obligé à les aider de
toute manière, comme la première cause des labeurs
difficiles où ils se trouvaient engagés.

Il leur avait préparé, tout près de l'église, un
presbytère bien préférable au sien, avec un jardin
d'une étendue suffisante pour assurer leur bien-
être à tout point de vue. Il dut souvent regretter
de n'avoir pas à sa disposition la puissance qui
fit sortir de terre, au troisième jour de la création,
les plantes et les arbres avec leurs fleurs et leurs
fruits.

« Passe encor de bâtir, mais planter à cet âge!»
disait-il en souriant, quand il pensait aux plan-

tations de Rocabey destinées à donner de l'ombre longtemps après sa mort. Mais il avait fait ce qui dépendait de lui : au temps de faire le reste, avec la grâce de Dieu.

Les circonstances ne lui permirent pas de compléter son œuvre par la création des écoles telles qu'il les avait rêvées. Rien ici-bas ne réalise notre idéal, et c'est encore pour l'homme un mérite de se résigner à l'imperfection de ses œuvres les meilleures, dans la persuasion que la sagesse divine l'avait prévue et saura bien y suppléer.

M. Huchet pouvait donc se tenir pour content : il l'était en effet, comme le montrait sa physionomie quand il parlait de Notre-Dame-des-Grèves ou que l'occasion se présentait de lui faire une visite. Mais ce qui le charmait, c'était d'avoir atteint son but sans froisser aucune susceptibilité, sans s'être fait un ennemi, comme il arrive trop souvent en dépit de toutes les précautions ; car c'est le propre de certains caractères de s'aigrir et de se poser en obstacles, surtout dans les affaires où personne n'a besoin de leur avis et ne réclame leur intervention. Ces caractères-là se rencontrent partout : Saint-Malo n'en manquait pas sans nul doute, et le silence où ils se tinrent est la preuve la plus convaincante de l'autorité acquise par le vénérable curé. Encore l'autorité seule n'y eût-elle pas suffi : le seul moyen d'être le maître n'est pas de s'imposer, mais bien d'attirer et d'attacher à soi par le charme de la bonté, qui déconcerte même la haine, quand elle ne force pas l'amour.

Le peuple a souvent des mots heureux pour exprimer certains sentiments ou peindre certaines situations ; ils lui sont inspirés par une perspicacité et une délicatesse qui font parfois défaut à des esprits plus cultivés. Dans le style officiel, l'église de Rocabey s'appelle Notre-Dame auxiliatrice ; les gens qui se piquent de couleur locale ou de poésie, disent Notre-Dame-des-Grèves : pour le peuple de Saint-Malo et des environs, c'est « l'église de monsieur le curé ».

CHAPITRE VIII

LE PRESBYTÈRE DE SAINT-MALO

N ne connaît jamais bien un homme avant d'avoir étudié le milieu dans lequel il a vécu, particulièrement son entourage dont il peut subir l'influence et dont les allures disent quelle action immédiate il a exercée autour de lui. C'est pourquoi nous introduisons le lecteur dans la vie intime du presbytère de Saint-Malo : il ne regrettera pas, nous le croyons du moins, les quelques instants qu'il y aura passés avec nous.

Peut-être l'auteur doit-il s'excuser ici du ton que prend fatalement son langage. « Le *moi*, — dit-on, — est toujours haïssable. » Mais quelle autre forme donner à des souvenirs si personnels? D'ailleurs, n'y aurait-il pas une sorte d'ingratitude à préférer la pénombre quand il convient de se montrer comme la preuve vivante et palpable de la bonté et de la vigilance auxquelles ce chapitre est consacré? La Fontaine trouve un charme particulier aux récits où l'on peut dire :

« J'étais là; telle chose m'advint (1). »

C'est bien le cas de rechercher pareil charme, et le lecteur ne nous en voudra pas d'en avoir eu le souci.

Nous avons dit plus haut ce qu'était la maison curiale, sombre et triste demeure, un peu égayée par de récentes améliorations, mais digne tout au plus d'un petit bourgeois, au temps où nous eûmes la bonne fortune d'y être admis comme aspirant à la vie ecclésiastique et disciple du bon curé qui se faisait notre initiateur à la langue latine. Il fallait toute la simplicité de goûts de M. Huchet, ou toute l'ingéniosité qui distinguait M. Lefeuvre, son vicaire, pour en faire une habitation supportable; le luxe des appartements, il est vrai, n'était pas développé à Saint-Malo, et le presbytère pouvait paraître suffisant à la plupart des visiteurs. Mais ce n'est pas des lieux que nous voulons entretenir le lecteur : les personnes doivent l'intéresser davantage.

Deux vicaires seulement habitèrent d'abord

_____

(1) *Fables.*

avec le curé : c’étaient, en 1846, M. l’abbé Camu
et M. l’abbé Lefeuvre, dont le premier est mort
curé de Cancale et le second curé de Saint-Servan.
Ils étaient à peu près du même âge, mais non de
même aspect, ni de même caractère.

L’abbé Lefeuvre, — nommé le premier par une
préférence que justifie sa constante affection pour
nous, — était la joie et la vie de la maison. Sa
nature expansive, sa physionomie épanouie, sa
parole chaude et colorée, rendaient son abord
aimable à tous ceux qui l’approchaient. Il par-
courait d’un pas vif et sonore les corridors et les
escaliers, chantonnant presque toujours, en quête
d’un visage ami, semblait-il; il s’emparait gaie-
ment de vous, pour vous mettre en présence de
quelque bibelot dont il augmentait son petit musée, et vous associer à la grande œuvre du place-
ment.de ce bibelot en belle lumière, ce qui n’était
pas toujours chose facile. En effet, il habitait une
cellule, dont Gresset aurait pu répéter :

> « Tout ce que j’en sais sans compas,
> C’est que depuis l’oblique entrée,
> De cette cage resserrée,
> On peut former jusqu’à six pas (1). »

Mettons-en sept, pour faire bonne mesure. Une
fenêtre, placée tout à fait dans un angle, éclairait

(1) *La Chartreuse.*

à peine la pièce où tenaient, tant bien que mal, un lit, une bibliothèque, une petite table de travail, un secrétaire et quelques chaises. Après quoi, l'espace resté libre eût permis difficilement de s'étendre sur le parquet. On se rattrapait sur les murs, dont les deux pans éclairés avaient été réservés pour les tableaux, gravures, consoles portant des statuettes, médaillons, qui se pressaient comme aux expositions de peinture ou dans les boutiques de bric-à-brac. Parmi bien des œuvres médiocres, il y avait là quelques bonnes choses et des objets réellement précieux : le bon abbé n'était pas connaisseur, mais il avait la main heureuse. Du reste, ses amis se faisaient un devoir de lui apporter ce qu'ils trouvaient d'intéressant, tant il y avait de plaisir à voir sa joie de posséder une curiosité de plus. Il se faisait alors un remue-ménage universel, pour trouver une place au nouvel arrivant ; souvent admis à ce travail, nous admirions la patience de M. Lefeuvre, poursuivant les savantes combinaisons grâce auxquelles ces murailles de quelques pieds carrés semblaient prendre les proportions du grand salon du Louvre. Puis, la place trouvée, il admirait, forçait d'admirer, heureux tout un jour de cette acquisition nouvelle, avec le secret espoir d'en faire une autre le lendemain.

Sa haute taille, sa belle figure, sa voix bien timbrée, en faisaient un prédicateur beau à voir ;

— la facilité de sa parole le rendait agréable à entendre. Il n'était pas orateur : mais il plaisait généralement, et son confessionnal était toujours entouré de pénitents, parmi lesquels les enfants, surtout les garçons, faisaient nombre. Attentif, soigneux, bienveillant, il avait de l'autorité sur les âmes, sans la faire trop sentir ; on l'aimait plus qu'on ne le redoutait, ce qui est, au dire de saint Augustin, le résultat où doit tendre tout bon directeur (1).

Dans les rapports avec M. Huchet, il était d'une convenance parfaite : poli sans afféterie, libre sans familiarité, on sentait en lui combien il portait d'affectueuse vénération à son curé, qu'il égayait à table par sa bonne humeur, mais dont il était ailleurs le collaborateur attentif et obéissant. Jamais il ne lui échappait une parole de blâme ou même de critique à l'endroit de son pasteur. Tout au contraire, il était toujours prêt à faire son éloge et à recommander la soumission à sa volonté, ce qui était parfois nécessaire dans le petit cercle turbulent et tapageur que formèrent dans les derniers temps, les élèves logés sous les combles du presbytère. Fervents habitués du musée Lefeuvre, où les attiraient les bonnes manières et les gâteries du propriétaire, ils y menaient folle vie avec son approbation tacite,

---

(1) *Regula B. Augustini* : « Quamvis utramque sit necessarium, tamen plus amari a vobis appetat (qui præest) quam timeri. »

au grand scandale des cuisinières, jusqu'au moment où le curé lui-même intervenait pour rétablir l'ordre et le silence.

Cher et bon abbé Lefeuvre, comme il nous a laissé du vide dans le cœur, lorsqu'il a plu à Dieu de le reprendre ! Après son départ pour Saint-Servan, le presbytère avait déjà perdu pour nous sa physionomie d'autrefois ; mais nous pouvions du moins retrouver le vieil ami à quelques pas de son ancienne demeure : à quoi nous ne manquions guère, pendant les vacances et plus tard, pendant les loisirs de notre ministère. Puis, en 1865, nous eûmes à le pleurer, aux côtés de notre père commun, dont la douleur silencieuse suivit d'un long regret le compagnon fidèle de ses travaux durant tant d'années. Nous avons revu, l'année dernière, le dessin qu'il nous avait demandé de cette petite chambre, où tant de bons moments se sont passés à l'entendre et à l'aider : le possesseur actuel de ce dessin, l'un des trois frères qui composaient notre famille, nous le montrait d'un regard plein de larmes, et nous nous serrions la main avec une émotion profonde au souvenir de l'ami retourné à Dieu.

La chambre voisine, presque aussi petite que celle de M. Lefeuvre, était occupée par M. Camu, notre catéchiste, bon homme au visage morose, à la voix sévère, qui nous aimait bien, à coup

sûr, mais s'y prenait mal à le montrer. Il était
d'une santé délicate : d'où cette apparence triste
et cette disposition à la mélancolie, dont la jeunesse s'accommode peu. Cependant, si nous
avions moins de propension à nous familiariser
avec lui, nous obéissions plus promptement à ses
commandements : il y avait ainsi compensation,
pour le plus grand bien de la tranquillité générale et de nos études en particulier.

M. l'abbé Camu était un homme de science et
de régularité. Prédicateur correct à tout point de
vue, il plaisait aux gens graves et à la partie de
l'auditoire qui faisait profession de piété. Son
confessionnal était fort entouré, et les âmes dont
il s'occupait se louaient hautement de sa direction, à laquelle du reste le succès rendait témoignage. Devenu curé-doyen de Cancale, il se
concilia les sympathies de cette population ardente
et mobile. Il se fit, semble-t-il, chez lui à cette
époque, une transformation du caractère et de la
physionomie, due peut-être à une meilleure santé
et certainement au sentiment de ses nouveaux devoirs. Par la gravité de sa vie, M. Camu devait
plaire à M. Huchet : aussi marchaient-ils d'accord en toute circonstance, confiants l'un dans
l'autre, se rendant justice avec une telle discrétion
qu'on eût pu les croire indifférents, mais profondément unis. M. Huchet avait, si nous avons
bien compris, plus d'affection pour M. Lefeuvre,

et plus d'estime pour M. Camu : en un moment
de tristesse, il eût compté sur le cœur du premier, et dans un passage difficile il se fût adressé
au jugement du second. Tous deux lui paraissaient à juste titre des hommes de foi; mais la
piété dépend trop, dans sa forme, du tempérament et des habitudes pour que celle de M. Camu
ne fût pas plus en rapport avec ses idées et ses
pratiques personnelles. D'autant que, sous les
dehors dont nous avons parlé, se cachaient un
esprit délicat, un cœur sensible, une âme accessible aux mêmes impressions que M. Huchet
dissimulait sous son air froid et réservé. Aussi
étions-nous toujours confiés à M. Camu, quand
le bon curé se déchargeait momentanément de
notre surveillance : nous y allions sans grand
enthousiasme, il faut l'avouer, mais aujourd'hui
nous devons rendre grâce à la fermeté dont nous
murmurions à cette époque. Beaucoup d'autres
font comme nous, après avoir trouvé sa direction
trop sévère; il est bon à la jeunesse de sentir
parfois le poids du joug, au dire du Sage, inspiré
par l'esprit de Dieu (1).

Les deux autres vicaires, M. l'abbé de la Villefromoy et M. l'abbé Vallée, ne demeuraient pas au
presbytère. Ce dernier resta peu de temps parmi

---

(1) Thren, III, 27 : « Bonum est viro cum portaverit jugum ab adoles-
centià suà. »

nous (1), et son remplaçant, M. l'abbé Anger, aujourd'hui chanoine et curé-doyen de Saint-Brice,
vint occuper, près de M. Lefeuvre, une chambrette
plus étroite encore que celle de son voisin Ce fut
bientôt un ami pour nous; mais il ne nous permettrait peut-être pas d'écrire ici ce que nous pen-
sons de la bonne intimité où sa bienveillance nous
admettait. Du reste, nous devenions alors des
hommes, et notre situation n'était plus à son
égard ce qu'elle avait été à l'égard de ses deux
vénérables confrères. Nous glissions forcément sur
la pente d'une familiarité, toujours respectueuse,
mais bien différente de nos relations avec M. Lefeuvre et M. Camu. Il n'avait déjà plus au front
le reflet tombé de la tête de nos anciens prêtres sur
celles de leurs successeurs immédiats. Il nous était
également ami, mais nous ne pouvions plus lui
être des fils.

M. de la Villefromoy, né à Saint-Malo, avait
conservé son logement dans la maison paternelle.
Il venait rarement au presbytère, où nous le
voyions à la table du bon curé dans les jours
d'invitation générale. Mais à la sacristie nous
avions des occasions fréquentes de le rencontrer;
s'il n'était pas grand causeur, l'affabilité de ses

(1) Il avait remplacé M. l'abbé Pontallier, qui avait lui-même passé
peine un an à Saint-Malo. Celui-ci fut mon premier catéchiste, et je me
souviens toujours de lui avec un véritable bonheur. Il est devenu depuis chanoine de Rennes.

paroles leur donnait un prix considérable au jugement de tout le monde. Chose étrange ! Il n'avait
eu sur notre enfance aucune action, chargé qu'il
était du catéchisme des filles, et vivant fort retiré
à cause de sa santé délicate, peut-être aussi des
chagrins que Dieu ne lui épargnait pas. Absorbé
d'ailleurs par son ministère auquel s'ajoutait la
charge de maître de chapelle et d'organiste du
chœur, il ne pouvait avoir avec nous des relations bien suivies. Et pourtant, il nous reste de
lui un souvenir dont rien n'égale la vivacité et le
charme : à quoi tient-il pour nous, comme pour
tous ceux qui ont connu le doux et saint prêtre ?
Sans doute à la grâce de sa personne et de ses manières ; mais bien plus à ce rayonnement de l'âme,
inaperçu de lui seul, grâce auquel Jésus-Christ
rendu visible paraissait s'approcher et converser
familièrement avec nous. Il nous semble toujours
le voir avec les traits du disciple bien-aimé, tel
qu'Ary Scheffer l'a représenté, à la dernière Cène,
penché sur l'épaule du Maître, dans le recueillement d'une céleste intimité. Sur la fin de sa vie,
ce caractère de sa physionomie s'accentuait de
jour en jour : il marchait d'un pas grave, les yeux
baissés, le visage reposé et souriant dès qu'il
avait à parler, toujours d'humeur égale, patient
envers toutes les importunités. On sentait qu'il
vivait avec Dieu et de Dieu, soutenu et apaisé par
la main du divin Ami, content de la part qui lui

était faite, joyeux même comme l'apôtre, au milieu
des épreuves (1) où il reconnaissait les préférences
de la Sagesse éternelle envers ses élus (2).

Sa parole avait une élévation pleine de simplicité, une élégance correcte, unies à une grande
sûreté de doctrine : la diction était nette, le geste
sobre, la tenue d'un naturel parfait, et, quand
cette voix sonore et cadencée s'élevait sous les
voûtes de la vieille cathédrale, l'âme en suivait
avec ravissement les moindres inflexions prête à
se donner à ce Dieu dont on lui parlait si bien.
« Vous prêcherez comme M. de la Villefromoy »,
disait à l'un de nous un homme de bon jugement: et jamais parole ne fit plus grand plaisir
à celui qui l'entendit, bien qu'il eût peu d'espoir
de la justifier jamais. Mais c'était déjà beaucoup
pour le disciple d'avoir paru mériter un rapprochement avec cet aimable maître de la prédication, ne fût-ce que par le son de la voix et la
tournure de la phrase. Heureux s'il avait pu lui
prendre ce qui faisait le charme de sa parole, et
se cachait au plus profond de son esprit et de son
cœur !

L'œil perçant de M. Huchet avait découvert
ces trésors dissimulés. Entre ces deux âmes, l'une
douce et timide, l'autre énergique et forte, il n'y

____

(1) II Cor. VII, 4 : « Superabundo gaudio in omni tribulatione nostra. »
(2) Prov. III, 12 : « Quem diligit Dominus corripit ». — Tob. XII, 13.
« Quia acceptus eras Deo, necesse fuit ut tentatio probaret te. »

avait guère de ressemblance au premier coup
d'œil : cependant elles étaient bien faites pour se
rapprocher et se compléter pour ainsi dire, comme
il parut par l'événement. En effet, M. Huchet
confia son âme à son vicaire, et c'est de lui qu'il
reçut les dernières consolations ici-bas avec les
encouragements au passage suprême. Qui n'a pas
vu ce spectacle, — le vieux curé humble, recueilli,
écoutant les paroles troublées qui sortaient à
grand'peine de la bouche de son confesseur, —
celui-ci pâle, étouffé par les larmes, balbutiant
des mots entrecoupés et sans suite, — ne saura
jamais comment deux hommes, en apparence si
différents avaient pu fondre leurs cœurs dans une
si parfaite unité. Tous deux aimaient Dieu et les
âmes du même amour, dans la même humilité et
le même renoncement : le même parfum céleste
les avait révélés l'un à l'autre, et comme Domi-
nique et François venus, l'un des vallées espa-
gnoles, l'autre des collines ombriennes, ils s'é-
taient embrassés à l'abri du sanctuaire, en se
disant : « Vous êtes mon compagnon et vous
marcherez avec moi ! » (1).

La mort trouva l'abbé de la Villefromoy préparé
depuis longtemps à son passage. Peu de temps
avant, nous lui fîmes une visite qu'il voulut bien
recevoir, malgré son extrême fatigue. Il essaya de

---

(1) Gérard de Frachet : *Vitæ fratrum,* lib. **I,** c. **1er.**

se soulever, souriant, la main tendue, comme aux meilleurs jours : et remarquant sur nos visages une émotion douloureuse, il nous dit, en montrant le livre qu'il lisait à notre entrée : « Vous le voyez, je ne suis pas trop à plaindre ! je puis encore lire quelques pages de l'Imitation de Jésus-Christ ! C'est un grand adoucissement aux ennuis de la maladie ! » Il mourut ainsi, la pensée du Maître toujours présente, comme il convient au bon et fidèle serviteur qui s'apprête à entrer dans la joie de sa récompense (1).

Douces et chères images des amis perdus, qu'il est bon de vous évoquer au fond de l'âme et de revivre en votre présence quelques heures du passé. On oublie, à vous contempler, les tristesses et les craintes du présent : la foi sereine qui vous entoure comme une atmosphère lumineuse raffermit et relève nos cœurs. Nous cherchons, du regard, avec vous le but où la Providence nous mène à travers les épreuves, et le reste nous paraît de peu d'importance : que pouvons-nous avoir à faire ici-bas sinon aimer Dieu et le servir, comme vous nous l'avez appris par vos leçons et plus encore par vos vertus ?

Aujourd'hui, le vieux presbytère pour nous est vide : il est toujours la demeure de prêtres fidèles et vénérables, mais non plus de ceux qui

---

(1) Matth. XXV, 21 : « Serve bone et fidelis intra in gaudium Domini. »

nous ont fait la jeunesse riante et pleine d'espoir. Ce sont des amis, des frères, dont l'affection nous est précieuse à tous les titres, mais elle ne peut avoir à nos yeux le prix de celles d'autrefois. A la place qu'ils occupent autour de la table et du foyer, nous recherchons involontairement les pères, les maîtres, les confidents de notre enfance, comme si la vivacité du souvenir pouvait les tirer de leur tombe et les ramener au milieu de nous. Hélas! la tombe rend des cendres à qui la fouille, et rien ne ramène ceux que la mort a conduits aux rivages de l'Éternité.

Alors que tout était vivant pour nous au presbytère de Saint-Malo, nous étions trois écoliers dont la bruyante activité n'était pas le moindre élément de cette vie. L'auteur de la présente histoire était le doyen de la compagnie, en sa qualité de plus âgé et de premier arrivé, ce qui lui valait l'*honneur* de suppléer le bon curé comme répétiteur auprès de ses deux compagnons. Il occupait la chambrette placée près de l'escalier, sous les combles, avec une vue de la mer, de la caserne et même de la prison: d'où mainte distraction au cours de ses études qui se sont à peu près faites à la fenêtre, comme celles de Topffer un de ses auteurs favoris (1). La cellule de droite servait de cabinet de travail au futur aumônier

____

(1) Topffer : *La Bibliothèque de mon oncle.*

de l'Hôtel-Dieu, l'abbé Aristide Zinguerlé, —
lequel avait pour voisin, à l'extrémité de la mansarde, le petit neveu de M. Huchet, l'enfant
gâté de la bande, Jules Philouze, actuellement
médecin à Gevezé. Quelles joyeuses parties se
sont organisées sous ces toits, où les moineaux,
effrayés du tapage ne nichèrent jamais! Parfois,
au milieu du bruit, un pas discret se faisait entendre dans l'escalier. Aussitôt l'ordre renaissait
comme par enchantement : c'était M. le curé
attiré par le vacarme ou simplement désireux de
surprendre ses élèves au milieu de leurs occupa-
tions officielles. Quand il arrivait, les trois complices avaient repris l'allure sérieuse qui convenait aux circonstances : ils avaient l'air de travailler en commun, non plus au gréément, ou
même au baptême d'un joli bateau, la *Jeanne-
Marie*, dont la coque doit être échouée encore
dans quelque coin du grenier, — mais à l'explication d'un texte grec ou à la confection d'un
thème latin. Parfois, le sévère mentor se trouvait
en présence d'un quatrième coupable, — de la
même dissipation et de la même hypocrisie, —
le bon abbé Lefeuvre ou l'excellent abbé Anger,
venus comme par hasard et dont la rencontre
changeait nécessairement le caractère de l'admo-
nestation préparée. Cependant on ne perdait
rien pour attendre, et disons-le afin d'être juste,
le travail était assez régulier pour assurer, au

collège, quelques succès aux tapageurs de la mansarde.

Celui des trois qui put profiter davantage de la direction de M. le curé fut l'aîné, longtemps seul habitant du petit « quartier latin » dont nous venons d'esquisser la physionomie. Chaque soir, avant le *souper*, (comme on disait alors), il avait à rendre compte de son travail de la journée, au collège et dans sa chambre. M. Huchet s'occupait minutieusement de la correction des copies, de la récitation des textes, du commentaire des leçons orales. Il fallait refaire avec lui ce qui avait été fait : mais, au collège, la copie corrigée ne devait pas être présentée en place de celle qu'on avait dû surcharger de râtures. C'eût été un acte d'indélicatesse sévèrement blâmé, lors même qu'il eût valu à son auteur un succès de mauvais aloi.

Quand les notes étaient meilleures, la place plus voisine de la première, surtout si le succès de la composition avait été complet, la figure du digne répétiteur s'illuminait d'un sourire, accompagné, dans de rares occasions, d'un mot de félicitation ou d'encouragement. Faisant allusion à ces paroles bienveillantes et si hautement prisées, le disciple écrivait au maître, en lui dédiant les *Conférences de Notre-Dame,* en 1871 : « Vous m'avez dit deux fois, dans ma vie d'étudiant : C'est bien. Puis-je espérer que, dans ma vie de prédicateur, vous me le direz une troisième fois ? » — La réponse, qui visait malicieusement les dangers courus pendant la Commune, ne se fit pas attendre: « Si j'apprends, un jour, que vous êtes entré d'un seul bond dans le ciel par le martyre, je ne dirai pas une troisième fois: « C'est bien, » — mais : « On ne peut mieux! » Ne vous hâtez pas cependant de me forcer à le dire. » (1)

S'il était peu prodigue de ses encouragements, il savait relever à propos le courage défaillant et panser les petites blessures d'amour-propre reçues au cours des luttes scolaires. A la distribution des prix de l'année de rhétorique, il eut un mot charmant pour consoler le même écolier d'une déception que rien ne faisait prévoir : le premier prix d'honneur échappait à qui croyait l'avoir mérité, et en recevant des mains de M. Huchet le second prix, vaine récompense d'un travail méconnu, le vaincu dit à demi-voix: « Tout est perdu! » A quoi le bon curé se hâta d'ajouter, dans un paternel embrassement : « Comme à Pavie, fors l'honneur! » Ces paroles valaient toutes les acclamations du monde : le travail était payé au centuple, et la blessure si bien cicatrisée qu'il n'y paraissait plus.

En revanche, il y avait de dures sévérités pour la paresse et le désordre. A la fin de la quatrième, le futur lauréat de rhétorique revint les mains

(1) Lettre du 3 janvier 1872.

vides, et fut accueilli par ce discours : « Quand on n'a pas travaillé pendant l'année, on travaille pendant les vacances. Vous jouirez du repos quand votre devoir sera complètement terminé : vous pouvez monter à votre chambre ! » — La fenêtre eut beau rester ouverte aux bruits du dehors et aux rayons d'un clair soleil, la tentation fut vaine : le coup avait porté, et, dès la fin de la semaine, le devoir des vacances dûment parachevé per·mettait une réconciliation dont les fruits étaient la liberté, le grand air, les joyeuses parties sur la grève avec les camarades de collège un peu étonnés jusque là de l'absence d'un si ardent compagnon.

Le second habitant de la mansarde, M. l'abbé Aristide Zinguerlé, eut le bonheur d'être plus tard vicaire de son vénérable maître. C'était, au temps des études, un travailleur patient, de mœurs tranquilles et d'une conscience bien supérieure à celle de ses deux compagnons, l' « *ancien* » et le « *conscrit* ». Entraîné cependant, dans le même courant, par persuasion ou par force, il prenait sa part des tapages et des réprimandes, quand il y avait lieu, bien que M. Huchet lui reconnût plus de sérieux et de mérite, et le lui témoignât par une bienveillance particulière. Il était à son aîné un disciple suffisamment respectueux, si ce n'est dans le cas d'une insurrection du cadet, pour lequel il avait de la faiblesse ; alors une alliance réunissait les deux opposants contre le *patron*, jusqu'au mo-

ment où il fallait réclamer le concours de celui-ci
au début d'une nouvelle campagne à l'intérieur ou
à l'extérieur. Aussi les divisions n'avaient-elles
pas de durée et la plus sincère amitié liait les
cœurs déjà réunis dans le même sentiment de
reconnaissance.

Le troisième hôte du « quartier latin », M. le
Dr Jules Philouze, nous apparut, un jour, sous
les traits d'un enfant blond, d'un tempérament
délicat, d'une pétulance excessive, joyeux, liant,
tout disposé à faire sa partie dans la vie que nous
menions. Le travail ne lui était pas aussi agréable
que le jeu, et la tâche confiée à l'aîné de l'habi-
tuer à l'étude n'était pas sans difficultés : d'autant plus que l'autorité du *patron,* comme disait
notre Benjamin, manquait de prestige. Il avait
dans le bon abbé Lefeuvre un refuge assuré contre
les réclamations dont l'oncle aurait pu être saisi :
mais alors M. Camu intervenait, avec des apparences sévères, et tout rentrait dans l'ordre, —
vers lequel du reste tendaient nos dispositions
habituelles de camaraderie et même (s'il est permis
de se flatter) de suffisante régularité.

M. le curé aimait beaucoup ce *coquin de neveu,*
qui mettait parfois, comme à plaisir, sa patience
à l'épreuve. C'était un spectacle curieux : une
petite toux bien connue de nous annonçait le
mécontentement, sous lequel le jeune homme se
raidissait d'abord, mais en battant en retraite dès

que la mesure paraissait près de se combler. Le
bon oncle gardait un instant sa physionomie grave
et froide; puis, un retour habilement ménagé faisait tomber toute irritation. La paix était faite :
la situation se détendait pour tout le monde, et
la mansarde retrouvait sa joyeuse animation.

Si tendre que fût l'affection de M. Huchet pour
cet enfant, elle n'était cependant ni aveugle, ni
faible, comme le montre admirablement sa correspondance avec son neveu, pendant ses études à
Rennes et à Paris, de 1856 à 1867. Elle pourrait
se résumer dans la parole plaisante qui com-
mence l'une des dernières lettres : « J'accepte volontiers ta mercuriale : non, il ne faut pas gâter
la jeunesse (1). » Le bon curé voulait bien qu'on
l'aimât plus qu'on ne le craignait; mais il n'aurait
jamais consenti à payer l'affection la plus désirable
au prix d'un devoir négligé. Cet enfant lui avait
été confié par Dieu (2), et il voulait lui en rendre
bon compte, à l'heure de la séparation. La récompense qu'il attendait de ses soins n'avait rien de
commun avec la vulgaire tendresse où se complaisent les parents et les maîtres trop faibles
pour plier les enfants au joug du devoir : rêves
souvent trompés, par la même justice qui assure
la reconnaissance à une sage et prudente fermeté.

(1) Lettre du 15 février 1867.

(2) Exode, II, 9 : « Accipe, ait, puerum istum, et nutri mihi : ego dabo
mercedem tuam. »

Telles furent pour nous les années de la première jeunesse : bien d'autres ont passé depuis, comme des flots clairs ou troublés, sur nos souvenirs sans leur rien ôter de leur fraîcheur et de leur puissance. Nous restons, grâce à Dieu, les disciples du maître défunt dont nous entendons encore la parole (1) et à qui nous voulons obéir avec l'empressement d'autrefois : car il nous est réellement présent, avec sa sollicitude toujours en éveil, sa fermeté où nous sentions l'affection paternelle, son égalité d'âme que nos défauts et nos faiblesses ne parvenaient point à troubler, son ardent désir de faire de nous des hommes utiles à l'Eglise et à la Patrie. Nous vivons, en dépit du temps et des changements qu'il amène, dans ce même cercle d'âmes choisies, dans cette même atmosphère sereine et vivifiante où Dieu nous fit la grâce de commencer à vivre sous la tutelle du meilleur et du plus aimé des pères, — heureux quand nous croyons avoir mis à profit dans nos œuvres quelqu'une de ses leçons.

Peut-être devrions-nous, en terminant ce chapitre, demander pardon au lecteur de l'avoir contraint à en suivre les développements. S'il les trouve inutiles, nous le prions de nous les pardonner en raison du plaisir qu'il a pris souvent lui-même à remonter le cours de ses souvenirs, en

(1) Hébr., XI, 4 : « Defunctus adhuc loquitur.

compagnie d'un ami dont la discrète patience
semblait autoriser cette expansion. Mais nous
aimons à croire qu'il en est tout autrement et
qu'on nous saura gré d'avoir mis la figure de notre
vénérable maître dans le cadre le plus propre à
lui donner son véritable caractère. S'il eût pu
prévoir que l'on parlerait, un jour, de lui comme
nous le faisons en ce moment il aurait eu peine
à voir dans l'ombre les traits de ses fidèles collaborateurs, — et, pour dire toute notre pensée, —
ceux de ses élèves préférés en qui son âme se
réjouissait, comme celle du père dont parlent les
Proverbes, parce qu'il espérait les voir affermis,
par ses efforts, dans la sagesse et la vertu (1).

(1) Prov., XXIII, 24 : « Exultat gaudio pater justi : qui sapientem
genuit, lætabitur in eo. »

CHAPITRE IX

ANS ce milieu tout imprégné de bonté et d'affection, la vie de M. Huchet suivait un cours régulier comme celui d'une vie monastique : tout s'y faisait à son heure, dans une forme prévue et déterminée d'avance, sans précipitation ni retard. L'ordre, cette grande force sans laquelle le reste est diminué sinon paralysé, présidait à tous les actes d'une existence, où seul il pouvait mettre le loisir nécessaire à chacun des devoirs imposés par un ministère aussi compliqué.

Se lever de bonne heure est la première obligation d'un homme occupé : aussi, fidèle aux habitudes du séminaire, M. Huchet ne se laissait-il devancer par personne de sa maison. En hiver comme en été, il était debout à cinq heures, faisait sa toilette rapidement, mais avec beaucoup de soin, puis vaquait à l'oraison pendant la demi-heure traditionnelle. Ce qu'était cette première prière, Dieu seul pourrait le dire : car jamais le bon curé ne laissa rien voir de son âme, au moins à son escient, et pour en connaître quelque chose, il le fallait deviner. Le choix de ses lectures de piété, par conséquent de ses sujets d'oraison, était surtout dicté par cet esprit pratique si facile à reconnaître dans la direction générale de sa vie. Il aimait ce qui est clair, net, simple, facile à tra-duire en résolutions que suit la mise en œuvre immédiate : il n'avait aucun goût pour le mysti-cisme rêveur, la sentimentalité plus ou moins surnaturelle, où se complaisent certaines âmes, qui font de la sainteté une affaire d'imagination plutôt que de bon sens et d'énergie. Cependant il n'avait pas plus d'estime pour cet autre travers qui régle-mente si bien la piété qu'il ne lui laisse aucune spontanéité, aucun attrait, aucune élévation. Il allait à Dieu comme aux hommes, aidé de l'expé-rience des autres, mais avec la pleine liberté de sa nature, soucieux avant tout de mettre à profit, comme le bon serviteur de l'Evangile (1), ce qu'il avait acquis ou reçu.

L'oraison terminée, il utilisait le temps qui le séparait de la messe par une promenade sur les

____

(1). Luc. XIX, 12-26

murs, quand la saison le permettait. Il goûtait avec une sorte de volupté ces heures délicieuses du matin, lorsqu'un soleil tout jeune semble monter à nouveau dans le ciel à l'appel du Créateur. Il suivait d'un œil ravi les envahissements de la lumière le long des côtes découpées où se succèdent les rochers noirs et les grèves brillantes, et le bruissement des vagues sur le rivage, faisait écho dans son âme aux élévations qui le portaient vers l'auteur de ces merveilles. C'était pour lui le moment par excellence de l'épanouissement et de la paix : l'âme rafraîchie par la prière et le corps reposé par le sommeil, il se sentait comme revenu aux années de l'adolescence, et se laissait aller au charme des souvenirs. Il ouvrait alors un de ses auteurs favoris, l'un de ceux qui parlaient le mieux de la nature et de son divin Auteur, pour donner à ses pensées une forme qui le satisfît davantage, et quand il avait savouré la joie de voir si bien dit ce qu'il avait si bien senti, reprenait sa promenade d'un pas plus alerte et plus affermi. Peu de gens le rencontraient à cause de l'heure matinale : peu de gens aussi pouvaient savoir ce qu'il cherchait et trouvait dans cet isolement, parce qu'il le disait seulement, et encore à demi-mot, à ses disciples préférés. Les âmes d'élites ont une pudeur spéciale qui les ferme comme ces fleurs rares dont le calice s'ouvre, dans une lumière discrète, avec un parfum si vite évaporé !

Il célébrait la messe, à six heures et demie, d'ordinaire à l'autel du Sacré-Cœur, où l'on conservait le Très Saint-Sacrement. Il n'avait rien de précipité, rien non plus de traînant dans sa manière d'offrir le saint sacrifice : tout était grave et mesuré dans ses allures et sa parole, avec quelque chose d'aisé et de gracieux. On sentait qu'il était tout à Dieu, sans effort ni affectation : tel un vieux serviteur parlait à son maître dans les maisons du temps passé, sans oublier le respect, mais sans contraindre son cœur. L'action de grâces suivait, limitée par les besoins du ministère ; car les importuns ne lui laissaient pas toujours le temps de se recueillir et de prendre la légère réfection qu'apportait, avec une exactitude mathématique, la vieille Marie, le *cordon bleu* du presbytère. Puis il s'arrêtait au confessionnal, s'il y avait lieu, ou commençait la visite des malades et des pauvres, à moins qu'il ne fût réclamé par quelqu'une des œuvres dont il avait le souci.

Ces courses à la poursuite de la misère étaient sa besogne de prédilection : il n'en parlait pourtant jamais, si ce n'est aux bonnes âmes dont il exploitait la bourse et le zèle au profit de ses clients des mansardes. Il avait si bien stylé ces confidents nécessaires que rien ne transpirait, sauf le cas où la reconnaissance avait trop grand besoin de s'épancher : et encore prévoyait-il les indiscrétions de manière à y parer de bonne sorte.

Parfois cependant il s'oubliait : « Mon cher abbé, écrivait-il à l'un de ses élèves alors étudiant en théologie, je vous envoie une pièce de drap que je réservais pour une capote d'hiver. Mais il fera mieux sur vos jeunes épaules que sur les miennes : ce serait un peu trop lourd pour monter souvent six étages comme je suis obligé de le faire (1) ». Mais la confidence n'allait pas plus loin : peut-être même ne l'eût-il pas ébauchée, s'il n'avait su le confident trop loin pour s'en servir.

Vers onze heures, il revenait au confessionnal; puis il rentrait au presbytère, récitait les petites heures de l'office et faisait son examen particulier, comme le séminariste le plus régulier. Ainsi s'achevait la matinée, pendant laquelle il ne recevait pas de visites, si ce n'est celle d'un confrère qui venait parler d'une affaire pressée ou demander la permission de s'asseoir à sa table. Rarement un de ses intimes forçait la consigne et causait un léger retard, dont le bon curé s'excusait avec empressement auprès de ses commensaux.

Ceux-ci étaient les vicaires résidant au presbytère, auxquels s'adjoignaient quelquefois les écoliers de la mansarde, et de loin en loin des ecclésiastiques de passage à Saint-Malo. Ces exceptions étaient rares, en raison des idées qui prévalaient dans le clergé de l'arrondissement : on

____

(1) Lettre du 2 janvier 1856.

se tenait, par respect, à distance de l'archiprêtre,
vicaire général, comme on faisait pour l'archevêque lui-même, — très honoré, mais un peu
gêné d'une invitation, quand elle se produisait,
parce qu'elle imposait un *décorum* voisin de l'embarras. M. Huchet n'y songeait même pas et
proposait de grand cœur aux visiteurs attardés
de partager son repas, dont il faisait les honneurs
avec une simplicité charmante. Mais on aimait
mieux venir à une autre heure, pour garder le
droit d'aller en toute liberté rire et jaser avec un
confrère de moindre importance.

Le service était toujours convenable, bien que
modeste. Aux jours de fête, lorsque M. Huchet
réunissait les prêtres de la paroisse ou recevait
quelque personnage de marque, il ne reculait
pas devant un certain luxe de table, parce qu'il
le trouvait commandé par la qualité des personnes ou la solennité de la circonstance. Mais, en
temps ordinaire, il pensait avec raison que la
bonne chère n'a rien de commun avec la vie
sacerdotale : sans imposer à ses collaborateurs
une mortification dont chacun d'eux restait juge,
il ne se croyait pas obligé à des somptuosités
inutiles. Du reste, il faut le reconnaître, la vieille
Marie s'entendait à varier sa cuisine qu'un excellent appétit rendait encore plus agréable : somme
toute, on dînait fort bien au presbytère de Saint-
Malo.

La conversation ne tardait pas à devenir aussi libre et animée que dans une réunion de séminaristes. Tout le monde y prenait part, avec une discrétion de bonne compagnie, mais sans aucune gêne, le président donnant lui-même le ton d'une gaieté sans malice où le sel pourtant ne manquait pas. Parfois les jeunes vicaires se laissaient emporter à des déclarations de principes qui faisaient sourire le curé : il aimait cet enthousiasme et ne s'étonnait pas d'un peu d'entêtement à soutenir une thèse des plus contestables. Il attisait même le feu en opposant un orateur à un autre, en soulevant une objection avec une hésitation parfaitement jouée, en tirant des conclusions renversantes de prémisses mal justifiées. Il ne se faisait pas faute de rire à la déconvenue d'un astronome tombé dans un puits ou d'un philosophe empêtré dans ses propres paradoxes. Ce rire était si franc qu'il gagnait toute l'assistance et si bienveillant qu'il ne choquait personne. Rarement il émettait son avis sous la forme d'une décision; il se devinait plutôt qu'on ne le constatait. Ce n'était pas l'heure des discussions sérieuses, mais celle de la détente et de la récréation : à plus tard les questions délicates ou épineuses. Le vicaire général ou le curé se retrouverait assez tôt dans son cabinet, quand il serait utile; pour le moment, le seul nécessaire était de se réjouir ensemble, dans cette égalité que la bonne éducation fait régner même entre les hommes les plus différents d'âge, de caractère et de situation. Si, par hasard, quelqu'un s'oubliait (chose rare), il était vite rappelé à l'ordre par un silence accentué d'une petite toux significative. Les initiés se regardaient à la dérobée en souriant ; l'étourdi n'était pas long à s'apercevoir de sa faute, et d'un mot d'excuse se faisait gracieusement amnistier. C'était le signal d'un entrain nouveau jusqu'à la fin du repas, et souvent il fallait avertir l'un de ces messieurs d'une visite à recevoir pour mettre un terme à ces joyeuses contestations.

En général, tout était fini à une heure. M. Huchet rentrait dans son appartement et les réceptions commençaient. Les visites n'étaient jamais longues, grâce à la promptitude avec laquelle il tranchait les difficultés, grâce aussi à la spontanéité qu'il mettait à rendre un service. Il n'y avait cependant pas de hâte dans sa manière d'agir : il paraissait vraiment donner tout le temps désirable, écoutait sans interrompre, répondait sans précipitation, et se levait à point nommé pour satisfaire le visiteur. Tout cela se faisait avec une exquise politesse, suivant les traditions de ce vieux clergé français, mélange de grâce et de gravité, dont le secret semble perdu pour beaucoup. Il y avait en lui du grand seigneur ; faire autrement ne lui eût pas été possible. Rien n'était aimable à voir comme sa façon d'accueillir quelque pauvre femme du peuple, fort émue de la nécessité où elle se trouvait d'aborder ce haut personnage nommé le « Grand Curé de Saint-Malo ». Il la saluait avec une dignité affable, avançait un siège et attendait pour s'asseoir qu'elle même eût pris place : il y avait en ses mouvements, sa physionomie, le ton de sa voix, je ne sais quelles réminiscences de ce monde disparu que nous révèlent les *Mémoires* du siècle dernier. Rien d'affecté, comme on le voit dans certains prêtres qui jouent les « abbés de cour » ; rien non plus de cette agitation, voisine de l'impatience, où s'oublient quelques autres, trop soucieux de paraître accablés de besogne ou préoccupés d'innombrables soucis. C'était un homme du meilleur monde, toujours égal à lui-même, honorant, en tous ceux auxquels il avait affaire, son propre ministère, leur âme et Dieu par dessus tout.

Il lui était ainsi facile de traiter tous ses visiteurs avec la même bonne grâce, de se rendre aimable à tous, et de les renvoyer heureux d'une rencontre où pourtant leurs désirs n'avaient pas toujours trouvé leur pleine réalisation. Mais, il convient de ne pas l'oublier, c'était le résultat d'une suite d'efforts contre sa nature aussi ardente et impétueuse en réalité qu'elle était calme et froide en apparence. Il aimait beaucoup saint François de Sales, sans doute en raison de la ressemblance de leurs deux natures, qu'il s'avouait, et de la ressemblance de leurs deux vertus, qu'il ne soupçonnait pas. De temps en temps, quelques restes du *vieil homme* se manifestaient par des échappées rapides comme l'éclair et suivies presque aussitôt d'une bonne parole destinée à en atténuer la commotion. Il ne faut pas vouloir les saints trop parfaits : il nous vaut mieux retrouver en eux la marque de la faiblesse humaine, avec la leçon de la vigilance et du courage par lesquelles la vertu se développe et s'affermit. Autrement la vue de leur sainteté nous déconcerte, si même elle n'aboutit pas à excuser notre lâcheté : conclusion trop fréquente d'une méditation où la vertu paraît possible seulement à des êtres surhumains.

Quand les visites prenaient fin d'assez bonne heure, une joie naïve épanouissait l'âme et le visage du bon curé. Il se frottait doucement les mains, en se dirigeant vers sa bibliothèque : il allait pouvoir se donner le plaisir de relire une ou deux pages de ses auteurs favoris. Rarement il admettait à ce régal de lettré l'un ou l'autre de ses élèves ; ce plaisir avait quelque chose d'égoïste comme celui de l'avare qui garde pour lui seul le miroitement de ses pierreries et le tintement de ses pièces d'or. Le temps passait vite dans ces douceurs, trop vite s'il n'eût amené dans sa marche l'instant où recommençait le service des malades et des pauvres. Le lettré faisait alors place au prêtre : le précieux volume rentrait dans la bibliothèque, suivi d'un regard attendri comme un ami trop pressé de partir. Puis, M. Huchet, son bréviaire à la main, s'en allait réciter ses vêpres sur le rempart, pour profiter d'un peu d'air pur avant de respirer les miasmes des cours humides et des escaliers sans lumière. S'il faisait mauvais, la promenade était supprimée, mais non pas les visites : la misère n'a pas le loisir d'attendre le retour du soleil. Des pauvres il passait aux riches, toujours le même, sans fatigue ni hâte apparente, attentif à chaque chose en son temps, indulgent et discret, soucieux avant tout de faire plaisir et de rendre service. Ce qu'il lui fallait de patience, de tact, de délicatesse, pour atteindre ce double but, nul ne pourrait le dire : la diversité des tempéraments, des situations, des habitudes, des besoins, est infinie dans le cercle le moins étendu, et appelle une diversité semblable dans les pensées et les paroles de celui qui veut servir efficacement l'humanité, surtout s'il s'agit de la conduire ou de la ramener à Dieu.

Vers cinq heures du soir, on était sûr de voir M. Huchet entrer dans l'église et se diriger vers son confessionnal, après une courte adoration devant le Très Saint Sacrement. S'il n'y trouvait personne, il attendait patiemment dans la sacristie, en récitant le chapelet, ou quelque partie de l'office divin: pour rien au monde il n'eût quitté la place avant le moment habituel de sa retraite, c'est-à-dire

avant sept heures, lorsque le travail ne le retenait
pas plus avant dans la soirée. Libre alors, il reprenait le chemin du presbytère, où l'attendaient ses
élèves auxquels il consacrait tout le loisir que lui
laissaient ses derniers exercices de piété.

C'était merveille de voir cet homme avancé en
âge et constitué en dignité corrigeant le thème du
plus jeune, ou la narration française de l'aîné,
patient avec l'un, bienveillant avec l'autre, semblant
prendre le même intérêt qu'eux-mêmes aux difficultés de leur tâche et aux succès de leurs efforts.
La leçon tournait vite en conversation familière,
ne s'écartant jamais du sujet proposé, mais égayée
et illuminée de mille traits charmants qui rendaient
aimable la plus ingrate besogne. Nulle part il ne
montrait davantage les richesses de son esprit et
de son cœur. Il redevenait jeune comme au temps
où il professait dans la chaire des Cordeliers:
mais cette nouvelle jeunesse avait quelque chose
de plus doux et de plus pénétrant. On y sentait
tout ce que l'expérience et la vertu y avaient mis
de modération, de sagesse, d'habileté, sans rien
diminuer de la tendresse et de l'ardeur primitives.
Heureux instants, trop vite écoulés, pourquoi ne
pouvez-vous plus revenir? Nous ne connaissons
bien le prix des faveurs de la Providence que longtemps après l'heure où elles nous visitaient, et par
le besoin que nous en aurions au moment où elles
ne sont plus possibles: Dieu veuille au moin

qu'elles aient laissé dans nos âmes des germes assez vivaces pour assurer l'espoir de la moisson !

Dans les soirées d'hiver, quand il avait pu rentrer un peu plus tôt et que le travail des écoliers avait pris moins de temps, il s'accordait, en leur compagnie, une innocente récréation. Il avait commencé, de longue date, une collection d'images relatives à la vie des Saints : collection insignifiante au point de vue de la valeur artistique, mais curieuse par le nombre des pièces et la variété des sujets. De grands albums recevaient les gravures classées avec soin et accompagnées de notices historiques, de renvois aux ouvrages spéciaux, de courtes citations propres à fixer les souvenirs ou provoquer les réflexions. Cette collection préparait un travail d'un autre genre, une petite « Vie des Saints », dont il nous reste une partie. Godescard lui paraissait, à bon droit, trop sec et trop froid. Ribadeneira le charmait par sa naïveté, mais le déconcertait par son peu de critique. Il cherchait quelque chose d'entre les deux, pour les gens occupés mais désireux de lire, chaque jour, la vie d'un serviteur de Dieu, afin de s'en édifier et de travailler à l'édification des autres. Il ne donnait pas à cet ouvrage une attention soutenue : il y voyait plutôt un délassement, une diversion aux préoccupations de son ministère. Il n'avait aucun souci de la gloire littéraire, et se persuadait d'ailleurs sans peine qu'un autre pouvait avoir la même pensée, la poursuivre

avec plus de facilités et lui donner sa forme définitive pour le plus grand bien de tous, dans de
meilleures conditions de science et d'autorité. C'est
pourquoi il continuait sa collection, ses recherches
et ses annotations, en se réglant sur ses loisirs;
l'album ne s'ouvrait pas tous les jours: les gravures s'entassaient dans les tiroirs, en attendant
une heure de relâche plus facile à désirer qu'à
trouver. Mais, avec le temps, la collection était
devenue considérable, et ce n'était pas un plaisir
à dédaigner que de parcourir cette suite d'images
où revivait le souvenir des apôtres, des vierges,
des martyrs, sous des formes variées à l'infini.
Les yeux servent à l'instruction, autant sinon plus
que l'oreille: la foi vient de l'ouïe (1), parce qu'elle
s'occupe d'un objet invisible (2); la science tient
davantage au regard, parce que son objet est
presque toujours apparent à la vue. Les fameuses
« leçons de choses » ne sont pas de récente
invention, comme on le voit: nous les recevions,
il y a déjà longtemps, avec plus de profit pour
nos âmes que n'en tirent les petites victimes de
l'instruction moderne.

A huit heures, on sonnait le souper, comme
on disait alors; tout s'y passait comme au dîner,
avec cette seule différence que la conversation se

(1) Rom. X, 17: « Fides ex auditu. »
(2) **Hébr. XI, 1**: « Est autem fides argumentum non apparentium.

prolongeait un peu plus à la suite du repas.
Cependant, à neuf heures, M. le curé souhaitait la
bonne nuit à son monde et rentrait chez lui
pour la récitation des Matines et la prière du
soir; après quoi il se mettait au lit, si quelque
affaire pressante ne l'obligeait pas à veiller. Il
aimait peu le travail de nuit, lui préférant de
beaucoup celui du matin : « Le soir, disait-il,
l'imagination domine; — le matin, au contraire,
l'esprit est maître de soi. On peut essayer de faire
des vers au lieu de dormir; il faut remettre après
un bon sommeil les travaux qui demandent de la
réflexion. Avec de l'ordre il y a temps pour tout,
et le repos pris à son heure avance la besogne
autant que l'activité la plus fiévreuse. »

Telle était la vie de M. Huchet, avec des changements de peu d'importance déterminés non par
la fantaisie, mais par les nécessités du ministère.
Certains jours, par exemple, étaient non pas réservés (ce qui n'eût pas été possible), mais disposés de telle sorte qu'ils permissent une plus
grande liberté de mouvements : ils étaient prévus
comme une occasion de détente, un moyen de
se reconnaître au milieu de l'agitation habituelle,
de parer aux retards inévitables et d'aviser au
meilleur emploi du lendemain. Sa porte était
alors à demi-fermée; il fallait de bonnes raisons
pour l'ouvrir tout à fait. Plus souvent, il profitait
d'une visite au Rocher pour se donner cette liberté

relative : presque jamais il ne s'accordait de promenade, et le mot « vacances » n'avait pas de
sens pour lui.

Éloigné de sa famille après en avoir été si longtemps voisin, il semble qu'il eût pu désirer se
rapprocher d'elle à certaines époques de l'année
où les prêtres les plus zélés s'accordent un peu de
relâche : d'autant plus qu'il aimait beaucoup les
siens et prenait grand plaisir à les recevoir en
passant dans sa maison. Il ne faisait pourtant que
de rares et rapides apparitions à Gevezé : encore
fallait-il qu'un motif particulier l'y décidât, comme
il arriva le jour où ses deux plus anciens disciples l'entraînèrent chez son neveu, devenu le docteur Jules Philouze, marié et père de famille. Ce
fut une journée d'épanouissement : il était heureux
plus qu'on ne peut dire de se retrouver « rajeuni
de quinze ans » au milieu de ses enfants auxquels
il faisait les honneurs de la maison et de la table
avec un entrain et une verve juvéniles. Mais
c'était là une circonstance exceptionnelle : il avait
trop à faire pour se permettre de goûter régulièrement la joie de pareils congés.

Quelquefois, mais bien rarement, dans les soirées d'été, il proposait à l'un de nous une promenade dans la campagne ou au bord de la mer :
véritable escapade d'écoliers, dont le grand attrait
devait être la lecture de quelque nouveauté littéraire mise à l'index par le classique *père* Lebre-

ton, notre professeur de rhétorique. Pour le bon abbé, Lamartine était un « décadent » digne du plus profond mépris; Chateaubriand n'était bon qu'à fausser le goût : inutile d'ajouter qu'on n'eût pas osé prononcer devant lui le nom de Victor Hugo ou celui de Musset. *Mérope* et *Zaïre* partageaient son admiration avec *Esther* et *Athalie* : nous analysions le *Cid* et *Phèdre*, au point de vue des « trois unités », avec la même attention et le même plaisir que *Britannicus* ou *Cinna*. Cependant il aimait à trouver un air de jeunesse à nos compositions, sans trop s'apercevoir qu'elles ne le devaient guère à l'enseignement de sa préférence. Excellent homme au demeurant, et saint prêtre, qui nous aimait pour le moins autant qu'il nous ennuyait, et réussissait à nous rendre dociles à force de nous montrer du dévouement.

Mais c'était tout de même une véritable volupté de lui faire cette niche de lire, à son insu, les auteurs proscrits, — et surtout de les lire en compagnie du bon curé dont le goût littéraire se révélait avec tant de délicatesse dans ces conférences intimes. On profitait plus en une heure avec lui qu'en une semaine avec le professeur : aussi quel bonheur, à la classe suivante, de placer quelqu'une des observations faites par lui, mais dont on se gardait bien de dire l'origine. L'effet sur le *père* Lebreton n'en était pas douteux : il restait stupéfait, hésitant entre la pitié et la colère, surtout si l'on insistait avec l'aplomb que donne la certitude d'être dans le bon chemin. Un jour, il avait commis l'imprudence de donner comme sujet d'analyse littéraire le récit de la mort des femmes Suniotes, emprunté au *Dernier chant du Pèlerinage d'Harold* (1).

« Une femme, une mère, ô désespoir sublime ! »

Rien ne saurait peindre son étonnement quand le premier élève mis en demeure de parler commença l'éloge du morceau et l'accentua progressivement, sans se laisser le moins du monde arrêter par les marques évidentes du mécontentement de son professeur. Tout pénétré encore des commentaires qu'il venait d'entendre, il lisait d'une voix vibrante, en s'efforçant de reproduire les intonations dont il avait été frappé. Quand il vint à la funèbre cantilène :

« Semez, semez de narcisse et de rose,
Semez la couche où la beauté repose ! »

M. Lebreton n'y tint plus. Il essaya d'arrêter le lecteur soutenu par la grande majorité de l'assistance ; ce fut en vain : il dut subir, avec le désagrément d'une discussion en plus, la fin du passage à critiquer. Il voulut alors avoir sa revanche, et donna la parole à un autre élève, dont il était sûr, mais qui ne réussit pas à ramener la victoire

(1) Lamartine : *Méditations*, t. II (Édition Hachette).

sous les drapeaux classiques. Nous le vîmes tout de suite : c'était fini des excursions dans le domaine de la poésie moderne, et nous ne fûmes pas surpris d'avoir à critiquer le récit de Théramène pour rentrer dans les saines traditions. Quand il connut l'aventure, le bon curé ne put se défendre d'un malin sourire, — tout en blâmant sans conviction, il est vrai, l'usage qu'on avait fait de ses leçons.

On ne lisait pas seulement Lamartine ou Brizeux dans ces promenades littéraires : Tacite y avait sa part à l'occasion. C'était, parmi les latins, l'auteur favori de M. Huchet. Lorsqu'il reçut la nouvelle traduction de Burnouf, il la mit aussitôt entre les mains du seul élève qu'il eût alors, et prit plaisir à commenter devant lui un texte fécond en enseignements, surtout à l'époque où nous étions. La royauté de Juillet venait de faire place à une république dont les jours étaient déjà comptés pour les esprits perspicaces ; l'Empire entrait en scène avant même que les agents de l'ancien pouvoir eussent eu le temps de prêter serment au nouveau. La tragi-comédie politique passait rapidement par des phases que Tacite semblait avoir numérotées d'avance et dont il avait attaché presque tous les acteurs au pilori de l'histoire, sous les traits de ses contemporains. A mesure que les pages se succédaient, M. Huchet rapprochait les temps, les passions, les hommes, avec une bonhomie pleine de finesse, à la grande joie de son auditeur, plus encore à son grand profit. Rien ne vaut un pareil enseignement : rien aussi ne l'efface. Mais il n'est pas à la portée de tous, et l'avoir reçu est une grâce dont Dieu peut demander un compte sévère à ceux qu'il en a favorisés.

Il n'est pas difficile de comprendre quelles amitiés avaient germé sur les pas de ce prêtre éminent, de cet homme d'esprit et de cœur. S'il nous était permis de soulever le voile qui couvre ses relations intimes avec les meilleurs et les plus distingués de ses paroissiens, le lecteur trouverait ici plus d'une page charmante qui le dédommagerait de celles où il a peut-être arrêté péniblement son attention. Mais il nous faut garder le silence, ne fût-ce que pour respecter la discrétion presque mystérieuse dont il enveloppait lui-même ses préférences et les expansions de son cœur. « Il est des âmes, a dit très bien le P. Chocarne (1), en qui la sensibilité monte aisément aux bords du vase, se trahit sur la physionomie, se répand dans les larmes, se communique par la voix et les œuvres : fleuves roulant leurs eaux à pleins bords, toujours prêts à s'épancher et à féconder leurs rivages. Et il est aussi des âmes plus rares, en qui la sensibilité se cache au fond de l'abîme, craint un regard qui la devinerait, *a honte des*

____

(1) *Vie du P. Lacordaire*, t. 1ᵉʳ, p. 45.

larmes et se contracte au plus léger toucher ; des âmes dévorées par le feu intérieur, mais soucieuses de n'en rien laisser paraître, aussi timides en public qu'expansives dans l'intimité, d'autant plus généreuses dans le don d'elles-mêmes qu'elles s'ouvrent à un petit nombre. » Tel était M. Huchet : semblable en cela comme en beaucoup de choses, à son illustre contemporain, Lacordaire, « peu d'hommes ont su comment et combien il aimait. Des nombreuses affections qui entourèrent sa vie, bien peu y entrèrent et en connurent le fond (1). » Il aurait pu dire aussi, lui : « On ne distingue pas assez en moi l'être réel de l'être fictif, ce que je suis et ce que je veux paraître. Je ne sais pas, comme Sterne, pleurer devant des témoins : j'ai honte des larmes (2) ».

Pourquoi ne pas pousser jusqu'au bout cette comparaison entre deux âmes si ressemblantes ? « Il connaissait les droits et les douceurs de l'amitié ; plus que personne il en subissait les charmes, mais jamais au préjudice du devoir. L'amitié avait ses heures, ses jours, ses limites, ses droits mesurés comme tout le reste ; elle n'allait jamais au delà. Il ne pliait pas sa règle ou son temps au gré de ses inclinations : il se refusait tout plaisir de cœur dont le devoir eût souffert et

(1) P. Chocarne : *Vie du P. Lacordaire*, t. 1er, p. 46.
(2) Lorain : *Correspondant*, XVII, 826.

exigeait de ses plus intimes amis le même sacrifice, le même empire sur le sentiment (1) ». L'amitié était surtout pour lui une force de plus au service de Dieu et du prochain : il ne craignait pas de lui demander tous les services qu'elle pouvait rendre à ces deux causes sacrées, sans se préoccuper de lui-même autrement que pour prêter son concours ou exprimer sa reconnaissance. Il aimait dans la mesure où il trouvait prêt à servir ce qu'il servait lui-même.

Tout était donc en ordre parfait dans ces journées si bien remplies, qui semblaient pourtant n'apporter avec elles aucune fatigue, aucun affaiblissement de l'ardeur et du zèle. Ce corps frêle, cette santé délicate résistaient à tout comme s'ils eussent été de fer. Si parfois, dans les derniers temps, la force physique menaçait de plier, la force morale redoublait d'intensité pour rétablir l'équilibre et rendre au moins plus court l'arrêt auquel il fallait momentanément se résigner. Au premier regain de vigueur, on le voyait reprendre avec un élan tout nouveau la course interrompue : ne fallait-il pas, disait-il, regagner le temps perdu ?

« Il résumait toute sa vie en un mot : *le devoir.* Le devoir était pour lui non cette vertu stoïque où il entre plus d'orgueil que de vrai courage,

____

(1) P. Chocarne : *Vie du P. Lacordaire,* **II,** 147.

mais la voix de Dieu, sa justice, sa vérité, sa
loi. Il mit son ambition et sa vertu à s'en rendre
l'esclave au prix de tous les sacrifices jusqu'à son
dernier souffle... N'en avait-il pas donné sa parole
à Dieu ? »

(1) P. Chocarne : *Vie du P. Lacordaire*, II 136.

CHAPITRE X

L n'y a peut-être pas, pour juger un prêtre, de meilleur moyen que de savoir ce qu'il pense du sacerdoce et comment il traite avec ses frères et ses supérieurs dans la vie ecclésiastique. Il n'est pas difficile de le comprendre : l'estime qu'il fait de la dignité sacerdotale doit influer sur toute sa conduite, et le respect où il se tient vis-à-vis de ses collègues, de ses chefs, répond de celui qu'il se porte à lui-même. En effet, l'âme et la vie sont une double unité où tout est en rapport, au moins d'une façon générale, de sorte qu'un trait de caractère ou de conduite suffit à l'observateur pour reconstituer l'ensemble. Nous n'avons donc rien à faire de mieux, à ce point de notre travail, que d'étudier

M. Huchet dans ses rapports avec ses confrères et les deux évêques dont il fut le collaborateur.

On a déjà vu, par le discours d'installation à Saint-Malo, quelle idée sublime il avait de la dignité et de la mission du prêtre. Plusieurs fois il eut occasion de l'exprimer à nouveau, du haut de la chaire, toujours avec le même accent d'admiration et de sainte fierté.

« *Benedictus qui venit in nomine Domini !* Béni soit celui qui vient au nom du Seigneur ! Au nom du Seigneur tout-puissant ! Ce n'est point au nom des puissances du siècle. L'autorité la plus vénérable que l'on puisse trouver sur la terre, fût-elle assise sur le trône, même le plus brillant de l'univers, est impuissante lorsqu'il s'agit de la direction des âmes, lorsqu'il s'agit de leur distribuer les trésors spirituels que le Ciel veut bien envoyer à la terre..... Ce n'est point au nom des hommes que nous venons : *nos autem in nomine Domini.* C'est au nom du Seigneur, c'est au nom de Celui qui, donnant aux apôtres et à leurs successeurs l'univers entier pour héritage, leur dit : Allez à toutes les nations, enseignez-les, baptisez-les..... Oui, peut dire chaque pasteur, voilà mes titres ! Voilà les fondements de mon autorité ! Tout pasteur est un envoyé du Ciel, un ambassadeur de Dieu lui-même auprès des hommes (1). »

(1) Discours sur l'Ordre.

Après avoir considéré en Dieu lui-même le sacerdoce dont les hommes reçoivent la participation, il le considérait dans ses effets et ses obligations.

« Tout pasteur des âmes doit se dire, comme le prophète Isaïe : *Misit me evangelizare pauperibus*. Dieu m'envoie évangéliser les pauvres, guérir les cœurs malades et annoncer aux prisonniers leur délivrance, aux captifs leur pardon ! Oh ! qu'il est beau ce ministère ! Que de consolations il offre ! Mais en même temps qu'il est terrible, qu'il est capable d'effrayer celui qui n'a pas oublié les obligations qu'il impose : celui qui se rappelle que, chargé des intérêts du peuple devant Dieu, il doit travailler tous les jours, tantôt à détourner la vengeance prête à éclater sur les pécheurs, tantôt à attirer sur les justes les bénédictions les plus abondantes ;.... que ses destinées sont liées à celles des fidèles confiés à ses soins, et qu'il ne peut plus se sauver seul ni se perdre seul, mais se sauver ou se perdre avec eux ! (1) »

Il importe peu au prêtre de savoir à qui Dieu l'envoie, puisque c'est à des âmes rachetées du sang de Jésus-Christ : « Il dit, comme le divin pasteur à Ezéchiel : *Ecce ego*, me voici ! J'irai trouver les brebis que le Seigneur voudra bien me confier et je les visiterai, *requiram oves et visitabo*.

(1) Discours d'installation.

Je m'efforcerai de les conduire dans les plus gras pâturages, *in pascuis uberrimis pascam eas*. Plus elles s'obstineront à périr, et plus je m'obstinerai à les rappeler, à les rechercher. Dussent les ronces et les épines m'ensanglanter, dans les sentiers que j'aurai à parcourir, rien ne pourra m'arrêter : *quod perierat reducam*. (1) »

Il serait facile de multiplier les citations : elles n'ajouteraient rien à la grande idée que nous venons de constater. Le prêtre est le représentant de Dieu, participant de sa puissance et en même temps de sa miséricorde; un autre rédempteur qui opère le salut des âmes par ses prières, ses mérites, son sang au besoin; un autre Jésus-Christ, c'est-à-dire un être supérieur à l'humanité par son ministère, quelque chétive que la nature humaine puisse paraître en lui. Il n'y a donc pas assez de respect pour lui de la part des autres, de sa part à lui-même. Il a droit à la vénération la plus profonde : mais elle doit d'abord venir de lui, en qui réside le sacerdoce, et l'environner d'une inviolable protection contre tout ce qui pourrait en amoindrir l'honneur, dans ses pensées, ses paroles ou ses actes.

Aussi M. Huchet professait-il pour tous ses confrères un respect sans bornes, — même quand il avait affaire aux plus jeunes ou aux moins élevés

(1) Discours sur l'Ordre.

dans la hiérarchie administrative. Ils étaient prêtres : cela suffisait.

Les deux aînés de ses disciples préférés furent honorés du sacerdoce : aussitôt ils devinrent pour lui des égaux, des frères qu'il entoura des égards les plus empressés. Au premier, forcé de vivre loin de lui, il écrivait assez souvent. Mais si la lettre commençait par les mots : « Mon cher Abbé, » et plus tard par ceux-ci : « Mon très cher Père, » elle finissait « par l'assurance de son respectueux attachement » ou quelque formule semblable. Un jour, le destinataire de ces lettres, trop déférentes à son gré, s'en plaignit avec toute la discrétion qu'il put mettre, en alléguant sa jeunesse, l'infériorité de sa situation, et surtout ce qu'il devait à son vénérable correspondant. « Que voulez-vous, mon cher ami, répondit M. Huchet, je ne puis vous parler autrement. N'êtes-vous pas prêtre ? » Et rien ne put le faire sortir de là.

Le second de ses élèves eut le bonheur de prendre place parmi ses vicaires, et de ne quitter la cathédrale que pour exercer près de lui, à l'Hôtel-Dieu, un ministère qui les rapprochait à tout instant. Dès le moment de son ordination, il fut traité comme les autres prêtres de la paroisse, avec une nuance affectueuse, il est vrai, mais qui n'ôtait rien au respect. C'était, suivant l'expression favorite de M. Huchet, « un confrère », dont l'avis en valait un autre, un aide avec lequel i¹ fallait compter, un ami qu'il voulait s'assurer « pour la consolation de ses vieux ans » et « le service des âmes confiées à sa vigilance. »

Rien n'était touchant comme de le voir s'empresser autour de ses enfants, devenus ses frères, quand il les recevait dans sa maison ou à sa table. Le « très cher Père » était pour lui un hôte de distinction qu'il fallait accueillir avec des soins particuliers : il veillait par lui-même à tous les détails de l'installation, dans « la chambre de l'évêque », faisait mille recommandations aux domestiques et ne se retirait pas avant d'avoir mis sa maison tout entière à la disposition du voyageur. A l'église, il le faisait pourvoir des plus beaux ornements pour la messe, lui assignait au chœur une place au premier rang, et, si quelque cérémonie extraordinaire en fournissait le prétexte, s'efforçait de lui en faire accepter la présidence, à moins qu'elle ne revînt de droit à quelque autre prêtre de passage : car il observait scrupuleusement les convenances, telles que les définissaient l'âge et le rang de ceux auxquels il avait affaire. Il fallait payer l'hospitalité par une prédication, comme il convient aux ministres de la parole évangélique : mais il invitait avec tant de discrétion, il remerciait avec tant de bonne grâce, que c'était plaisir de monter dans la chaire de Saint-Malo, ne fût-ce que pour être agréable au bon curé.

Naturellement, il y avait réunion à la table du presbytère en ces occasions solennelles : tout le clergé de la paroisse était invité. Si le « cher Père » avait droit à la droite de M. Huchet, « monsieur l'aumônier de l'Hôtel-Dieu » n'en restait pas moins honorable et se voyait traité comme il convenait à sa dignité. Qui donc alors se fût souvenu des deux humbles écoliers d'autrefois, de ces pauvres enfants que sa bonté rapprochait de lui sans parvenir à leur faire oublier la distance? Il n'y avait plus là que des égaux, parmi lesquels il était le premier, *primus inter pares*, désireux surtout de ne pas le rappeler.

Son cœur n'avait pourtant rien perdu de sa tendresse à leur égard, comme il le disait si bien lui-même, dans une charmante lettre, où il parlait de l'indisposition dont il avait souffert, un mois après une grave maladie de son deuxième élève, alors vicaire-sacriste à la Cathédrale.

« J'ai été un peu indisposé, il y a quelques jours : révolution de bile. Le public a accusé l'abbé Zinguerlé de ce méfait. Ne soyez donc pas malade: on vous accuserait avec au moins autant de raison (1). » — On voit le sourire, n'est-ce pas, et l'on devine l'accent.

Mais la tendresse avait cédé le pas au respect, ou du moins marchait côte à côte avec lui, depuis le

____

(1) Au P. Ollivier : lettre du 26 juin 1874.

jour où l'onction sacerdotale avait mis au front de ces jeunes hommes la marque de la royauté de Jésus-Christ.

Si nous avons insisté sur sa manière d'être avec les deux prêtres formés par lui, c'est pour rendre plus sensible la pensée qui animait sa conduite à l'égard de ses confrères. Constitué en dignité, dès sa jeunesse, il aurait pu prendre à cette hâtive élévation ce qu'elle produit trop souvent de morgue et de dureté envers les inférieurs. Curé-doyen de la plus grande paroisse du diocèse, et vicaire-général pour l'arrondissement, il pouvait se donner les allures d'un évêque au petit pied, avec la connivence de ceux qui auraient profité de son erreur et de leur adulation. Quiconque veut exagérer la part d'autorité dont il est revêtu peut s'attendre à trouver des flatteurs qui le pousseront à de nouvelles exagérations : se rendre indépendant, tout en devenant tyrannique, était possible, facile même, à qui n'eût pas été retenu par tant de jugement et d'esprit surnaturel.

En fait, il était maître absolu dans les limites de sa juridiction ; l'archevêque de Rennes le reconnaissait lui-même en plaisantant : « C'est étrange, disait-il à M. Huchet ; jamais il ne m'arrive de votre arrondissement une affaire à traiter. » La raison en était simple : tout se traitait sur place, en famille pour ainsi dire, et ne s'en traitait pas plus mal. Tout au contraire. Assuré de la confiance de tous ses voisins, appuyé sur l'affection qu'il leur portait et la vénération dont il se sentait entouré, le curé de Saint-Malo usait de ses pouvoirs de vicaire-général pour servir les intérêts, prévenir les conflits, pourvoir aux difficultés sans recourir à l'autorité centrale, moins bien placée pour juger les causes et peut-être aussi moins favorablement disposée pour la plupart des personnes. La force des choses le veut ainsi et ce n'est pas la faute des prélats ou de leurs suppléants ordinaires : la multiplicité des affaires, des embarras, des demandes et des plaintes nuit souvent à la bienveillance, au soin même et en apparence parfois à l'équité, dont chaque décision devrait être accompagnée. L'institution des *vicaires-généraux forains* (1), comme on disait alors, avait donc de grands avantages. La mort des titulaires avait amené peu a peu la suppression de la charge dans les arrondissements de Montfort, Redon et Vitré : Saint-Malo restait seul pourvu de ce privilège et ne se faisait pas faute d'en profiter.

En fait, les prêtres de la circonscription auraient eu grand tort de réclamer ou de s'abstenir : nulle part ils n'auraient trouvé autant de bon vouloir, de sagesse et d'expérience, surtout autant de tact et de cordialité. Un seul exemple, entre mille, le prouvera surabondamment.

(1) Elle avait eu lieu en 1802, par décision de Monseigneur de Maillé.

Un jour, celui qui écrit ces lignes se trouvait dans le cabinet de travail de M. Huchet, pour lui parler d'une séance littéraire où il devait lire un rapport. Le bon curé écoutait d'une oreille distraite ; tout à coup il interrompt la lecture : « Mettez-vous là, dit-il, en montrant sa table, et écrivez ! » L'abbé obéit et se tient prêt. Marchant à grands pas, avec la petite toux dont il était atteint dans les moments d'ennui, M. Huchet se met à dicter une lettre à l'adresse d'un prêtre engagé dans une impasse, par une imprudence dont il n'avait pas ou ne voulait pas avoir conscience. Les paroles venaient lentement, l'une après l'autre, mesurées avec un soin extrême, de sorte que le secrétaire avait tout le loisir de les peser à son tour.

« Relisez ! » dit M. Huchet. « Ce n'est pas cela ; il faut recommencer ». Et la dictée recommença, une fois, deux fois, trois fois. Sans impatience, mais avec un peu d'étonnement, le secrétaire profita d'un arrêt pour exprimer l'avis que la dernière rédaction lui paraissait excellente : pourquoi ne pas s'y tenir ?

« Mon cher ami, répondit doucement M. le curé, vous ne connaissez pas l'affaire ni l'homme. L'affaire est des plus délicates et l'homme est des plus susceptibles. Un mot peut tout brouiller, sinon tout perdre. Il faut que tout soit dit avec assez de clarté pour ne rien laisser dans le doute,

avec assez de précaution pour que l'amour-propre
du prêtre ne soit pas froissé. Plus intelligent ou
plus humble, il ne me donnerait pas tant de souci...
Dans ces conditions, il est vrai, — continua-t-il
avec un sourire, — il ne se fût pas jeté dans le
guêpier. Allons, patience : continuons. »

L'abbé se remit à son pupitre et recommença
la lettre quatorze fois. Quand il tendit la dernière copie à M. Huchet, il ne savait lequel
admirer davantage de l'habileté dont cette rédaction témoignait ou de la vertu qui venait de se
révéler. La lettre était un véritable chef-d'œuvre ;
mais la vertu ne tenait-elle pas de l'héroïsme !
Certains prêtres se disent mécontents de l'autorité dont ils accusent la partialité ou la précipitation. Dieu les juge et sait en quoi ils ont
droit de se plaindre ; mais pourraient-ils le faire
s'ils avaient sous les yeux la preuve d'une pareille
prudence et d'une si paternelle affection ?

Il ne faut pas croire cependant que la bienveillance et le respect de M. Huchet à l'endroit
de ses confrères diminuassent en rien sa fermeté,
quand il croyait nécessaire d'en montrer. Dans
l'intention même d'éviter à ses subordonnés les
ennuis qui résulteraient d'un renvoi de leur affaire
à l'autorité épiscopale, il leur parlait au besoin
un langage sévère et les forçait, pour ainsi dire,
à se conformer sur-le-champ à ses décisions. Il
avait la conviction de leur rendre ainsi plus de

services qu'en leur réservant pour plus tard son appui auprès de l'archevêque ou de ses conseillers : et, de plus, il croyait honorer davantage en eux le caractère et la vertu du prêtre, en les supposant capables d'entendre tout de suite une parole inspirée surtout par le désir de leur être utile. Il manquait rarement son but, comme le prouve le mot de Monseigneur Saint-Marc : « Il ne me vient jamais d'affaire de votre arrondissement. »

Un autre motif de cette fermeté était le respect qu'il portait lui-même au premier pasteur du diocèse, dont il était le simple délégué, toujours prêt à rendre compte de sa conduite et à résigner les pouvoirs qui lui avaient été confiés. De ses rapports avec les deux premiers évêques, Monseigneur Enoch et Monseigneur Mannay, nous ne savons rien : mais nous pouvons facilement les supposer conformes à la situation où il se trouvait alors. Monseigneur de Lesquen vit en lui plus qu'un collaborateur : la différence d'âge et de situation n'empêcha pas l'amitié de rapprocher ces deux âmes si bien faites pour se comprendre et s'unir. Cependant le respect mit toujours une certaine distance entre l'évêque de Rennes et le curé de Saint-Malo : ce qui s'entend à la fois du sentiment humain et de la vertu chrétienne. Ils s'étaient rencontrés trop tard et sur des terrains trop inégaux pour que leur affection n'eût pas un caractère spécial plus facile à comprendre qu'à définir. Ils avaient toute confiance l'un dans l'autre : l'évêque ne prenait pas la peine de commander parce qu'il se savait deviné et obéi d'avance : ils restaient toutefois dans cette réserve mutuelle qui convient aux amitiés de l'âge mûr.

Il n'en fut pas de même pour Monseigneur Saint-Marc. Ils étaient presque du même âge : ils avaient étudié sous les mêmes maîtres, et, si leurs carrières avaient d'abord paru se diviser, elles n'avaient pas tardé à se rejoindre. Tous deux avaient débuté par l'enseignement dans la vie ecclésiastique : tous deux avaient été distingués par le vieil évêque de Rennes, et choisis pour des besognes difficiles : ensemble ils avaient été ses vicaires-généraux. Par plus d'un côté, leurs goûts étaient identiques, leurs caractères aussi, quoi qu'il en parût au premier abord. Des amitiés communes les eussent rapprochés quand même ils ne fussent pas venus l'un vers l'autre par cette attraction qui amène des confins de la terre et de la vie les hommes prédestinés à s'aimer. La pratique des affaires devait achever ce qui était si heureusement commencé : ici le rang ne faisait plus obstacle et l'égalité nécessaire à l'amitié s'é-tablissait sans effort.

Aussi les relations entre l'archevêque et le curé étaient-elles des plus cordiales, en dépit des difficultés passagères où se retrouvait la marque de l'imperfection humaine, — non de la part du prélat, mais bien de son entourage officiel. M. l'abbé Maupouint, plus tard évêque de Saint-Denis, alors vicaire général de Rennes, homme d'un cœur excellent et de relations très sûres, se faisait un devoir de tout ce qui pouvait servir les desseins de M. Huchet.

Il en était de même du saint abbé Villério, secrétaire général de l'évêché, le successeur du chanoine Desnos, un autre ami dévoué du curé de Saint-Malo. Mais l'administration obéissait quelquefois à des courants opposés : tout le monde le disait, sans trop s'en plaindre, parce que l'excellent cœur de l'archevêque adoucissait pour beaucoup les froissements dont ils avaient à souffrir, lorsqu'ils se trouvaient pris entre les deux influences qui se partageaient la direction des affaires. Le curé de Saint-Malo, ne pouvant satisfaire tout le monde, ne pouvait non plus empêcher certaines gens de porter à Rennes leurs difficultés, et par conséquent il subissait, lui aussi, le contrecoup des agitations de l'archevêché. Il ne faudrait pas jurer qu'il n'en haussât pas un peu les épaules : ce premier mouvement eût été bien excusable. Mais il se gardait de critiquer les décisions de l'autorité, quelle que fût la voie par où elles lui arrivaient. Elles étaient l'expression d'un droit incontestable, celui du supérieur, c'est-à-dire celui de Dieu, qui n'avait pas de compte à rendre, mais seulement un hommage à recevoir. Sans avoir fait vœu d'obéissance, il n'en était pas moins profondément imbu de cet esprit de soumission auquel se reconnaît le véritable prêtre aussi bien que le religieux désireux de sa perfection : « *Vir obediens idem sonat ac vir sanctus.* »

Cette soumission pleine de renoncement personnel venait, on le comprend, d'une humilité aussi tranquille que profonde. Il ne se perdait pas en protestations de bassesse et de néant, comme il arrive à certains, trop naïfs ou trop peu sincères (car les deux se trouvent aisément). Il ne pouvait ignorer sa valeur, et il avait trop d'esprit pour la contester : « l'humilité, suivant Bossuet, son auteur favori, est la science de soi-même », c'est-à-dire la connaissance de ce qu'on a et de ce qu'on peut, grâce à Dieu qui nous a faits tels pour sa gloire. Les qualités de la nature, les avantages de l'éducation, les prérogatives du rang, tout cela vient de Dieu qui nous demande, non d'en diminuer le prix ou l'éclat dans je ne sais quel effort d'aveuglement, mais de lui en rapporter tout le mérite et tout le fruit, en les utilisant de notre mieux, avec confiance en sa miséricorde. Cette connaissance exacte de soi met réellement chacun à sa place, lui révèle son rôle nécessaire, le préserve à la fois de présomption et de servilité, lui fait enfin une indépendance pleine de dignité et de modestie, comme on peut le voir dans les saints, et à moindre degré, dans les hommes supérieurs.

Il en résultait pour M. le curé de Saint-Malo la plus grande tranquillité d'âme. Si l'expérience lui conseillait, comme un devoir de conscience, une protestation même énergique et répétée, il la faisait avec calme, après réflexion et sans hâte, afin de trouver l'heure, la forme et la mesure convenables. L'homme ne s'y voyait guère : le droit de sa charge y était sauvegardé avec discrétion : l'honneur de l'autorité et l'intérêt général y paraissaient comme les vrais motifs de la réclamation. Si elle n'était pas écoutée, — chose rare, il faut le reconnaître, — il s'en remettait à Dieu du soin de tout arranger, sans nul souci d'avoir déplu : « mauvais courtisan », disait-il en riant, il ne tenait pas à la faveur, mais seulement à l'estime.

Il avait, à deux reprises, refusé l'épiscopat, sans le dire même à ses plus intimes confidents qui l'apprirent par d'autres et, pour ne pas lui faire de peine, parurent ne rien savoir. Il en fut à peu près de même quand il fut nommé chevalier de la Légion d'honneur (1), ce qu'il n'avait pas prévu et ne put esquiver. La croix disparut dans son tiroir, au sortir des mains du sous-préfet, et personne ne la vit avant sa mort. Non pas qu'il

(1) Par décret du 13 août 1867.

dédaignât cette marque de la bienveillance impériale, — le dédain sied rarement aux grandes âmes, — mais par un haut sentiment de la dignité sacerdotale qui n'a rien à gagner à ces distinctions, et peut souvent y perdre beaucoup de son prestige. La joie de ses amis lui fut, à coup sûr, bien plus agréable que la décoration. Plusieurs d'entre eux souffraient de le voir oublié. « Cette justice, quoique beaucoup trop tardive, vous est enfin rendue », lui écrivait une de ses plus vénérables paroissiennes, sa collaboratrice dans la plupart de ses bonnes œuvres (1), dont la pensée se reproduit dans toutes les lettres de félicitations reçues par lui à cette occasion. Tous pensaient, avec un autre de ses correspondants, que le gouvernement s'honorait lui-même en conférant la croix à un homme de cette valeur ; tous aussi lui rendaient le témoignage qu'il ne l'avait jamais désirée. « Daignez, lui écrivait l'un d'eux, permettre à l'ancien préfet de féliciter le gouvernement, et son propre successeur, d'une bonne action et d'une mesure pleine de tact et de justice, —à un confrère dans l'Ordre de se trouver très honoré de votre admission parmi ceux dont il fait partie... J'ose vous en féliciter un peu : non pas que vous ayez reçu une récompense, la vôtre est ailleurs.... » (2).

(1) Madame Bossinot-Pomphily, lettre du 18 août 1867.
(2) M. Caffarelli, lettre du 16 août 1867.

Il n'avait rien dit, même à ses familiers, de l'honneur qui lui arrivait, comptant sur leur insouciance à l'endroit des journaux pour retarder l'ennui des félicitations dont il se voyait menacé. Il y gagna, en effet, un répit de quelques jours : mais, le dimanche 18 août, dans la matinée, le secret transpira et vint jusqu'aux oreilles de l'un des vicaires. A la fin du déjeuner silencieux jusque-là, M. l'abbé Zinguerlé, levant son verre, but *ex abrupto* à la santé du nouveau chevalier dont la confusion était vraiment réjouissante. Mais ce fut bien pis, l'instant d'après.

Comme si la joie populaire avait attendu ce signal pour se donner carrière, la porte du presbytère s'ouvrit tout à coup devant une foule enthousiaste qui voulait acclamer son curé. La *Société d'Harmonie* jetait au vent ses plus joyeuses fanfares. Le commandant de place, M. le colonel Vignes, apportait une croix donnée par Napoléon Ier à son père, sur le champ de bataille de Bautzen, et l'offrait à son vénérable collègue avec les témoignages de la plus sincère émotion. Toute l'après-midi, le défilé continua, sauf pendant le temps des Vêpres que le bon curé put à peine se réserver. Riches et pauvres, jeunes et vieux, s'y trouvaient confondus dans un même élan de bonheur et d'affection. C'était bien une fête de famille, — qui devait se renouveler deux ans plus tard, lors des *Noces d'or* de M. Huchet, concordant avec celles du Souverain Pontife Pie IX.

Comment serait-il resté indifférent à cet empressement d'une spontanéité si rare et si générale ? Nul cœur n'y eût résisté, le sien, moins que tout autre. Ces marques d'affectueuse vénération lui allaient à l'âme : il est si doux de se sentir aimé de ceux qu'on aime ! L'humilité la plus profonde ne peut rendre insensible à ces manifestations : le divin Maître lui-même voulait qu'on laissât libre la bouche des enfants, au jour de son entrée glorieuse dans Jérusalem (1).

Rien toutefois ne lui parut valoir la sympathie que lui témoigna son archevêque à l'occasion de son inscription dans la Légion d'honneur. Il l'en avait averti par une lettre à laquelle Monseigneur Saint-Marc se hâta de répondre en ces termes (2) :

« Mon très cher curé,

» Monsieur le Ministre m'avait fait l'honneur de me prévenir, le 14 août, de *la haute distinction* dont vous étiez l'objet. Par conséquent je n'ai pas appris la chose par le public, ainsi que votre délicatesse amie semble le craindre.

» Quoi qu'il en soit, je vous prie de croire que

(1) Matth. XXI, 16. — Luc. XIX, 40.
(2) Lettre du 17 août 1867.

le titre de Chevalier de l'Ordre impérial de la Légion d'honneur ne saurait rien ajouter à mon estime et à mon affection pour mon vieil ami : car ces sentiments sont depuis longtemps dans mon cœur au *nec plus ultrà*.

» Toujours donc tout à vous en N. S.

» † G., archevêque de Rennes. »

Cette lettre était conservée précieusement dans une enveloppe qui contenait deux ou trois pièces de même date. Chose curieuse, le décret impérial n'était pas joint à ces documents d'ordre tout intime et chargés de rappeler, non la satisfaction de l'amour-propre, mais l'épanouissement du cœur. Une autre enveloppe, portant la même suscription : « Croix d'honneur », renfermait les papiers officiels ; mais l'écriture ne se ressemble guère dans les deux cas, alerte sur la première feuille, presque lourde sur la seconde. Le cœur guide la main, comme il est facile de le constater en regardant ces quatre mots où se révèlent des impressions si différentes et pourtant si rapprochées.

En même temps qu'il était chargé de l'administration de la cure de Saint-Malo, M. Huchet avait été créé chanoine honoraire de la cathédrale. En conséquence aussi de cette nomination il était devenu, comme nous l'avons déjà dit, vicaire-général pour l'arrondissement, suivant le règlement

fait, en 1802, par Monseigneur de Maillé. A ces
titres, il ajouta celui d'archiprêtre le 19 août 1859,
lorsque Monseigneur Saint-Marc obtint du Saint-
Siège, pour lui-même et ses· successeurs, la
qualification d'évêque de Saint-Malo et de Dol,
jointe à celle d'archevêque de Rennes.

Les Malouins furent enchantés de cette nouvelle appellation qui leur rendait en partie ce que
le Concordat de 1801 leur avait enlevé. Ils retrou-
vaient une cathédrale, où l'archiprêtre semblait
préparer les voies à un évêque, héritier des Malo,
des Jean de Châtillon et des Josselin de Rohan.
Ils ne pouvaient donc manquer de donner en
toute occasion à leur curé le titre dont on venait
de l'honorer, avec la persuasion de lui être agréable :
en quoi ils se trompaient grandement. A plusieurs
reprises, il avait été vaguement question de
démarches à faire près du gouvernement français
et de la cour de Rome pour le rétablissement du
siège de Saint-Malo, que le Concordat avorté de
1817 avait un instant relevé de ses ruines. Quand
on en parlait devant M. Huchet, il ne paraissait
ni enthousiaste ni incrédule : la chose lui paraissait difficile sans être impossible, et ne lui aurait
pas déplu. Non pas qu'il songeât pour lui-même
à la succession ; mais il aimait trop son église
pour ne pas se réjouir à la pensée de sa gloire
nouvelle. Dans ces conditions, le titre d'archiprêtre lui eût paru désirable : autrement, il y

voyait l'ombre seule d'un grand nom, *magni nominis umbra,* et n'éprouvait aucun plaisir à se l'entendre donner. Il restait, comme devant, « Monsieur le curé », se trouvant suffisamment honoré d'une appellation qui lui rappelait sa charge de pasteur des âmes, la plus haute et la plus lourde à la fois que Dieu pût mettre aux épaules d'un mortel.

Peu soucieux des honneurs pour son propre compte, il aimait à en voir les autres revêtus, surtout ceux qu'il avait eus pour compagnons de sa carrière sacerdotale. Ce qui ne l'empêchait pas de plaisanter agréablement la gloriole où se complaisaient un peu trop naïvement quelques-uns d'entre eux. Plaisanterie du reste fort inoffensive, parce qu'elle n'avait aucun fiel et ne s'adressait jamais à ceux qui auraient pu en être froissés. Il lui eût répugné de provoquer le rire en blessant la susceptibilité la moins raisonnable : on n'est jamais spirituel au détriment de la charité.

Il avait d'autant plus de mérite à cette bienveillance si pleine de réserve et de tact qu'on ne l'observait pas toujours avec lui. Un fait insignifiant en apparence, mais dont le lecteur devinera la portée, montre à la fois comment on peut s'oublier envers les hommes les plus dignes de respect, et, comment une âme élevée sait porter ces mesquines taquineries. Dans une visite à la cathédrale de Saint-Malo, l'archidiacre titulaire s'aperçut que

l'intérieur du magnifique tabernacle du chœur
n'était pas revêtu de soie blanche, conformément
aux prescriptions liturgiques : lors de la confection de ce monument, on n'y regardait pas de si
près, et la couleur du satin avait été déterminée
par des considérations d'art plutôt que de cérémo-
nial. Le visiteur n'eut rien de plus pressé que d'in-
sérer, au procès-verbal, un blâme à l'adresse du
curé, avec invitation à faire sans retard cesser cette
inconvenance. Avait-il conscience de sa mala-
dresse ? Il est permis d'en douter. Quoi qu'il en
soit, M. Huchet reçut la réprimande avec la plus
humble simplicité, s'excusant sur le souci des
grands travaux qu'il poursuivait en ce moment
même, et qui avaient distrait son attention. Il
s'engageait à réparer le mal dès que les ressources
de la fabrique permettraient cette dépense : ce qui
fut naïvement consigné au même procès-verbal
par le digne archidiacre, très persuadé, sans nul
doute, qu'il avait fait merveille et donné la preuve
d'une vigilance digne de saint Étienne ou de saint
Laurent. Si l'archevêque se donna la peine de
lire le rapport de son délégué, il dut en rire
d'abord, suivant un premier mouvement qui lui
était assez ordinaire, puis réprimer avec un peu
de peine le mécontentement auquel il ne lui
convenait pas de donner carrière. Quant au bon
curé, s'il y pensa plus tard, il put lui arriver
de sourire, avec le mot de Talleyrand dans la

mémoire : « Surtout, monsieur, pas trop de zèle ! »

Les procès-verbaux des visites épiscopales à Saint-Malo sont, à l'encontre de certaines habitudes, aussi concis et aussi simples que possible : rien n'y sent cette flatterie dont on fatiguerait les évêques, s'ils avaient le temps de lire les dithyrambes écrits en leur honneur. Même à propos de la visite qui suivit la création de l'archevêché de Rennes, ou de celle qui suivit la promotion de Monseigneur Saint-Marc au cardinalat, rien d'obséquieux ne se remarque dans la rédaction du *Registre paroissial*. Il n'en faut pas conclure que M. Huchet négligeât rien des précautions à prendre pour rendre ces visites du premier pasteur solennelles et mémorables. Toute la partie officielle de la réception était l'objet de soins particuliers où le vigilant archidiacre n'eût rien trouvé à reprendre ; son plus grand éclat, toutefois, lui venait de l'empressement du peuple autour de son évêque, « véritable roi de la Petite-Bretagne », comme on disait à Paris, non sans un peu d'amertume et de dépit. A la tête de sa paroisse ainsi mise en mouvement, le curé avait l'air d'un prélat qui en reçoit un autre et les prêtres de son arrondissement ne se gênaient pas pour lui donner, en lui parlant à lui-même, le titre d'évêque de Saint-Malo. En réalité, il était le premier et le véritable maître de toutes ces âmes dont il faisait hommage à son chef hiérarchique, un peu à la manière de ces grands vassaux qui faisaient hommage au roi, debout et la main dans la main, fiers et soumis tout à la fois dans la conviction profonde de leur propre responsabilité envers Dieu. C'était bien ainsi, du reste, que le comprenait Monseigneur Saint-Marc, esprit élevé, cœur généreux, âme loyale, s'il en fut jamais, fier des œuvres accomplies par ses collaborateurs autant que des siennes, se tenant au milieu de ses prêtres comme un aîné parmi ses frères, sans craindre que le respect ne répondît pas à sa cordialité. Le plus sûr moyen d'être honoré est parfois de descendre. Il est des heures où il ne faut pas imposer au respect la fatigue d'une trop haute ascension : Dieu seul est assez grand pour que l'espace n'éteigne pas son rayonnement, et les nuages ont plus vite fait encore de voiler les astres secondaires dans l'esprit de l'homme que dans les cieux.

Au presbytère, la réception faite à l'archevêque avait un caractère de cordialité qui dominait tout ; le prélat, se sentant chez lui dans toute la force du terme, se mettait à l'aise et y mettait tout le monde. André lui-même, le solennel valet de chambre, descendait au niveau des autres serviteurs et traitait d'égal à égal avec Marie, la vieille cuisinière, une Bretonne qui était bien de sa race par la fierté et le dévouement. Le bon curé se multipliait : on le trouvait, allant de son

pas élastique et mesuré, avec sa petite toux des
moments critiques, d'un bout à l'autre du presbytère, veillant à ce que rien ne manquât à
personne. Il y avait quelque chose de fraternel,
sinon plus, dans le soin qu'il prenait de son
visiteur : un père n'eût pas mieux fait. Aussi
l'archevêque, une fois quitte des visites et pré-
sentations officielles, s'épanouissait à table ou
au coin du feu, racontait quelqu'une de ces
fantaisies où son esprit étincelait, s'amusait à
des malices dont les écoliers de la mansarde
avaient leur part, un peu intimidés d'abord, mais
bientôt mis à l'unisson de la gaieté générale.
M. Huchet cependant gardait une réserve
qui en faisait, à son insu, le président de la
réunion, de sorte que les regards se tournaient
souvent vers lui comme pour demander la
direction à suivre en certaines circonstances
délicates. Il ne s'isolait pas ainsi et se mêlait de
tout cœur à la conversation, sérieuse ou plaisante ; mais il ne voulait pas se laisser, fût-ce
un instant, distraire de ses devoirs de maître de
maison. Il ne s'appartenait plus, en quelque sorte,
jusqu'au moment où le départ de Monseigneur
lui rendait sa liberté.

Ce qui prouve combien étaient sincères les
sentiments de respectueuse affection qu'il professait en ces réceptions, c'est le calme parfait où
elles le laissaient au moment où elles prenaient

fin. Rien en lui ne trahissait le plaisir d'être déchargé des préoccupations, des ennuis même, qu'elles comportaient, comme il arrive pour tant d'autres : rien non plus ne montrait le souci de l'impression produite sur l'archevêque par les façons de son hôte. A quoi bon tout cela ? N'avait-il pas fait de son mieux, avec le désir de rendre honneur à celui qu'il recevait ? N'était-il pas persuadé de la vé .té des bonnes paroles qu'il avait entendues ? Il se contentait de remercier ses domestiques, à quoi il ne manquait jamais, trouvant juste de les associer à l'honneur puisqu'ils l'avaient été à la peine. Puis il se félicitait, avec ses vicaires, de la gracieuseté de Monseigneur, plaisantait doucement l'abbé Lefeuvre qui avait laissé exploiter son musée, rappelait les bons mots dont il avait été frappé, sans autres commentaires ni réflexions. C'était fini pour deux ans, suivant la règle ordinaire.

Lorsque Monseigneur Saint-Marc vint montrer aux Malouins, le 3 mai 1876, la pourpre cardinalice dont il avait été revêtu l'année précédente, la réception revêtit, à l'extérieur, un caractère exceptionnel. La ville fut en fête jusque dans la nuit, grâce à l'illumination splendide qui fit du rocher d'Aaron une montagne de lumière. A l'intérieur, rien ne fut changé : il y eut peut-être un peu plus d'effusion, parce que le curé était **heureux de l'honneur fait à son évêque,** — un peu de mélancolie peut-être aussi, parce que tous deux vieillissaient et qu'un pressentiment leur montrait cette visite comme la dernière. Ils ne devaient plus, en effet, se retrouver aux portes de la cathédrale et au seuil du presbytère. La mort les prit à bien peu de distance l'un de l'autre ; et quand le vieil archiprêtre eut rendu les derniers honneurs au cardinal, il se tint prêt à le rejoindre dans la paix du Seigneur. Comme saint Sixte à son diacre saint Laurent, il semble que l'archevêque lui avait dit : « Je ne vous abandonne pas et ne veux point me séparer de vous ; encore quelques jours et vous serez à mes côtés comme autrefois dans les fonctions de mon ministère. » Après la communauté de travaux et d'efforts, n'était-il pas naturel, en effet, de continuer, hors des agitations présentes, la communauté du repos et du bonheur ?

CHAPITRE XI

M. HUCHET ET LES ÉVÉNEMENTS POLITIQUES

OUS avons essayé, dans le troisième
chapitre de cet ouvrage, de donner au
lecteur une idée de la vie malouine au
moment où M. Huchet prenait possession de sa
charge pastorale. Tout alors était calme, traditionnel, dans les habitudes et les allures d'une
population étrangère aux passions et aux querelles
de la vie politique : à peine touchée par les changements dynastiques, acceptant les événements
comme il plaisait à Dieu de les amener, elle s'in-
quiétait médiocrement de savoir quelle cocarde
portait un honnête homme et laissait aux « bourgeois » le soin d'élire des députés dont souvent
elle ignorait le nom. Ses conseillers municipaux,
elle était habituée à les voir pris parmi les plus

considérables et les plus honorés ; elle ne leur demandait point de comptes, n'ayant guère de sacrifices à consentir, et laissait « Monsieur le Maire » s'arranger avec eux pour ce qu'il croyait le plus grand bien de la commune.

La révolution de 1848 modifia, pour un instant, cet état de choses. Les « Commissaires de la République » y apportèrent, comme partout, un peu du levain révolutionnaire, et des clubs s'ouvrirent sous l'action de comités qui tenaient leurs pouvoirs d'eux-mêmes naturellement, comme toujours en pareil cas. On y débita les balivernes de circonstance, avec l'emphase qui convient aux pauvres d'esprit ; car, il faut le reconnaître, les gens intelligents et instruits s'abstenaient d'ouvrir la bouche dans les réunions où la curiosité les attirait. Cela ne dura pas longtemps : le bon sens populaire fit tomber sous le ridicule ces parodies de Quatre-vingt-treize, et l'émotion produite par les journées de Juin acheva de les rendre impossibles.

Le mouvement qui ébranla si profondément les provinces à cette époque eut son contre-coup à Saint-Malo ; la garde nationale se tint prête à marcher, et le général Cavaignac, vainqueur de l'émeute, fut pour quelques jours le maître absolu auquel les plus ardents parleurs de la veille se gardaient bien de faire opposition. Mais l'esprit public fut bientôt distrait, chez nous, par un événement d'un ordre tout à fait différent, les obsèques de Chateaubriand, mort à Paris, le 4 juillet, après une longue et douloureuse maladie.

Le grand écrivain devait, suivant son désir (1), reposer dans la tombe creusée au nord de l'îlot du Grand-Bey, à l'endroit d'où l'on peut apercevoir sa maison natale et le couvent de la Victoire où vécut et mourut la triste sœur de *Réné*. Les Malouins se disposèrent donc à recevoir les cendres de leur compatriote avec des honneurs propres à réparer l'indifférence au milieu de laquelle il avait rendu son dernier soupir. Il était, en effet, un peu oublié déjà quand il *acheva de mourir*, dans sa retraite de l'Infirmerie Marie-Thérèse, fondée par lui et sa femme, Céleste de Lavigne-Buisson, en faveur des vieux prêtres de Paris (2). Les terribles angoisses qui oppressaient alors la capitale ne lui permirent pas de remarquer la perte faite par les lettres, la politique, la religion même, dans la personne de ce défunt méconnu. A vrai dire, on n'avait pas encore la manie des apothéoses théâtrales, où de petits hommes et de petites choses

(1) « J'ai le projet, — écrivait-il au maire de Saint-Malo, en 1828, — de demander à ma ville natale de me concéder, à la pointe occidentale du Grand-Bey, la plus avancée vers la pleine mer, un petit coin de terre, tout juste suffisant pour contenir mon cercueil. Je le ferai bénir et entourer d'une grille de fer : là, quand il plaira à Dieu, je reposerai sous la protection de mes concitoyens. » — Son désir fut réalisé en 1831, par les soins de M. Hovius.

(2) Mᵐᵉ de Chateaubriand était morte le 9 février 1847. — Voy. les *Mémoires d'Outre-tombe*, où le grand écrivain parle si bien de sa femme et de leur fondation. — Cf. l'intéressant article d'A. Marcade, dans le *Figaro* du 30 novembre 1887.

essayent de se grandir en s'accrochant aux flancs
de morts plus ou moins illustres : mais il faut
bien avouer que Chateaubriand ne reçut pas, à
Paris, l'hommage funèbre auquel il avait droit (1).

Sans doute, il importait assez peu, à cette
grande mémoire : cependant les Malouins avaient
raison de se mettre en frais pour honorer dignement la dépouille mortelle de Chateaubriand. Pour
eux, toute autre préoccupation disparut : ils se
retrouvèrent d'un seul bond dans leur traditionnelle insouciance de la vie politique, aussi parfaitement étrangers aux agitations du dehors, que
si jamais le sol n'avait tremblé sous leurs pieds.
Il n'y avait plus de hâte ni de trouble qu'en vue
de la cérémonie prochaine : les enfants mêmes se
sentaient émus et impatients du grand spectacle
auquel on se préparait.

Le 19 juillet, le soleil se leva dans un ciel
coupé de nuages rapides, restes des vapeurs
amoncelées par un orage lointain. A mesure qu'il
montait, l'astre chassait les brumes et faisait
scintiller les petites vagues d'une mer qui semblait
s'endormir avec un gémissement : la ville, la
grève, les horizons flottaient comme une vision de
rêve dans une véritable lumière de printemps. Nos
côtes sont coutumières de ces matinées que leur
envieraient le golfe de Naples et les rivages de

____

(1) Voyez aux notes la lettre M.

l'Asie Mineure : tranquilles et reposées, avec une pointe de mélancolie, elles sont faites à souhait pour aider les âmes aux pensées graves et aux espérances surnaturelles.

Dans la vieille tour de la cathédrale, le bourdon *Malo* faisait entendre sa voix grave pour appeler, autour du cercueil d'un chrétien, ses frères dans la foi et dans l'espérance : il fallait prier pour le mort avant de glorifier l'immortel. L'église ne tarda pas à se remplir d'une foule où la curiosité n'empêchait pas la prière. La veille, au soir, les restes de l'illustre écrivain étaient arrivés sous la garde de M. l'abbé Martin de Noirlieu, curé des Missions étrangères, et de M. Ampère, membre de l'Académie française, — un saint prêtre et un grand chrétien, — tous deux amis de Chateaubriand. Le curé et le maire de Saint-Malo avaient reçu avec les solennités convenables le précieux dépôt qu'on leur remettait ; puis le corps avait été transporté dans la chapelle du Sacré-Cœur transformée en chapelle ardente, en attendant le moment des obsèques. Ce fut aussitôt un défilé de toute la population de la ville et des environs : défilé silencieux et recueilli, comme s'il avait eu lieu devant le cercueil d'un parent ou d'un ami. Les femmes et les enfants s'agenouillaient auprès du catafalque, récitaient une courte prière, jetaient l'eau bénite et se retiraient sans désordre, bien qu'il n'y eût pas ce luxe de policiers et de cérémoniaires auquel on eût pu s'attendre. Les hommes s'arrêtaient gravement, debout suivant leur coutume, un peu en arrière et disaient un *Pater*, comme à l'enterrement d'un d'entre eux. C'était un spectacle à ne jamais oublier : la race qui avait donné naissance à Chateaubriand se montrait bien là telle qu'elle était alors, imprégnée de foi simple et tranquille, fière de ses gloires, unie par les liens d'une étroite fraternité, — la race des « hommes forts » que Brizeux a chantés en la regardant mourir (1).

Le lendemain matin, l'office fut célébré avec toute la pompe que l'on put y mettre ; puis le cortège se mit en marche pour le Grand-Bey. Au moment où il franchissait la porte de la cathédrale, l'orgue lui envoya comme un dernier adieu le chant si plein de mélancolique poésie :

> Combien j'ai douce souvenance !

Des larmes, — honnêtes et douces larmes, — vinrent aux yeux des assistants, à cette évocation

> Du joli lieu de leur naissance,

dont il leur semblait mieux comprendre le charme en l'entendant vanter par cette voix d'outre-tombe. Tout cela peut surprendre aujourd'hui : mais alors nous croyions de toute notre âme à Dieu, à

(1) A. Brizeux : *Telen Arvor.*

la Patrie, à l'Honneur, à la Liberté, et les yeux
se mouillaient facilement parce que le cœur avait
l'émotion prompte. Le bon curé, admirateur et
ami de l'homme qui s'en allait ainsi à sa dernière
demeure, marchait le front baissé, perdu dans le
souvenir des visites furtives faites par Chateaubriand au presbytère de Saint-Malo, et priant pour
l'âme où il avait pu voir tant de faiblesse avec
tant de grandeur. Rien ne pouvait le distraire de
cette méditation où lui apparaissait, avec toute
son évidence, la vanité des choses de la terre,
rendue plus sensible encore par la majesté de ces
funérailles. Mais en même temps il voyait revivre
devant le Souverain Juge les œuvres du génie
et de la charité oubliées ou méconnues du monde,
et les respects de cette foule lui semblaient une
juste part de la récompense due au bien que le
chrétien dont il accompagnait les cendres avait
voulu ou réalisé.

D'un pas lent et grave, réglé par les tambours
voilés de noir, le cortège parcourut les rues de
la ville, puis les sables et les rochers de la grève
à travers lesquels on avait ouvert une route
triomphale pour le passage du char traîné par
six chevaux noirs comme celui d'un roi allant
à Saint-Denis. Les chants liturgiques alternaient
avec les symphonies militaires; le canon entre-
coupait de ses détonations les lentes vibrations
des cloches; la mer unissait à toutes ces voix

son murmure étrange où l'on cherche involontairement l'écho de la parole éternelle. On sentait Dieu présent, et je ne sais quel frisson plein de terreur et de consolation passait sur toutes les âmes. Ampère le sentait en poète et en chrétien, lorsqu'il écrivait à ses collègues de l'Académie la lettre où il rendait compte des funérailles de Chateaubriand : « Il semble, disait-il, que le génie du peintre incomparable fût empreint dans ce spectacle magnifique, et qu'à lui seul parmi les hommes il ait été donné d'ajouter, après sa mort, une page splendide au poème immortel de sa vie. »

Arrivé, sur les épaules des marins, au bord de la tombe ouverte dans le granit, le cercueil reçut les dernières bénédictions de l'Église, avec un suprême hommage au nom du pays natal et de la patrie française : puis il descendit lentement dans le caveau recouvert d'une dalle sans inscription et surmonté de la croix chargée d'apprendre au visiteur que « l'homme reposant à ses pieds était un chrétien (1). »

Le caractère distinctif de cette manifestation, sans exemple dans les Annales modernes, fut de n'avoir rien d'officiel. L'Administration avait laissé place libre au sentiment populaire, et

______

(1) Lettre de Chateaubriand à M. Hovius (1831). — Cette phrase a donné lieu à la variante traditionnelle : « Ci-gît un chrétien, » que l'on croit à tort gravée sur la pierre du Grand-Bey.

l'évêque était resté chez lui : c'était bien le
peuple breton qui rendait hommage à l'un de
ses enfants, dans toute la spontanéité de son
admiration et de ses regrets. Peut-être l'illustre
vaniteux avait-il rêvé d'autres empressements et
d'autres pompes, au temps du moins qu'il croyait
le monde à ses pieds ; mais, à coup sûr, s'il lui
fut donné de voir la compensation que Dieu lui
offrait, il ne dut pas regretter l'évanouissement de
ses rêves (1).

Tel fut le grand événement de 1848 pour les
Malouins. Il fit oublier les parades révolutionnaires et les fantoches qui s'y étaient produits :
non pas si complètement que nous n'en retrou-
vions le souvenir dans l'esprit de certaines gens,
dont la malicieuse ingéniosité les rapproche des
hommes et des choses de notre époque. « Rien
de nouveau sous le soleil, » au dire du Sage (2).
Ce que M. Huchet avait vu en 1848, il devait
le revoir avant de mourir, — avec la même
tranquille confiance en Dieu, mais non pas avec
le même sourire de douce ironie : car il y avait
loin des rêveurs et des bavards de 1848 à ceux
de 1876.

Pour n'être pas un ami de la monarchie de
Juillet, le bon curé n'en avait pas moins rendu

---

(1) Voy. *Essai sur Chateaubriand*, p. 123 et suiv.
(2) Eccli., I, 10 : « Nihil sub sole novum ».

justice à ce qu'elle avait fait de bien. Lorsque
S. A. R. Monseigneur le duc de Nemours avait
visité Saint-Malo avec sa jeune épouse, Victoire de
Saxe-Cobourg, il les avait salués dans un langage
plein de réserve, mais aussi plein de bonne grâce.
Il n'avait pas craint de rendre publiquement
hommage « à la haute sagesse et à l'inébran-
lable fermeté » du roi Louis-Philippe, en même
temps qu'il exaltait, au nom du peuple malouin,
« dont l'intrépidité s'est déployée sur toutes les
mers, » le prince, « dont le courage ne connaissait ni fatigues ni dangers quand il s'agissait de la
gloire de la Patrie. » En quelques mots charmants il relevait la piété de la princesse, « chez
qui, a-t-on dit justement, une timidité excessive
faisait seule ombre à l'éclat éblouissant de sa
jeunesse et de sa beauté (1). »

C'était du fond du cœur qu'il avait dit : « Seigneur, sauvez le Roi! » Parce qu'il estimait à leur
juste valeur les services rendus par lui à la cause
de l'ordre et de la paix, si souvent compromise par
les passions révolutionnaires. Il n'était pas de
ceux qui disent après la chute du régime de leur
choix : « Il ne reste plus rien! » — Volontiers,
lui aussi, il eût répondu la parole célèbre : « Vous
vous trompez, Monsieur, il reste la France (2)! »

---

1) A. Trognon : *Vie de Marie-Amélie*, p. 86.
(2) Le Duc d'Aumale à Bazaine, lors du procès de Trianon.

Il restait aussi l'Église et les âmes : puisqu'il lui était permis de les servir encore, et souvent de les servir avec le concours des hommes dont il ne partageait pas les doctrines politiques, il eût trouvé peu raisonnable de s'attarder à des regrets inutiles et à des récriminations injustes. On ne lui demandait pas sa conscience : il pouvait donc donner son concours sincère et généreux. Si d'autres pensaient autrement, il ne les jugeait point : mis en demeure de prononcer, il eût certainement respecté leurs convictions, mais en se réservant le droit de ne les point partager dans la pratique. Il croyait à l'origine divine des pouvoirs humains : il regardait la monarchie traditionnelle comme la meilleure garantie du progrès et de la prospérité de la France ; mais il ne croyait pas les destinées de la Patrie et la mission de l'Église nécessairement liées à quelque système ou à quelque dynastie que ce fût. Quand il plaisait à Dieu de modifier les systèmes et de renverser les dynasties, après une prière où les vaincus avaient la première place, mais non toute la place, il se remettait à l'œuvre en utilisant les moyens que les circonstances lui présentaient (1).

Ainsi fit-il lorsque la République prit, en 1848,

(1) Il était de l'avis de M. de Carné (*Souvenirs de ma jeunesse*, p. 98) : « L'histoire ne se recommence pas, et le plus sûr moyen pour protéger les vérités immuables, c'est de ne jamais les confondre ni avec des formes transitoires ni avec des intérêts passagers. »

la place de la Monarchie. Après un premier effare-
ment qu'il est facile de comprendre, les gens
avisés s'aperçurent que la Religion n'avait rien à
craindre, au moins de longtemps, si elle n'avait
pas à gagner au nouvel ordre de choses. Sans
nul doute, il n'y avait pas grand plaisir à voir
certains hommes et à entendre certaines paroles,
les hommes et les paroles du premier moment,
assez vite remisés dans les coulisses d'où ils n'auraient jamais dû sortir. Mais ces tranche-monta-
gnes et leurs discours n'étaient pas pour faire peur
à des âmes trempées comme celle de M. Huchet.
On en jugera par cet incident, qui ne mit pas les
rieurs du côté des chercheurs de querelles.

Un comité quelconque imagina, comme de
juste, la plantation d'un arbre de la liberté, et
délégua malicieusement vers le curé un de ses
membres les plus tapageurs, tailleur de son métier,
pour réclamer les bénédictions de l'Église au profit
du peuplier symbolique. Le messager, tout gonflé
de son importance, se posa en matamore et le
prit de très haut avec son pasteur, qu'en d'autres
temps il saluait assez poliment. M. Huchet eut
vite pris la mesure du tailleur ; il écouta son
discours avec une gravité imperturbable, et quand
l'orateur un peu interloqué de ce silence eut cessé
de pérorer, il le congédia en souriant avec ces
simples mots : « C'est bien, Monsieur, je verrai ce
que j'ai à faire ! »

Le dimanche suivant, à l'issue des Vêpres, le clergé se rendit sur la place de la commune, et le curé, qui s'était entendu avec le maire, prononça d'une voix vibrante ces paroles écoutées dans le plus profond silence :

« Messieurs,

» Appelés par vous au milieu de cette assemblée, nous n'avons quitté un instant le temple consacré à l'Auteur et au Conservateur des sociétés que pour continuer ici les fonctions de notre ministère : nous venons vous apporter les bénédictions de la Religion dont nous sommes les ministres.

» Puisse, avec cet arbre que vous venez de planter, croître la liberté dont il est le symbole ! Puisse cette liberté jeter dans notre sol de si profondes racines que rien ne puisse l'ébranler ! Puisse-t-elle, comme cet arbre, s'élever chaque jour vers le ciel, étendre de tous côtés ses rameaux et offrir à la génération présente, aux générations futures, un abri contre les passions mauvaises et les tempêtes qu'elles soulèvent ! Que toutes les jalousies, toutes les haines viennent expirer au pied de cet emblème ! Que tous les habitants de cette cité se pressent et se serrent dans les bras de la vraie liberté !

» Frères (pourquoi ne le dirions-nous pas ici comme nous le disons si souvent dans l'église que nous pouvons bien appeler le temple de la fra-

ternité), très chers frères, notre liberté à nous
chrétiens, la liberté que notre Maître est venu
apporter au monde, est la vraie liberté, celle de
bien faire, de nous aider à porter le fardeau de la
vie si accablant pour quelques-uns, de nous aider
les uns les autres à nous frayer vers le Ciel une
route à travers le champ de la vie si souvent hé-
rissé de ronces et d'épines. Telle est la liberté que
prêche la religion dont vous avez réclamé les bénédictions. Nous vous les apportons bien volontiers,
dans l'espoir qu'elles feront de nous des frères
intimement unis, n'ayant plus désormais qu'un
cœur et une âme au service de Dieu et de la
Patrie. »

Les applaudissements saluèrent la fin de cette
allocution, et le fameux comité n'osa pas essayer
de dénaturer le caractère religieux ainsi donné à
la cérémonie : on avait voulu faire du curé une
sorte d'otage, sans se douter qu'on lui fournissait
une occasion de se mettre à la tête de la population pour l'écarter des voies révolutionnaires. Les
catholiques les plus influents se rallièrent en un
groupe assez uni et assez agissant pour opérer une
réaction victorieuse, dont M. Huchet fut l'âme
sans le paraître, et surtout sans marquer aucune
préférence pour un parti. Tous les Malouins
étaient ses enfants au même titre : il ne voyait
entre eux d'autre différence à établir que celle des
besoins auxquels il devait subvenir pour l'âme ou

pour le corps. Comme l'Apôtre, *il se faisait tout à tous* (1) pour les porter tous à Jésus-Christ.

Ce n'était pas assez au jugement de certaines gens, même de quelques confrères, sincèrement persuadés de la nécessité d'intervenir plus ouvertement dans les luttes politiques. Au moment des élections, par exemple, il leur paraissait manquer d'intelligence et de zèle, en s'abstenant de toute parole qui eût pu montrer ses sympathies et peut-être les inspirer à d'autres. Il ne pouvait ignorer ces blâmes, que semblait parfois justifier la conduite de Monseigneur Saint-Marc, entré dans la lice avec une ardeur plus ou moins heureuse suivant les circonstances. Il ne s'en préoccupait guère, ou même pas du tout : personne n'eût osé lui en parler, et à personne il n'eût laissé voir ce qu'il en pensait. Ses familiers peuvent en rendre témoignage, il ne parlait jamais de politique, sinon d'une manière tellement générale que *l'actualité* n'avait rien à voir dans ces conversations : il ne recevait aucun journal (2), et lisait distraitement ceux qu'on lui mettait sous les yeux à l'occasion de quelque incident plus remarquable. Ce n'est pas qu'il ne voulût se tenir au courant : à quoi suffisaient ses relations avec ses vicaires et les

(1) I. Cor. IX, 19 : « Cum liber essem ex omnibus, omnium me servum feci ».

(2) Comme abonné ; mais on lui envoyait quelquefois la *Gazette de France*, à laquelle d'ailleurs il donnait peu d'attention. Il eût été impossible de le trouver avec un journal entre les mains.

hommes graves de la ville. Il avait trop à faire dans le ministère des âmes pour dépenser son temps et ses pensées à des préoccupations presque toujours stériles, souvent capables de troubler les meilleurs esprits et les plus sages combinaisons.

Est-ce à dire que M. Huchet fût un indifférent ou un sceptique ? Tout ce que nous avons vu prouve le contraire : mais il trouvait peu utile au prêtre de se mêler, puisqu'on ne l'y appelait pas, aux débats de la vie publique, tant qu'ils avaient seulement pour objets la forme ou l'exercice du pouvoir. L'enseignement du prêtre lui paraissait appelé à de plus hautes controverses, surtout à de plus sûres affirmations. Les choses humaines, toujours sujettes à discussion (1), condamnées dès lors à varier même jusqu'à la contradiction, ne pouvaient lui demander cette foi qui est la première condition de l'apostolat, au dire du Psalmiste (2). Comme citoyen, tout homme, à ses yeux, avait droit à une opinion dont il respectait en lui-même l'indépendance (3) : mais une opinion n'est pas faite pour être portée en chaire, à plus forte raison une opinion d'ordre politique. Or, la chaire est un peu partout pour le prêtre. Il

(1) Eccl. III, 11 : « Mundum reliquit (Deus) disputationi eorum. »

(2) Psalm. CXV, 1 : « Credidi, propter quod locutus sum. »

(3) Ce respect se voyait même dans ses rapports avec ses élèves auxquels il laissa toujours la plus complète liberté sur ce point. Ils en usèrent pour se faire des opinions très différentes, dont ils eurent, à son exemple, très peu de souci dans leurs relations entre eux et avec leurs amis du dehors.

a beau dire qu'il parle comme homme et comme
citoyen, non comme ministre de l'Évangile et
représentant de l'Église : il est difficile à lui et
aux autres de faire cette distinction. Libre par
conséquent de penser et d'agir à sa guise dans la
vie privée, il est tenu à la réserve quand il en sort
pour parler et agir en homme public : et, l'expérience le montre, le plus souvent il lui est impossible de fixer assez nettement la limite qui sépare
les deux vies pour ne pas être réduit au silence le
plus absolu.

Il n'en va pas ainsi des principes fondamentaux
de la vie sociale et de leurs applications, c'est-à-
dire de la morale qui régit les sociétés : principes
et applications d'une toute autre nature que les
théories et les systèmes d'organisation politique.
Sous tous les régimes, la morale sociale est la
même ; les légitimités ou les usurpations que dé-
fendent ou combattent les partis n'y modifient
rien, et pour subsister, plus encore pour grandir,
les nations ne doivent point se séparer de la justice dont elle est la source (1). Or, l'enseignement de cette morale, dans ses principes et dans
ses applications, appartient à l'Église ; ce qui
revient à dire que le prêtre en est l'organe, dans
le milieu où s'exerce son ministère apostolique ou
pastoral. Mais pour revendiquer, avec dignité et

____

(1) Proverb. XIV, 34 : « Justitia elevat gentes. »

succès, les droits de cet enseignement, ne voit-on pas qu'il lui est nécessaire de ne le point affaiblir par le mélange d'opinions contestables et presque incessamment contestées ?

Dieu fit à M. Huchet cette grâce de n'avoir point à lutter pour la défense des vérités d'ordre social. Le peuple malouin, du vivant de son pasteur, ne vit pas ces vérités mises en question, à travers les péripéties que traversa la vie publique : même dans les derniers temps, lorsqu'on pouvait prévoir l'orage où nous nous débattons, la force des habitudes chrétiennes maintenait encore les âmes dans le respect des enseignements de l'Église. Peut-être aussi la vénération qui entourait le saint prêtre imposait-elle silence aux fauteurs des nouvelles doctrines. Il y avait une loge maçonnique à Saint-Malo, fréquentée par des personnalités peu marquantes sinon décriées, en tout cas sans influence actuelle et sans apparence d'influence dans l'avenir. Les événements lui ont fait plus tard une situation toute différente ; mais, en poussant certains francs-maçons dans la route des honneurs, ils n'ont pas réussi à leur donner meilleure place dans l'estime de leurs concitoyens. A la surface, le pays paraît modifié : c'est déjà trop sans doute, et nous estimons M. Huchet bien heureux de n'avoir pas vu ce changement, qui ne pénètre pas toutefois bien avant. Il en est un peu du peuple malouin comme de la rade où il

ancre ses navires : la houle de la surface ne trouble
guère les eaux des profondeurs. Aujourd’hui les
œuvres du bon curé sont vivantes et continuent
le bien auquel il les avait destinées, avec l’espoir
de vivre et d’agir longtemps encore en dépit des
menaces dont sont poursuivies toutes les œuvres
catholiques.

Alors, grâce à Dieu, il n’était point question
de pareilles folies. Le gouvernement de Juillet,
après avoir été tracassier sous couleur de libéra-
lisme, était devenu vraiment libéral. La seconde
République n’avait pas eu le temps de faire du
mal, s’il est permis de mettre en doute les heureuses dispositions qu’elle montrait à ses débuts.
Le coup d’État coupa court aux agitations dans
lesquelles paraissaient prêtes à sombrer ces bonnes
intentions, et rassura, quoi qu’on en ait dit, beaucoup de gens fort inquiets du lendemain.

M. Huchet, juste envers les d’Orléans et les
hommes du Gouvernement provisoire, n’avait aucun effort à faire pour l’être envers l’élu du Deux-
Décembre. Il lui demandait ce qu’il avait demandé
à ses devanciers, rien pour lui-même, la liberté
pour son ministère. On essaya bien de faire
davantage sans arriver à autre chose qu’à le confir-
mer dans la bienveillance dont il était animé,
comme de juste, pour ceux qui lui étaient bien-
veillants ; il ne se laissa point prendre aux filets,
sans pour cela « se faire canard sauvage », suivant

l'expression pittoresque qu'il aimait à rappeler (1).
Les services dont bénéficièrent sa cathédrale et
ses autres œuvres lui mirent au cœur une reconnaissance peu bruyante, il est vrai, mais profonde
et inaltérable.

Quand l'Empire succomba sous les coups réunis de l'Allemagne et de la Révolution, M. Huchet n'eut rien à changer dans ses idées ou son
langage. Il adora les desseins de la Providence
qui élève ou abaisse les hommes à son gré, —
sans regretter la justice qu'il avait rendue au régime
tombé, quand il avait cru le devoir, — sans applaudir au régime nouveau, dont les promesses ne
suffisaient pas à faire oublier l'origine. Il arrivait
alors à l'âge où **la** mansuétude devient une seconde nature pour les âmes d'élite : il eut pitié
des vaincus de la Commune, sans accorder grande
estime au système équivoque dont ils s'étaient
faits les adversaires. La victoire de Versailles
fut pour lui la victoire de la France, victoire douloureuse, mais dont il ne voulait pas prévoir la
stérilité, quand on la prédisait devant lui. Il lui
en coûtait de croire les hommes mauvais ou inférieurs à leur tâche : sans doute aussi, lui qui
avait vu le pays sortir si souvent de crises mortelles, se persuadait-il que celle-ci aurait bientôt
un heureux dénouement. « Ne vous faites donc

(1) C'est une parole de M. Lemercier au Premier Consul.

point prophète, écrivait-il à l'un de ses disciples, le 25 juin 1872, et surtout prophète de malheur. Oubliez-vous donc que Pie IX a dit au monde qu'il faut se défier des prophètes modernes? »

La visite du maréchal de Mac-Mahon, le 18 août 1876, et les incidents qui la signalèrent, auraient pu lui montrer avec quelle rapidité la France marchait à l'oppression, et lui, qui se souvenait si bien de ses classiques, aurait pu se rappeler le mot cruel : « Ils se ruent à la servitude! (1) » Les Français de son entourage n'avaient pas grand'-chose à envier aux Romains de Tacite. En eût-il la pensée? Il n'en laissa rien deviner : mais il devint de plus en plus grave, pour ne pas dire mélancolique. Évidemment, le poids des années, sous lequel il n'avait pas plié, s'aggravait du poids des épreuves répétées où Dieu jetait l'Église et la Patrie. Le juste d'Horace reste sans peur sous l'écroulement des ruines (2); mais le poète s'est bien gardé de nous le peindre sans angoisses et sans douleur.

Du reste, tout s'assombrissait autour de lui. Les vieux amis s'en allaient l'un après l'autre, et chaque départ lui semblait un avertissement de son départ à lui-même pour la terre d'où l'on ne revient pas. Le cher abbé Lefeuvre, devenu curé

(1) Tacite : Annales, Liv. V.
(2) Odes, III, 3 : « Impavidum ferient ruinæ. »

de Saint-Servan, était parti le premier, au mois
de septembre de l’année 1865. Treize mois après,
c’était le tour de l’abbé Camu, devenu curé de
Cancale. Le presbytère de Saint-Malo avait changé
complètement de physionomie lorsque M. Anger
avait été nommé recteur de Saint-Georges, et le
jeune frère de M. Lefeuvre n’y avait ravivé le
souvenir de son aîné qu’en y apportant la tristesse de sa mort à lui-même. La Sœur Hennegrave, le bras droit de M. Huchet dans toutes ses
entreprises, avait quitté cette vie, le 29 juin 1869,
laissant dans la vie de son vieil ami un vide que
rien ne pouvait combler. D’autres amis du monde,
hommes de bon conseil et femmes de bonnes
œuvres, avaient suivi la même route; et, d’autre
part, dans sa famille déjà décimée, la sœur pré-
férée, celle qui l’avait élevé, dont il était resté le
disciple sans le savoir, lui avait été rapidement
enlevée, — puis sa nièce de prédilection, de
sorte que sa parenté se trouvait à peu près réduite
au jeune neveu qu’on venait de lui donner comme
vicaire, M. l’abbé Busnel, et au jeune médecin que
connaissent nos lecteurs. Encore celui-ci vivait-il
loin de lui, retenu par les devoirs de sa profession
et les soucis d’un ménage nouvellement installé.

Il commençait à trouver la vie bien triste quand
la mort frappa le Souverain Pontife Pie IX (1),

____

(1) Mort le 7 février 1878.

dont il aimait à rappeler qu'il avait reçu l'onction sacerdotale, le même jour que lui, le 10 avril 1819. Il se sentit alors envahi par une sorte de découragement, s'il est permis de parler ainsi d'un pareil homme; sa journée lui parut finie, et quand il entendit le bourdon de la cathédrale annoncer le service funèbre du Pape, il dit à l'un de ses vicaires : « Ces cloches sonnent le glas de mon agonie! » Cependant il présida l'office avec sa gravité ordinaire, priant de toute son âme pour l'auguste défunt auquel il avait voué un véritable culte : mais ce fut le dernier effort. Sa santé toutefois ne paraissait pas compromise d'une façon alarmante : chaque hiver, il avait retrouvé les mêmes misères qui réclamaient les mêmes précautions, sans donner aucune inquiétude spéciale. Il n'en était pas moins persuadé de sa fin prochaine, et l'événement ne tarda pas à montrer qu'il ne s'était pas trompé.

CHAPITRE XII

DERNIERS JOURS DE M. HUCHET

E dimanche 24 février 1878, M. Huchet avait présidé, suivant sa coutume, la réunion des demoiselles de la Congrégation : il avait dit la messe et prêché, sans fatigue, mais avec une impression de froid qui le détermina à garder la chambre pendant le reste de la journée. Le lendemain, il se sentit malade, sans que rien d'inquiétant fût constaté par M. le docteur Botherel, son médecin ordinaire ; et malgré la douleur que lui causa la mort presque inopinée du cardinal Saint-Marc, survenue le mardi 26, son état resta le même jusqu'au vendredi. Mais, ce jour-là, tout d'un coup le mal s'aggrava de manière à motiver des craintes auxquelles le bon curé seul ne parut pas s'associer·

cependant, comme il convient d'être toujours prêt, il demanda les derniers sacrements qui lui furent administrés le dimanche, vers huit heures du matin.

Tel il avait été pendant toute sa vie, tel il apparaissait à cette heure suprême, calme, résigné, pleinement abandonné à Dieu. Lorsque parut à l'entrée de sa chambre le prêtre qui lui apportait le saint viatique, il ne put contenir les élans de sa foi : au milieu du silence troublé seulement par les sanglots des assistants, on l'entendit réciter d'une voix ferme les prières liturgiques pendant qu'on lui donnait l'Extrême-Onction, à la suite d'une communion où il sembla mettre toute la ferveur dont son âme était capable. Puis il demanda l'indulgence de la bonne mort, et, ainsi muni pour le grand voyage, il attendit patiemment l'heure à laquelle il plairait à Dieu de l'appeler.

Prévenu par dépêche, son neveu, le docteur Jules Philouze, était accouru, et ne tarda pas à être rejoint près de lui par le plus ancien de ses élèves, de telle sorte qu'il eut pour gardiens, à ses derniers moments, ses trois fils d'adoption. Il en parut tout ranimé et qui l'eût vu, au premier moment de leur réunion près de son lit, n'eût pas soupçonné le péril où il se trouvait. Comme autrefois, il s'occupait de tout ce qui pouvait les intéresser. Celui-ci avait-il dit la messe ? Avait-on

préparé la chambre de celui-là ? Assis sur son
lit, le sourire aux lèvres, s'excusant de sa barbe
trop longue, de son impuissance à mettre lui-
même la main à l'œuvre, il avait tout à fait
oublié, semblait-il, que la mort était présente à son
chevet, ou plutôt il n'en avait pas souci: tout
n'était-il pas réglé parfaitement en vue de son
passage ? Plein de confiance en Dieu, rassuré
autant qu'il pouvait l'être sur l'avenir de ses
œuvres, voyant à ses côtés les enfants dont il
avait fait des hommes et dont l'amour s'efforçait
à le consoler et le soutenir dans ce moment difficile, comment aurait-il éprouvé du trouble et
livré son âme à l'agitation ?

Nous n'avions plus d'illusions : une dernière
consultation avait eu lieu entre le docteur Bo-
therel et le docteur Philouze, de laquelle il
résultait que le cher malade ne souffrait d'aucun
mal défini, mais qu'il était à bout de forces, comme
une lampe dont l'huile est épuisée. Ce n'était
même plus une question de jours : quelques
heures achèveraient d'user cette vie si généreuse-
ment dépensée au service de Dieu et des hommes.
Il ne nous était plus possible que de regarder ce
juste mourir, en profitant de ses exemples et lui
donnant la joie de se sentir aimé : nous restâmes
donc dans sa chambre, attentifs à tous ses mouvements, et nous empressant au trop facile service qu'imposait la situation. Il avait besoin de

bien peu de chose, et sortait du recueillement
où il se tenait d'ordinaire uniquement pour échanger avec nous quelques paroles affectueuses. La
matinée et le commencement de l'après-midi se
passèrent ainsi : les vicaires et quelques amis intimes venaient de temps en temps s'informer de
l'état du malade qui répondait avec sa bonne
grâce accoutumée par un mot, un geste ou un
sourire. Comme il nous semblait que l'ennui
pouvait lui venir, dans cette monotonie forcée
des heures, l'un de nous lui proposa de lire la
Passion de Notre Seigneur : ce qu'il accepta de
grand cœur, indiquant l'endroit de sa bibliothèque
où se trouvait le livre dont il faisait usage pour
sa lecture quotidienne. Le lecteur mit la main sur
un bel exemplaire latin, sans remarquer, dans son
émotion, qu'il y avait à côté une Bible avec traduction et commentaires, et se mit en devoir de
lire la Passion selon saint Matthieu, qu'il essayait
de traduire au courant de la phrase, suivant le
désir du bon curé. Celui-ci, les yeux fermés et
les mains jointes, écoutait les paroles sacrées,
d'autant plus lentement prononcées que le tra-
ducteur voulait éviter les incorrections ou les
répétitions dont il eût fatigué le malade. Au bout
de quelques instants, l'effort devint trop pénible :
le tremblement de sa voix, que les larmes étouffaient à moitié, ne lui permettait plus de continuer, et il s'interrompit tout à coup. Mais pour

ne pas laisser voir son trouble, il essaya d'égayer l'incident.

— « Monsieur le curé, dit-il, je dois vous imposer un véritable supplice par la façon pitoyable dont je traduis le saint Evangile ! »

— « Mais non, mon cher ami, répliqua M. Huchet avec son plus aimable sourire, mais non ! Je vois avec plaisir que je ne vous ai pas fait faire de trop mauvaises études. »

Le pauvre disciple fondit en larmes à cette suprême marque de bienveillance, sans rien trouver à dire pour exprimer ce qu'il avait dans le cœur. Il restait les yeux fixés sur le visage pâli de son vénérable maître, quand l'abbé Zinguerlé lui dit tout bas :

— « Il me semble que l'heure approche : ne faut-il pas appeler M. de la Villefromoy, son confesseur ? »

Sur la demande qui lui fut faite, M. Huchet exprima le plus vif désir de voir l'ami auquel il avait confié la direction de sa conscience, et que les devoirs de son ministère retenaient en ce moment loin de lui. Bientôt après, M. de la Villefromoy arrivait et recevait les dernières confidences du mourant. La nuit venait. Réunis dans la pièce voisine, les vicaires et les serviteurs attendaient avec nous, dans un morne silence, la fin de cette entrevue où l'on sentait que se disait un adieu définitif. La porte s'ent'rouvrit, et l'abbé de la Villefromoy, le visage bouleversé, les yeux pleins de larmes, nous appela d'un signe. Nous entrâmes avec la peur que la mort eût déjà fait son œuvre.

Mais, grâce à Dieu, il n'en était rien. Le malade s'affaissait doucement, gardant toute sa présence d'esprit et suivant nos mouvements d'un regard attendri. Nous nous étions tous jetés à genoux près de son lit, pour recevoir sa bénédiction qu'il nous donna d'une main ferme encore, mais avec une voix presque éteinte. Après quoi, sans rien dire, il sembla nous rappeler aux devoirs de l'heure présente. Nous n'eûmes pas de peine à deviner ses intentions : M. de la Villefromoy commença les prières des agonisants, que l'émotion l'empêcha de continuer, et ce fut la voix du plus ancien de ses élèves, ou mieux de ses enfants, qui dut prononcer la douloureuse parole : « *Proficiscere, anima christiana !* Partez de ce monde, âme chrétienne, au nom du Père qui vous a créée, — au nom du Fils, qui a souffert pour vous, — au nom du Saint Esprit, qui est descendu en vous ! »

Les sanglots éclatèrent de toute part, en voyant le malade fermer les yeux comme pour s'endormir : nous nous rapprochâmes tout près, dans l'espoir de recueillir encore un regard, un mouvement qui nous attestât la résistance aux assauts de la mort. Quelques soupirs seulement soulevèrent sa poitrine : une légère oppression parut lui couper la respiration, et ce fut fini pour la terre. Le bon serviteur était entré dans l'éternelle joie de son Maître !

A quoi bon chercher à dire ce qui se passa dans nos âmes ? Ces impressions ne peuvent se décrire : pour les comprendre, il faut les avoir éprouvées. Tous ceux qui ont perdu des êtres tendrement aimés retrouveront dans leur cœur, à quelque distance qu'ils soient de la séparation, l'angoisse ineffable où Dieu venait de nous abîmer ; mais ils comprendront aussi, nous l'espérons, ce que cette douleur apportait avec elle de consolation et d'espérance. Les clartés de la vie éternelle rayonnent autour de la couche où meurent les justes, et semblent lui ôter ce qu'elle a de funèbre ; des voix célestes semblent chanter des paroles qui relèvent et apaisent : on dirait que la main de Dieu cherche, pour les sécher, les pleurs répandus au chevet de ces mourants. On sent qu'ils ne manquent pas tout à fait à ceux dont ils s'éloignent en apparence, et que leur âme reste présente à ceux dont les yeux ne verront plus leur visage ici-bas.

Le lendemain matin, dès les premières lueurs du jour, le presbytère s'ouvrit devant la population avide de contempler les traits de son pasteur. Le corps, revêtu de ses habits sacerdotaux, avait été déposé sur un lit de parade, dans le grand

salon, au milieu des lumières et des fleurs. La
physionomie n'avait pas changé : elle était toujours grave et douce, avec la majesté que la mort
met surtout au front des hommes de bien. Ce
qu'elle avait de sévère dans la vie se tempérait
d'une sérénité mélancolique où semblaient se
confondre la paix de l'éternité et la tristesse de
la séparation momentanée. Le père, le pasteur,
l'ami, s'y reconnaissaient avec leur fermeté et
leur tendresse, leur constance et leur désintéresse-
ment. « *Defunctus adhuc loquitur*, a dit l'Apôtre
en parlant du juste Abel, tout mort qu'il est il
parle encore (1). » Parole qui convient admirablement à ce mort autour duquel se pressait une
foule silencieuse, comme s'il allait encore l'évangéliser. Et qui sait à combien d'âmes il a dit tout
bas, à cette heure, le mot qui décidait du retour
à Dieu ou de l'avancement dans la vie surnaturelle ?

Le corps resta exposé toute la journée du mardi
et du mercredi ; mais le jeudi matin, quelques
symptômes de décomposition se manifestèrent et
l'on dut se résigner à fermer le cercueil. Ce fut
un nouvel adieu à lui dire, plus pénible encore
que le premier. Nous déposâmes un baiser filial
sur son front glacé que le linceul allait nous cacher pour toujours ; puis nous le couvrîmes, dans

_____

(1) Hebr. XI, 4.

sa bière, de toutes les fleurs que nous pûmes trouver, violettes et ravenelles, au parfum discret comme ses vertus. L'aîné de ses enfants ramena le suaire sur son visage, et tout fut fini. Quelques instants après, le cercueil recouvert du drap mortuaire et de l'étole pastorale remplaçait le lit triomphal devant lequel nous avions passé de si longues heures dans la prière et la contemplation.

Le lendemain, vendredi 8 mars, jour fixé pour les obsèques, — à dix heures du matin, — le cortège se mit en marche vers la cathédrale, tendue de noir et envahie par une multitude que l'émotion rendait silencieuse et recueillie. Un catafalque dressé dans le chœur reçut les restes du vénérable archiprêtre, autour desquels se rangèrent les membres du clergé accouru de toutes les paroisses voisines. Pendant la messe, célébrée par M. le doyen de Vitré, la Psallette du collège et la Société d'Harmonie exécutèrent les chants liturgiques et des symphonies funèbres où s'épanchait vraiment le trop plein des cœurs. Il n'y avait rien là qui sentît l'officiel : c'était un deuil de famille, où chacun priait et pleurait parce que la mort l'avait frappé dans ses affections.

Un moment poignant entre tous fut celui où parut dans la chaire l'orateur auquel incombait le devoir de rendre un suprême hommage aux vertus de M. Huchet. Tout le monde s'attendait à l'y voir, et lui-même n'eût cédé à personne le triste honneur auquel il prétendait. Parmi les élèves du saint prêtre, il était le premier par la date de son entrée au presbytère, — et nul plus que lui n'avait éprouvé l'inépuisable bienveillance du maître dont il était resté le disciple jusqu'à la dernière heure. Puisqu'il avait plus reçu, il lui convenait de témoigner sa reconnaissance avec plus d'éclat, dans cette circonstance solennelle où toute autre voix n'aurait pas eu le même accent.

Comme le disait justement plus tard un des témoins de cette scène, « il y avait des larmes dans sa voix », des larmes qui l'étouffaient et qu'il essayait vainement de retenir pour accomplir sa douloureuse mission. Ce que fut cette courte oraison funèbre, il est inutile de le dire : de toute part, dans l'auditoire, il montait vers la chaire un frémissement qui rendait éloquentes les paroles entrecoupées et fiévreuses de l'orateur. L'éloge était bien plus encore dans cette émotion de la foule que dans l'ardente évocation des services rendus et des vertus pratiquées par le vénérable défunt. Que pouvait-on apprendre à ceux qui le voyaient à l'œuvre depuis plus de quarante ans ? Et quel effort restait-il à faire pour lui amener ces cœurs dont il était assuré si longtemps d'avance ? Le disciple payait sa dette et ne prétendait pas davantage : tous cependant lui surent gré d'avoir donné une formule à leur reconnaissance et à leurs regrets.

Après l'absoute, le cortège se reforma pour conduire le corps à la sépulture provisoire dans les caveaux de l'église Saint-Sauveur. Comme au départ du presbytère, les filles des Écoles des Sœurs ouvraient la marche, suivies par les Enfants de Marie, les Demoiselles de la Congrégation, les Dames de charité et les religieuses. Puis venaient « les orphelins de M. le curé », comme disait le peuple, les garçons des Écoles des Frères, et les élèves du Collège. Les ouvriers du Cercle catholique, les membres de la Confrérie de Saint-Vincent de Paul et les religieux fermaient cette première partie de la marche.

La Société d'Harmonie précédait le clergé. Le cercueil était porté sur les épaules des chefs d'atelier et des ouvriers qui avaient revendiqué cet honneur, et s'avançait lentement, suivi des notables et des autorités, comme dans une pompe triomphale, au milieu de la foule qui s'entassait sur son passage. Toutes les maisons étaient vides et fermées : pas un habitant ne manquait au rendez-vous de la mort. Pour ne froisser personne, le cortège parcourut la ville comme au jour de la Fête-Dieu, de façon que le bon pasteur pût dire adieu à son troupeau partout où il avait coutume de le trouver rassemblé dans les circonstances

solennelles. Saint-Sauveur était la station extrême
de ces processions : mais, cette fois, le bon curé
n'en devait pas revenir à sa cathédrale avant que
son tombeau fût prêt à le recevoir. En attendant,
par une touchante coïncidence, il prenait demeure
chez un de ses enfants qui lui rendait ainsi l'hospitalité du presbytère. Après le chant d'une absoute, le cercueil resta exposé dans le chœur, où
l'assistance défila devant lui, jetant l'eau bénite
avec un ordre admirable et le plus profond recueillement. Quand l'église fut à peu près vide et
qu'il y resta seulement les amis les plus intimes,
nous portâmes dans le caveau, creusé sous le
chœur, les dépouilles mortelles de notre père qui
furent aussitôt scellées dans le mur, en attendant
le jour de leur translation.

C'était le moment redouté : nous l'avions suivi
jusque-là pas à pas, nous, les trois enfants qu'il
avait si tendrement aimés, qui ne l'avaient jamais
quitté pour ainsi dire, et dont il cherchait encore
les fronts à sa dernière heure pour y déposer une
suprême bénédiction. Mais il fallait maintenant
le laisser dans cette solitude à laquelle nous n'a-
vions jamais pensé. Nous prolongeâmes notre
prière et, forcés de nous éloigner, nous restâmes
encore un instant sur le seuil pour renouveler
devant le vieil ami de notre enfance l'union de
nos cœurs si fidèlement gardée jusque-là et que
rien n'altèrera jamais. C'est lui qui la garde, et

pour nous il est toujours vivant, toujours visible
et toujours écouté.

Six mois après, le 5 septembre 1878, Saint-Malo
vit une nouvelle glorification de son pasteur, dont
les restes mortels venaient prendre possession de
leur dernière demeure, dans le tombeau érigé près
du grand autel de la cathédrale. Cent cinquante
prêtres étaient venus s'associer à cet hommage,
auquel présidait un vieil ami de M. Huchet, le
chanoine Desnos, alors vicaire-capitulaire pendant
la vacance du siège de Rennes. Le même cortège
suivit la même route, au milieu du même empressement populaire : le temps n'avait pas affaibli le
sentiment de la perte que les Malouins avaient
faite et leur émotion se manifestait avec la même
force. Pendant l'office, après l'Évangile, M. le
chanoine Leclerc, un enfant de Saint-Malo, attaché
au diocèse de Paris, prononça l'oraison funèbre du
bon curé qu'il avait intimement connu. L'orateur
fit un tableau saisissant de cette vertu surhumaine
que tous avaient admirée, pendant un demi-siècle,
non seulement intacte, invulnérable, mais gran-
dissant chaque jour et gardant tout son charme et
toute sa puissance dans le souvenir de ceux qui
en avaient subi l'ascendant. Il la montra grave
sans austérité, surabondante d'indulgence et de
mansuétude, — toujours prête à excuser et
absoudre, sans cependant rien sacrifier de la justice
et de la vérité. Cette parole entraînante soulevait

l'auditoire et lui rendait en quelque sorte sensible
la présence de son pasteur, non pas mort et
couché dans son linceuil, mais vivant et agissant
au milieu d'eux.

A la fin de la cérémonie funèbre, le corps fut
déposé dans le tombeau construit un peu en arrière
du chœur et adossé au chevet du bas-côté méridional. On avait d'abord songé à le placer dans
la chapelle où M. Huchet confessait : mais il avait
paru préférable de le mettre à cette place d'où il
est facile de l'apercevoir en entrant dans la cathédrale par la porte que le bon archiprêtre avait
ouverte en remplacement de la porte du cloître.

Le dessin du sarcophage est dû à M. Frangeul,
l'architecte du clocher de Saint-Vincent et de
l'église de Notre-Dame-Auxiliatrice. La statue
dont il est surmonté est l'œuvre de M. Valentin,
le même qui a reproduit avec tant de bonheur
les traits du cardinal Saint-Marc dans la cathédrale de Rennes. La tâche de l'artiste était ici plus
difficile, parce qu'il n'avait pas connu M. Huchet,
dont une photographie médiocre lui donnait seule
une idée très insuffisante. Aussi la ressemblance
laisse-t-elle à désirer, et l'expression est-elle tout
à fait absente. Ce n'est pas là, tant s'en faut,
l'homme que nous avons aimé, et sa prière n'avait
point les apparences que lui prête cette image si
digne d'attention par ailleurs. L'ensemble du
monument est grave, mais (il doit être permis de

le dire amicalement à ceux qui l'ont ainsi compris) ne répond en rien aux goûts et aux idées du bon curé. Dans cette église gothique, à laquelle il voulait rendre sa physionomie primitive, il eût rêvé, croyons-nous, (si toutefois il eût été capable d'un rêve aussi personnel), un de ces gracieux édicules où le défunt s'endort ou s'agenouille à l'abri d'un dais brodé à jour, aux pieds d'une madone ou d'un crucifix, entre des angelots qui portent des flambeaux ou balancent des encensoirs. Tels les voient, en Belgique ou dans les pays du Rhin, les voyageurs amis de l'art religieux; tels, ils se rencontrent encore dans quelques-unes de nos églises françaises où le vandalisme révolutionnaire les a laissés debout. La place y prêtait admirablement, et, compris de cette manière, le monument n'eût inspiré à personne la pensée d'y suspendre les couronnes funéraires qu'on est un peu surpris d'y rencontrer. L'église n'a rien de commun avec le cimetière que nous ont fait les règlements modernes, et les tombeaux eux-mêmes y sont pleins de consolation et d'espérance.

Tel qu'il est cependant, le monument de M. Huchet est un témoignage éclatant de la vénération dont sa mémoire est entourée. Lorsque le jour baisse et que, suivant une vieille coutume malouine, les bonnes gens rentrent au logis en traversant l'église pour y dire une courte prière, bien peu oublient de saluer en passant le pasteur couché dans sa tombe de granit. De même les paysans que leurs affaires amènent à la ville viennent s'agenouiller devant les restes de ce *Grand-Curé*, dont le prestige ne s'est point encore évanoui. Deux fois déjà, son siège au chœur de la cathédrale a changé de titulaire : tous deux, — le mort qui a passé si vite (1) et le vivant qui continue si bien la tradition de ses vénérables prédécesseurs (2), — méritent, à coup sûr, que l'on se souvienne d'eux ici-même, et l'estime de leur peuple est à bon droit la récompense de leurs travaux. Mais, il faut bien le reconnaitre, ils ont occupé le siège sans prendre la place, et long-temps encore, ce ne sera pas à eux que l'on pensera quand on dira, dans les épanchements intimes, cette parole si simple et si pleine de souvenirs: « Monsieur le Curé de Saint-Malo ! »

Et pourtant, combien les temps ont changé. « Les morts vont vite, » dit un proverbe : hélas ! il faut croire que cet oubli où les morts s'ense-velissent si rapidement n'est pas le partage exclusif des hommes, et que les croyances, les mœurs, les traditions, l'honneur, en subissent aussi la loi.

Il ne faut pas trop plaindre ceux qui partent, en cette époque si bien faite pour légitimer la

(1) M. l'abbé Lecerf.
(2) M. l'abbé Bourdon, actuellement en charge.

mélancolique interprétation du texte de l'Ecriture :
« Bienheureux les morts ! » Ils ne voient plus
ce que nous sommes réduits à voir et ne verront
pas, au moins du point de vue où nous devons
rester, les misères à venir. Dieu a bien voulu
épargner à son fidèle serviteur le spectacle de ce
qui s'est accompli, en ces dix dernières années,
dans notre pauvre pays, même dans cette terre
privilégiée de Bretagne où l'on disait jadis que
« jamais on n'y fit trahison ! » Si le bon curé
pouvait déjà prévoir quelques-unes des défaillances et des vilenies dont nous sommes les témoins,
il ne les a certes pas prévues telles que nous les
déplorons. Ce n'est pas seulement la prudence, mais
l'honnêteté dont les vues sont toujours courtes par
quelque endroit, et les âmes élevées sont incapables de certaines prévoyances : heureux quand la
vie ne leur laisse pas le temps de le constater !

Mais, en terminant le récit d'une vie toute de
vertu et de mérite, il ne nous convient pas de
nous arrêter à des pensées de tristesse et d'amertume. Ce serait méconnaître l'enseignement qui
sort de ces exemples et les espérances que nous
n'en pouvons séparer. Le sang des martyrs n'est
pas la seule semence de chrétiens que Dieu veuille
bien confier à la terre où doit germer le règne de
son Christ. Les plus humbles vertus, au dire de
saint Grégoire-le-Grand, préparent aussi la moisson du Père céleste dans les âmes qu'elles attei-

gnent, même par la seule loi de solidarité qui relie entre elles les âmes baptisées : à combien plus forte raison, si l'on considère l'action dont elles sont capables sur ceux qui les ont eues sous les yeux ou les ravivent dans leur souvenir.

Si agitée que soit une époque par les passions mauvaises, il suffit d'un saint qui la traverse pour la transformer, sans qu'elle s'en aperçoive, et en faire la préparation d'un âge fécond en élans généreux. De même, si attristé que soit un pays par le triomphe momentané du mal, il lui suffit de se rappeler quels enfants Dieu lui donnait hier encore, pour croire à un meilleur avenir. Laissons donc nos cœurs ouverts à l'espérance ! Ne sommes-nous pas toujours les enfants des saints ? Leur sang est-il donc tari dans nos veines, et n'y a-t-il plus personne qui se croie héritier de leur esprit ? Les tombeaux des Prophètes accusaient Jérusalem, parce qu'il n'en sortait plus de voix qui se fît comprendre de la cité orgueilleuse et corrompue. Grâce à Dieu ! les tombes que nous gardons nous parlent et, si quelques-uns ferment les oreilles, beaucoup les tiennent attentives et recueillent l'appel des ancêtres.

Il en est ainsi de toi, ô terre natale, vieille cité d'Aaron et de Malo, mère de tant de saints et de héros, qui as repoussé tant d'assauts et bravé tant d'orages ! L'heure actuelle est mauvaise et tes véritables enfants en sont réduits à courber la tête sous le joug : mais, grâce à Dieu, ils ne courbent pas leurs âmes et gardent la ferme conviction d'une prochaine délivrance. Les premiers chrétiens retrempaient leur courage au contact des martyrs ensevelis dans les catacombes : mais en quittant leurs églises souterraines, ils n'avaient pas comme nous, ô Malouins, mes frères, la joie de voir, dans l'azur du ciel, resplendir la croix immobile au-dessus des agitations passagères du monde. Levez les yeux, vous qui venez vous agenouiller devant les restes de votre père, et saluez d'un cœur rasséréné la flèche qu'il a lancée vers Dieu comme une prière, et couronnée de cette croix, notre espérance parce qu'elle est le symbole de la victoire infaillible de Jésus-Christ sur l'Enfer.

FIN

NOTES

NOTES

Lettre **A.**

GEVEZÉ

Gevezé est l'une des paroisses du diocèse de Rennes dont l'histoire s'occupe le moins. Cependant son nom se retrouve, dans les Cartulaires de l'abbaye de Saint-Georges, dès l'an 1096, époque à laquelle nous voyons Maino de Gevezé compté au nombre des chanoines de l'église cathédrale.

En 1180, le curé de Gevezé, Hamelin Bérenger, laissait l'étole pastorale pour revêtir l'aumusse des chanoines prébendés, auxquels l'évêque cédait ladite paroisse devenue, par cette décision, le bénéfice particulier du titulaire de la douzième prébende.

Vers le même temps, Lucie de Gevezé était religieuse au couvent des Bénédictines de Saint-Georges, — où la rejoignait bientôt (1189) sa nièce Étiennette, fille du seigneur Galéran. A cette occasion, le père de celui-ci, Guillaume de Gevezé, fit cession à l'abbaye de la dime des Champs de Vitré.

Les *recteurs* de cette petite, mais riche église portèrent souvent des noms illustres. En 1646, leur revenu était de douze cents livres, somme considérable pour le temps : en 1790, ils jouissaient du tiers de toutes les dimes qu'ils partageaient avec l'évêque, le chapitre et l'abbaye de Saint-Georges. L'administration de ces revenus était des plus régulières, comme le prouvent les beaux *Livres de Comptes* rédigés de 1400 à 1700, et conservés dans les archives de la fabrique.

Pierre-Louis Feudé, le curé qui baptisa Jean-François Huchet, avait été pourvu de cette cure en 1786. La *Constitution civile du clergé* la lui enleva, par suite de son refus de serment ; mais il ne quitta point sa paroisse et continua de remplir son ministère en cachette, non sans périls pour lui-même et pour ceux qui lui donnaient asile, comme on l'a vu au chapitre Ier de cette histoire.

C'était un homme de dévouement et de zèle : sa vie comptait peu dans ses préoccupations, lorsqu'il s'agissait de servir les âmes. Dieu lui permit de voir la fin de la tourmente révolutionnaire et d'achever paisiblement ses jours au milieu de son troupeau, dont il avait repris la direction.

L'église de Gevezé, dédiée à sainte Justine, vierge et martyre, ne présente rien de remarquable : c'est un édifice du XVIe siècle, avec un porche de la Renaissance, au midi, et une tour en briques construite il y a une trentaine d'années. A l'intérieur, on voit quelques pierres tombales dont les armoiries sont à peu près effacées.

Gevezé faisait jadis partie de l'archidiaconé et du doyenné du Désert : aujourd'hui il appartient à l'archidiaconé de Rennes et au doyenné de Notre-Dame. Le *recteur* est assisté de deux vicaires, et les sœurs de l'Immaculée-Conception (de Saint-Méen) sont chargées de l'éducation des filles.

Consulter le *Pouillé* historique de Rennes, par M. l'abbé de Courson : tome IV, pages 653 et suivantes.

Lettre **B.**

ACTE DE NAISSANCE DE M. HUCHET

« Du premier vendémiaire, l'an quatre de la République, devant nous, maire, a comparu le citoyen Michel Huchet, assisté de Jean Grandjouan, âgé de trente-cinq ans, demeurant au bourg de Gevezé, et de Françoise Vauléon, âgée de dix-sept ans, demeurant à Vauléon, commune de Vignoc, accompagnée de Marie Malier, âgée de vingt-cinq ans, demeurant au même lieu, lequel, lui et les témoins, nous ont déclaré que Jeanne Rebillard, son épouse, a, ce jour, accouché d'un enfant mâle, au village de la Forge, en cette commune. auquel il a été donné les prénoms et nom de Jean-François Hucbet. De laquelle déclaration leur avons décerné acte le jour et an que devant; les témoins ne signent. »

Signé : Chausseblanche, maire.

(Extrait du registre des naissances de la Commune de Gevezé pour l'année 1795).

Les registres de la Paroisse de Gevezé ne contiennent aucune inscription de naissance pendant les années 1794 et 1795.

Lettre **C.**

NOTICE SUR LA FAMILLE HUCHET

Ce nom de « Huchet » qui n'est suivi, dans le cas présent, d'aucune appellation nobiliaire, est une des plus honorables de l'histoire de Bretagne.

La famille qui le porte est originaire d'Irlande, d'où elle passa en Armorique vers 1350. Son premier représentant connu en France est Guillaume, qualifié *d'écuyer*. Joly Huchet figure à une *montre* en 1418 : il avait épousé Guillelmine Bourdin. Bertrand Huchet, garde des sceaux de Jean V, épousa en 1420 Jeanne de la Bédoyère, dont il ajouta le nom et les armes, à son propre nom et aux armes des Huchet qui étaient *d'argent à trois huchets ou cornets de sable.*

Les Huchet ont donné naissance aux familles de la Bedoyère, de Cintré, du Plessis, de Quénétin, de Lanjamet, de Bois-Guérin, du Breuil, etc., toutes honorablement connues par les services qu'elles ont rendus au pays et par les honneurs dont elles ont été récompensées. Qu'il nous suffise de citer :

Charles Huchet de la Bedoyère qui présida, en 1765, les États de Nantes, pendant la maladie du duc de Rohan;

Le colonel Charles-Angélique Huchet de la Bedoyère, fusillé en 1815, après les Cent-Jours;

Le général François Huchet de Cintré, mort en 1817 ;

Henri Huchet de Cintré, capitaine de vaisseau, mort en 1876;

Armand Huchet de Cintré, député, mort en 1882.

La famille Huchet est encore représentée en Angleterre et deux de ses membres font partie de la Chambre des Lords.

M. le curé de Saint-Malo n'avait aucune prétention nobiliaire : mais il est difficile de ne pas rattacher les Huchet de Gevezé à la race hiberno-bretonne, dont nous venons d'esquisser l'histoire. La forme même du nom, si parfaitement cacactéristique, est un argument en faveur de notre supposition. La *Généalogie* publiée par M. le vicomte Alphonse de Cintré, et à laquelle nous empruntons cette notice, semble, il est vrai, énumérer toutes les branches de la famille Huchet : mais il est facile de comprendre qu'une de ces branches ait été mise en oubli, à une époque déjà lointaine, par suite d'un revers de fortune ou pour toute autre cause. Notre histoire bretonne est pleine de semblables lacunes.

Au temps de Michel Huchet, il y avait déjà bien des années que beaucoup de gentilshommes bretons étaient confondus avec le peuple, dont ils menaient la vie, tout en réservant leurs droits. Ils venaient siéger au Parlement en sabots et en veste de futaine : on les appelait les *épées de fer,* non sans quelque ironie dont ils n'avaient cure, dans la fière conviction où ils étaient de représenter les vieilles races à meilleur titre que les marquis et les comtes dont Versailles commençait à inonder la Bretagne. Le temps acheva d'emporter ce qui restait de leur ancienne illustration. Leurs descendants se retrouvent aujourd'hui parmi les laboureurs et les artisans. Quelques-uns gardent souvenir de leur passé, non pour le regretter mais pour y puiser des leçons et des encouragements. Ce qui ne les empêche pas de citer parfois, en riant, le vieux proverbe breton : « Gwel éo mérer pinvidik éghéd dijentil paourik : mieux vaut riche paysan que gentilhomme sans argent. »

Jean-François Huchet fut un de ces hommes qui sont l'honneur d'une race, et ceux dont il portait le nom patronymique auraient grand tort de ne pas le réclamer pour un des leurs. A quelle vie conviendrait mieux, comme résumé indiscustable, la devise des vieux chevaliers irlandais : « Honor et caritas? »

Lettre **D**

LA BRETAGNE ET LA RÉVOLUTION DE 1789

« Le Breton a son caractère propre qui, en dépit de l'unité nationale, le différencie profondément de ses compatriotes de l'est et du midi de la France; chez lui, l'esprit local est fortement trempé et son patriotisme revêt des allures indépendantes. La formidable insurrection de l'Ouest qui, durant dix années, a tenu en échec les Hoche, les Brune, les Bernadotte et jusqu'à Bonaparte, le montre suffisamment.

» Ce particularisme des Bretons a ses sources dans l'histoire. Vis-à-vis de l'ancienne monarchie française, la Bretagne ne se trouvait pas dans les mêmes conditions que les autres provinces; la duchesse Anne lui avait ménagé des libertés

spéciales et des franchises particulières. Et les États de
Bretagne les avaient vigoureusement défendues, même
contre la royauté. Puis la féodalité n'avait pas pesé sur ce
pays; la noblesse de cour y était fort rare, mais beaucoup
de propriétaires fonciers vivaient noblement sur leurs terres,
entourés de leurs tenanciers et de leurs serviteurs qu'ils
traitaient en compagnons plus qu'en subalternes. Sous ce
régime patriarcal, des liens d'affection puissants unissaient
les populations des campagnes aux nobles terriens. Les
unes et les autres avaient, de plus, conservé toute la pureté
et l'ardeur de leur foi catholique, sous la houlette d'un
clergé pieux et chaste, breton lui-même, en contact direct
et constant avec le peuple, dont il partageait la vie et
auquel il était dévoué corps et âme. Quand la révolution
éclata à Paris, l'esprit du siècle n'avait contaminé que les
bourgeois et la basse magistrature des villes, sans atteindre
les ruraux.

» Le mouvement révolutionnaire avait donc laissé les
campagnards bretons très froids, jusqu'au moment où il
vint les troubler dans leurs affections et leurs croyances
par la constitution civile du clergé et le serment de soumission exigé des prêtres. Ce fut le signal des premières
résistances, pacifiques protestations d'abord, mutineries
armées ensuite, mais longtemps toutes locales, sans concert
entre elles, sans unité d'action et de direction. Pourtant,
lorsque les villes se ruèrent sur les campagnes, lorsque,
sous prétexte de rechercher les prêtres insoumis et les conscrits réfractaires, les bandes de sans-culottes parcoururent
les paroisses, se livrant à toutes les violences, la résistance
se généralisa, se propagea de commune à commune, de
canton à canton, s'organisa et se choisit des chefs parmi
les hommes que leur vigueur et leur intelligence mar-
quaient pour le commandement. La chouannerie était faite;
il fallut dix années d'une lutte atroce pour la réduire. »

(Extrait de la *Bibliothèque universelle et Revue suisse*, n° 103,
juillet 1887. — Compte rendu de l'ouvrage intitulé:
Georges Cadoudal et la chouannerie.)

Lettre **E**

INCIDENT DE VOYAGE

M. Huchet racontait volontiers un épisode de sa première jeunesse, où se révèle le caractère aventureux dont nous avons parlé. Nos lecteurs auront plaisir à le trouver ici.

Pendant qu'il suivait les cours de la pension Blanchard, il passait ses vacances dans sa famille, avec un peu, sinon beaucoup d'ennui. C'était le moment des récoltes : tout monde travaillait aux champs, et l'écolier, incapable d'aide, les moissonneurs, restait à peu près seul aux prises avec la monotonie des heures et les inspirations douteuses qu'elle amène.

Un beau jour, ayant rencontré deux amis de collège, M. Lebrun (plus tard *recteur* de la Chapelle-Chaussée), et un autre à peu près du même âge, — treize ans environ, — il leur proposa un grand voyage d'exploration qui devait les conduire jusqu'aux bords de la mer. Saint-Malo serait le terme de cette marche à travers des pays inconnus, où peut-être il rêvait des découvertes capables de rivaliser avec celles dont M. de la Harpe commençait à troubler les cervelles enfantines.

Son ascendant sur les jeunes confidents de ce beau projet ne leur permit aucune objection, et l'on se mit en route, confiants dans la providence spéciale des Christophe Colomb et des Jacques Cartier. Combien de temps dura le voyage ? Il importe peu : ce qui est certain, c'est que la fatigue commençait à venir, et, malgré les enchantements de toute sorte, il y avait bien un peu de lassitude dans l'exclamation empruntée au rat de Lafontaine :

« Que le monde, dit-il, est grand et spacieux » (1)

(1) *Fables*, liv. VIII, 9 : *Le Rat et l'Huître.*

Enfin Saint-Malo se montra dans le lointain, avec ses noires murailles, « vrai nid d'oiseaux de mer » (1), et par delà, aussi loin que la vue pouvait s'étendre, les vagues bleues avec les blanches voiles qui semblaient de grands cygnes bercés sur les eaux. L'enthousiasme de nos touristes ne connut plus de bornes et l'on commença de courir, à travers la grève, pour atteindre le bord de « l'onde amère », suivant l'expression classique.

Mais, ô terreur ! sur le ciel bleu se découpe subitement une silhouette effrayante, celle d'un gendarme attentif aux enjambées des petits vagabonds, averti peut-être par le télégraphe, envoyé certainement à leur rencontre pour les arrêter, les reconduire de brigade en brigade jusqu'au logis paternel, après les avoir retenus, dans quelque geôle, à la disposition d'un sévère magistrat. Ce fut l'affaire d'une minute ; la conviction était faite et, baissant la tête, nos écoliers se résignaient à subir leur sort.

Cependant, le gendarme approchait. Jean-François, un peu remis de sa première frayeur et cherchant une explication à donner, hasarda un regard dans la direction du représentant de l'autorité. Un cri joyeux sortit aussitôt de ses lèvres : « C'est Gendenez ! » Et tout aussitôt le calme rentra dans toutes les âmes, car Gendenez était un ami, presque un compatriote pour avoir résidé jadis à Gevezé. Sauter au cou du gendarme ahuri, lui expliquer le voyage, solliciter son appui, tout cela fut plus tôt fait que je ne puis le dire. Le bon militaire s'attendrit et consentit à rapatrier les nouveaux Robinsons, après leur avoir fait les honneurs de l'île dont il était l'habitant et le gardien.

« Et voilà comment, ajoutait M. Huchet, j'ai fait ma première entrée dans la ville dont je devais, un jour, devenir le curé »

____

(1) Maurice de Guérin : *Journal*, p. 30.

Lettre **F**

NOTICE SUR LES QUATRE DERNIERS ÉVÊQUES DE
RENNES

Il nous paraît convenable de faire connaître au lecteur les évêques avec lesquels M. Huchet fut en rapports. Ces prélats méritent d'ailleurs un souvenir qu'on pourrait à juste titre nous reprocher de leur avoir refusé.

Etienne-Célestin Hénoch remplaça, le 4 mai 1806, Jean-Baptiste de Maillé, appelé au siège de Rennes, par le premier consul, après la signature du Concordat. Il était né à Hénin-Liétard, dans le diocèse d'Arras. Réfugié en Sardaigne pendant la tourmente révolutionnaire, il avait été choisi par M. de Maillé pour vicaire-général, lors de la restauration du siège de Rennes. Un décret impérial du 30 janvier 1805 le désigna pour succéder au vénérable prélat, dont il avait été l'auxiliaire. Comme son prédécesseur, c'était un homme de bien, sans physionomie tranchée, qui renfermait sa vie dans les limites du devoir épiscopal, et son action dans celles de son diocèse Il assista au pseudo-concile de Paris, en 1811, sans y rien faire ou dire qui le mît en relief, comme la plupart de ces évêques dont Maurice de Broglie enregistre les « oui bigarrés et restreints » (1) en réponse aux questions captieuses de Duvoisin ou de Maury. Il n'était pas cependant de ceux qu'on peut appeler courtisans, et il n'eût pas sacrifié sa conscience aux bonnes grâces de l'Empereur : l'épreuve lui fut épargnée, mais nous ne doutons pas qu'il en fût sorti à son avantage.

C'est de lui que l'abbé Huchet reçut la consécration sacerdotale, le 10 avril 1819, jour du samedi-saint. Il était déjà

(1) M. de Broglie, évêque de C ad : *Journal du Concile national*, **etc.**

presque aveugle et ne tarda pas à donner sa démission. Nommé chanoine du chapitre royal de Saint-Denis, il vécut encore six ans et mourut le 19 mai 1825.

Son remplaçant fut Mgr Charles Mannay, né le 13 octobre 1745, à Champeix, dans les montagnes de l'Auvergne. Après sa thèse de doctorat en Sorbonne, il avait été donné comme précepteur au jeune Louis de Talleyrand-Périgord, le futur évêque d'Autun, puis pourvu d'un canonicat et enfin nommé vicaire-général à Reims. La révolution le força de se réfugier en Écosse, d'où il revint pour occuper le siège de Trèves, auquel il fut élevé par un décret du 18 juillet 1802. Il reçut l'onction épiscopale, à Paris, dans l'église des Carmes, des mains de Mgr de Pancemont, évêque de Vannes. C'était un prélat savant, pieux, un peu timide, mais dévoué à son diocèse, qu'il administrait avec habileté et préservait de toute mesure arbitraire, grâce à la faveur dont il jouissait auprès de Napoléon. L'Empereur, en effet, le tenait pour « un sage et savant homme, toujours utile à consulter » (1), pour un évêque « des plus honorables et des plus distingués », (2), dont il appréciait le dévouement et respectait la droiture. Son rôle à Savone, où il fut envoyé près de Pie VII, en mai 1811, avec l'archevêque de Tours, l'évêque de Nantes et le patriarche nommé de Venise, fut diversement apprécié. Il était possible, à vrai dire, de le confondre tout d'abord avec certains évêques trop empressés de plaire au maître, au détriment des principes et de leur honneur. Mais, il faut le remarquer, il avait été désigné, non par l'Empereur, mais par les prélats réunis à Paris, dans l'espoir d'amener un rapprochement entre Pie VII et Napoléon. Arrivé au lieu de sa mission, il s'y conduisit en homme de conscience, désireux de la paix, attristé du despotisme impérial, malgré son admiration pour le génie du prince, respectueux des droits du souverain pontife, auquel il sut plaire. A la fin du Concile, il retourna près de Pie VII, comme membre de la

(1) Thiers : *Histoire du Consulat et de l'Empire*, liv. XVI.

(2) Comte d'Haussonville : *L'Église romaine et le premier Empire*, t. V. p. 51. **Cf.** Pacca : *Mémoires*.

députation chargée de soumettre les décrets de cette assemblée à l'approbation pontificale. Après quoi, il rentra dans son diocèse, où il demeura jusqu'à la nouvelle organisation des églises de la Prusse rhénane, au nombre desquelles Trêves fut compté après la chute de l'Empire.

De 1815 à 1817, il resta sans fonctions. Le Concordat de 1817 lui valut le siège d'Auxerre, sur lequel il ne put monter, par suite du refus des Chambres de ratifier les décisions arrêtées entre Rome et Louis XVIII. Trois ans après, il fut nommé à Rennes et prit possession le 20 mai 1820.

Assez froidement accueilli, le nouvel évêque « gagna tous les cœurs par son aménité, sa sagesse et son zèle pour le bien (1) ». Son nom est resté attaché à l'établissement du Petit-Séminaire de Saint-Méen, à la fondation de la société des missionnaires diocésains, à la création d'un refuge pour les repenties et à la restauration de la maison des retraites de la rue Saint-Hélier.

Il mourut le 3 décembre 1824 à l'âge de soixante-dix-neuf ans et fut enterré dans l'église de Saint-Melaine, où l'on peut lire sur sa tombe, cet éloge mérité :

« *Pietate, doctrinâ, moribus perillustris, omnia omnibus factus ut omnes faceret salvos* (2). »

Il eut pour successeur Claude-Louis de Lesquen, né à Trégon, dans le diocèse de Saint-Malo, d'une très vieille famille bretonne dont le nom se rencontre souvent dans les annales de la province. Il avait d'abord suivi la carrière des armes, sous les ordres du prince de Condé, et gagné la croix de Saint-Louis à la pointe de son épée. Rentré en France, après la pacification, il changea de route, et fut ordonné prêtre, à Saint-Brieuc, en 1806. Vicaire-général de Rennes en 1817, il fut pourvu du siège de Beauvais en 1823, et assista l'archevêque de Reims, au sacre de Charles X, en sa qualité de pair ecclésiastique. Il aimait à raconter certains incidents

(1) L'abbé Tresvaux : *Églises de Bretagne*, p. 17
(2) Son cœur fut déposé dans la chapelle des missionnaires.

comiques où la solennelle gravité de cette cérémonie avait
failli se trouver gravement compromise : car c'était un
aimable vieillard, prompt à rire, dont les jeunes gens recher-
chaient la conversation autant que les hommes d'un âge
plus mûr et d'un caractère plus posé. Les honneurs de la
pairie ne lui cachaient pas les difficultés et les ennuis de
son ministère de Beauvais : aussi vint-il avec plaisir occuper
le siège de Rennes, en 1825, à la mort de Mgr Mannay.

Nous avons raconté ailleurs la part qu'il prit aux œuvres
tentées par les deux frères de Lamennais, et qui eurent des
destinées si différentes. Son affection pour l'auteur de l'*Essai
sur l'indifférence* ne lui fit point illusion sur les erreurs
qui ternirent la gloire du malheureux écrivain : il n'hésita
point à les condamner dès que le Saint-Siège les eut signa-
lées et ne se laissa détourner de son devoir ni par les
plaintes ni par les récriminations de son ancien ami.

La chute des Bourbons l'attrista sans le déconcerter, parce
qu'il était de ceux qui savent prévoir et aviser. L'occupation
militaire, dont la Bretagne souffrit surtout moralement,
après la tentative de la duchesse de Berry, le trouva calme
et digne, attentif à réparer les maux causés à son église,
sans donner prise aux attaques des partis. Il sut ménager
assez le gouvernement de Juillet pour ne pas lui paraître
désagréable ; ce qui lui permit de faire agréer pour son
remplaçant l'homme de son choix, l'abbé Godefroy Brossays-Saint-Marc, auquel il remit la crosse et l'anneau, le
10 août 1841.

Rentré alors dans la vie privée, il s'établit à Dinan, d'où
parfois il se laissait entraîner jusqu'à Saint-Malo, dont il
aimait le clergé et particulièrement le curé.

Ces apparitions trop rares et trop rapides étaient pour
les élèves du collège de véritables fêtes, moins pour les
aveurs dont elles étaient l'occasion que pour la joie vraiment filiale qui épanouissait tous les cœurs.

Le bon évêque ne survécut pas longtemps : le 17 juillet
1845, il s'éteignit doucement dans l'humble obscurité où
il avait voulu abriter ses derniers jours.

Le dernier des évêques, avec lesquels M. Huchet eut à

compter fut Mgr Saint-Marc, né à Rennes, le 5 février 1803, d'une vieille famille parlementaire, où toutes les vertus chrétiennes étaient en honneur. Son père avait été l'ami du P. Blanchard et le restaurateur véritable de l'enseignement secondaire dans la ville de Rennes. Sa mère, admirable femme qui garda tout son ascendant sur son fils jusqu'à sa dernière heure, semblait appartenir à la grande race des Cornélie, ou mieux, des Paule et des Monique. Élevé dans la pratique de la vie chrétienne, il ne songea pourtant pas d'abord à la vie ecclésiastique, et n'y arriva qu'après un essai de vie mondaine, où il s'unit d'amitié avec deux futurs évêques, Mgr Angebault et Mgr Fournier, dont Angers et Nantes gardent fidèlement la mémoire. Du séminaire de Saint-Sulpice, où il fit ses études théologiques, il vint occuper, à Rennes, le poste d'aumônier des Visitandines, où son zèle se trouva vite à l'étroit. Mgr de Lesquen ne tarda pas à se l'attacher comme vicaire général, et près de quitter son siège, le désigna au gouvernement, qui agréa les propositions du vieil évêque. En conséquence, un décret royal du 25 février 1841, appela M. l'abbé Saint-Marc au siège épiscopal illustré par les Amand, les Melaine et tant d'autres vénérables prélats. Le nouvel élu ne devait pas faire tache en cette lignée glorieuse.

Il serait trop long d'énumérer toutes les œuvres qui lui durent leur origine ou leur développement : il suffira de rappeler que les Petites-Sœurs des Pauvres furent fondées sous son épiscopat et que les établissements d'instruction secondaire, dont le diocèse de Rennes s'énorgueillit justement, lui doivent presque tous leur première installation. Le collège Saint-Vincent de Rennes fut surtout l'objet de ses tendresses, et toute sa fortune qui était considérable y passa, — puis celle de son frère, M. Édouard Saint-Marc, humble chrétien qui n'avait d'autre souci que d'aider son aîné dans ses entreprises pour la gloire de Dieu.

Ce qui échappait aux saintes prodigalités des deux fondateurs de collèges allait à la construction ou à la réparation des églises. Bourg-des-Comptes, lieu ordinaire de leurs villégiatures, leur doit un véritable bijou d'architecture gothique, et la mort prit le bon archevêque en plein travail de transformation de sa cathédrale.

Les pauvres n'y perdaient rien. Très simple dans ses habitudes, bien qu'il crût devoir à sa dignité un certain faste où l'on reconnaissait l'artiste autant que le grand seigneur, l'archevêque portait souvent des soutanes râpées e des chapeaux informes, qu'il ne remplaçait pas toujours à temps, pour avoir le droit de donner des vêtements à ses pauvres. Rien n'était aimable comme le sourire dont il accueillait l'erreur d'un bon prêtre s'emparant du couvre-chef épiscopal : « Voilà ce qu'on gagne, disait-il, à se négliger ! Si mon chapeau n'avait pas été si misérable, ce pauvre recteur ne l'eût pas pris pour le sien! »

Le voyage de l'empereur dans l'Ouest, en 1858, fut pour Mgr Saint Marc l'occasion d'une élévation, dont il fut heureux surtout pour sa chère Bretagne (1). On a bien mal jugé, à parler vrai, la conduite du nouvel archevêque en cette circonstance : on a parlé de *servilisme* et de *salaire*, comme si un pareil homme pouvait rien avoir du courtisan et se fût résigné à recevoir un paiement pour les services rendus. Qu'il se soit trompé, c'est possible : il ne le croyait pas alors, et beaucoup de ses collègues, même des plus graves et des plus indépendants, ne le croyaient pas davantage. Mais il se trompait loyalement, avec la conviction de servir l'Église et la France, tout prêt à revenir en arrière si sa conscience le lui demandait. La vivacité de son esprit, souvent caustique, a fait illusion sur la maturité de ses décisions : ceux qu'il froissait, un peu sans le vouloir, ne lui pardonnaient pas des divergences d'opinion, où la passion voulait voir des palinodies sans prudence et sans pudeur.

L'amour de son peuple lui resta fidèle quand même et la Bretagne ne perdit pas une occasion de montrer son attachement à son premier métropolitain. Lorsqu'il reçut

---

(1) Ce fut pendant ce voyage que l'empereur annonça la future création d'un archevêché à Rennes. L'inauguration eut lieu le 5 juin 1859.

le chapeau de cardinal (17 septembre 1875) la joie des bretons fut à son comble, et lui-même s'en réjouit naïvement pour l'honneur qui en revenait à ses compatriotes et ses enfants. Peu d'hommes ont été plus aimés : peu d'hommes aussi ont montré plus de générosité de cœur. Il vivait réellement dans une expansion continuelle de toute son âme, heureux surtout quand il avait fait plaisir.

Son dévouement à l'Eglise et au Saint-Siège était sans bornes. Pie IX, qui le connaissait bien, lui témoignait une affection particulière, à laquelle le bon cardinal attachait le plus grand prix. Près de mourir, il se traîna jusqu'à Rome, parce qu'on lui avait dit : « Le désir du pape est que vous veniez! » Mais cet effort le tua. Quelques jours encore de langueur, presque d'agonie, et ce fut fini. Le 26 février 1878, il rendait son âme à Dieu, dix-neuf jours après Pie IX, avec une tranquillité et une douceur qui charmèrent tous les assistants (1). Il y avait trente-sept ans, jour par jour, qu'il avait été nommé évêque de Rennes.

Son corps repose dans la cathédrale restaurée par ses soins, sous un mausolée que surmonte une admirable statue de marbre blanc due au ciseau de M. Valentin.

Lettre **G**

LA MENNAIS ET SON ÉCOLE

La famille Robert de La Mennais compte parmi les plus anciennes de la bourgeoisie de Saint-Malo. Les services qu'elle avait rendus au Roi et à l'Etat, lui valurent des titres de noblesse, vers le milieu du siècle dernier : ce qui n'empêcha pas son chef de prendre parti pour les idées nouvelles, au moment de la réunion des Etats-Généraux.

(1) Mgr Bécel, évêque de Vannes : *Oraison funèbre de Mgr Saint-Marc,* p. 35-36.

Celui qui devait être un jour le trop célèbre abbé Félicité de La Mennais naquit à Saint-Malo, en 1782, et fut élevé par sa mère dans des sentiments de piété qui ne tardèrent pas à s'effacer lorsque Dieu eut rappelé à lui cette sainte femme, pour lui épargner sans doute le spectacle des égarements de son fils. Instruit au hasard des livres qu'il choisissait lui-même dans la bibliothèque de son père, il se fit une érudition douteuse à tous les points de vue et plus propre à fausser le jugement qu'à l'affermir et le développer. Toute sa vie intellectuelle devait se ressentir de cette équivoque formation.

Ramené à la foi par son frère aîné, l'abbé Jean-Marie de La Mennais, prêtre d'une haute vertu et d'un éminent savoir, il entra au séminaire de Saint-Sulpice, et fut élevé au sacerdoce en 1816. Nous avons dit ailleurs comment le premier volume de son *Essai sur l'indifférence* l'avait porté d'un seul bond au premier rang et fait maître, pour ainsi dire, du clergé français, à part quelques esprits défiants dont rien ne semblait alors justifier la résistance. Pendant plusieurs années, il parut tenir pleinement les promesses de ses débuts : l'*Imitation de Jésus-Christ*, traduite et annotée, date de cette époque, celle où il collaborait au *Conservateur*, à la *Quotidienne*, au *Drapeau blanc*, journaux ultra-royalistes, et publiait *la Religion considérée dans l'ordre politique et civil*, ouvrage ultra-catholique. En 1829, quelques observations de Mgr de Quélen, archevêque de Paris, furent assez mal reçues par l'écrivain vis-à-vis duquel il avait eu cependant tous les ménagements que commandait une vieille amitié. C'était le commencement d'une lutte où la foi de La Mennais devait succomber.

Les événement de 1830 le convertirent à la démocratie, dont il voulait faire l'instrument de l'affranchissement et de la rénovation des peuples, avec le concours de l'Eglise. Le journal *l'Avenir* était l'organe de l'école fondée pour la diffusion de cette doctrine : Lacordaire et Montalembert y coopéraient avec le même talent et presque avec la même ardeu :que La Mennais lui-même.

Rom es'émut de l'incorrection évidente des enseignements

de *l'Avenir*. Après un voyage à Rome et des explications qui semblaient terminer le débat, La Mennais se laissa de nouveau entraîner et fut mis en demeure de se soumettre par l'Encyclique *Mirari vos*, publiée en 1832. Fluctuant, irrésolu, mais encore soumis, en apparence du moins, l'inpétueux écrivain se réfugia dans la solitude de la Chênaie pour s'y retrouver et s'y remettre des agitations qui l'avaient à demi brisé.

La Chênaie, « sorte d'oasis au milieu des steppes de la Bretagne, » — suivant l'expression de Maurice de Guérin, — était une vieille propriété de famille, un vieux château entouré de jardins comme d'un parc, avec une terrasse plantée de tilleuls et une chapelle qui servait aux exercices de la petite communauté réunie autour de La Mennais. Tous les grands noms de la nouvelle école catholique y faisaient escorte à celui de l'auteur de l'*Essai sur l'indifférence*. Lacordaire, Combalot, Gerbet, Salinis, Blanc, Rorhrbacher, De Coux, Sainte-Beuve; — de plus jeunes, Cazalès, Montalembert, Maurice de Guérin, l'abbé Houët, Elie de Kertanguy, François du Breuil de Marzan, Hippolyte de la Morvonnais, Eugène Boré, d'autres encore, déjà célèbres ou qui devaient le devenir, passaient ou séjournaient à la Chênaie, collaborateurs ou disciples du Maître, les uns disposés à l'obéissance envers Rome, les autres prêts à lui résister.

Après des tergiversations indignes de son génie, La Mennais se décida pour la révolte. *Les Paroles d'un croyant*, publiées en 1834 et condamnées presque aussitôt, furent suivies, deux ans plus tard, des *Affaires de Rome*, qui consommèrent la rupture avec le Saint-Siège. Lacordaire n'avait pas voulu suivre son malheureux ami dans cette voie qui devait aboutir à la déconsidération absolue et à l'impénitence finale. L'un après l'autre, ses disciples de la Chênaie se retirèrent. Pendant qu'ils retournaient au service de la France et de l'Eglise, La Mennais s'éloignait de plus en plus de la vérité religieuse et sociale. En 1846, il publia, sous le titre d'*Esquisse d'une philosophie*, un ouvrage considérable où l'on put constater, avec la baisse d'une si puissante raison, la ruine de cette foi étincelante dont témoignaient les commentaires sur l'*Imitation*. L'opinion publique commençait à lui faire défaut, quand la révolution de 1848 lui rendit un peu de popularité.

Fondateur du *Peuple constituant*, feuille démagogue emportée par la tourmente de juin, puis rédacteur de *La Réforme*, il fut élu député à l'Assemblée Constituante, puis à l'Assemblée Législative, où son rôle fut des plus effacés. La mort vint le prendre dans cet oubli, en 1854. Ses derniers moments furent surveillés avec le plus grand soin par les partisans de ses erreurs pour empêcher un retour, dont il était permis de se défier. Les efforts de son frère, l'abbé Jean-Marie de La Mennais, échouèrent contre cette vigilance fanatique, et le malheureux mourut, dit-on, en appelant en vain Lacordaire, le disciple et l'ami préféré des anciens jours. Comme le bon curé de Saint-Malo, le grand orateur garda toujours l'espoir d'une suprême illumination à laquelle Dieu seul peut dire si le mourant n'a pas répondu par un cri de repentir!

La fosse commune reçut la dépouille mortelle du prêtre révolté : le temps ne tarda pas à emporter sa mémoire. On dirait que la vengeance divine a mesuré à sa gloire même l'indifférence où sont ensevelis le souvenir et les doctrines du plus brillant peut-être des penseurs et des écrivains du XIX⁰ siècle.

L'école *mennaisienne* ne survécut pas à son fondateur, pas plus que la doctrine mennaisienne qui n'avait du reste jamais eu de formule bien précise et de disciples bien décidés. L'homme, et non pas l'enseignement, avait eu des sectateurs: l'homme manquait et tout s'en allait avec lui. Mais rendus à leur liberté d'action, les membres de cette école finie commencèrent à remplir le monde du bruit justifié de leurs œuvres. Lacordaire rétablissait les Frères-Prêcheurs en France et fondait les conférences de Notre-Dame. Montalembert, vite rallié, préludait aux *Moines d'Occident* par *Sainte Elisabeth*, au discours sur l'expédition de Rome par ses succès oratoires à la Chambre des Pairs.

Gerbet montait sur le siège épiscopal de Perpignan, Salinis sur celui d'Amiens. Blanc et Rorhbacher commen-

çaient, chacun de son côté, leur *Histoire de l'Église*, pendant
que Combalot illustrait la chaire chrétienne par son éloquence et son zèle. Eugène Boré partait pour l'Orient, qui
devait, un jour, le revoir sous l'habit du missionnaire et le
rendre à Paris comme supérieur général des Lazaristes et
des Sœurs de Charité. L'abbé Houët s'adonnait à l'étude de
la science ecclésiastique et au ministère des âmes, pendant
que La Morvonnais écrivait les pages exquises de sa
Thébaïde des Grèves. Maurice de Guérin, le plus vite mois-
sonné par la mort, achevait en 1839, une vie qu'il eût pu
souhaiter plus longue si elle avait été moins remplie : et,
chose étrange, son *Journal* et ses *Lettres* devaient être pré-
sentés plus tard au public par Sainte-Beuve, le seul des
visiteurs de la Chênaie qui n'ait pas voulu mourir dans la
foi de ses amis.

Aujourd'hui, M. l'abbé Houët, chanoine de la cathédrale de Rennes, est le seul survivant de cette réunion
d'hommes éminents, dont plusieurs nous furent person-
nellement connus et voulurent bien nous montrer de l'intérêt. Ce n'est pas sans tristesse que nous évoquons leur
souvenir, à la pensée que rien ne rappelle, en notre temps
d'universelle médiocrité, les grands efforts et les lumineuses
espérances du temps où ils ont travaillé à la gloire de Dieu
et au service de la Sainte Église. Nous sommes leurs fils,
il est vrai ; mais les armures de ces héros ne vont plus à
notre taille, et nos mains se sentent lasses rien qu'à soulever leurs épées.

Lettre **H**

ROBERT SURCOUF

Robert Surcouf, descendant par sa mère du célèbre René
Du Guay-Trouin, naquit à Saint-Malo, en 1773. Dès qu'il
fut capable de naviguer, il commença de courir les mers

d'abord sur les bâtiments des armateurs de sa connaissance, puis sur un navire dont il prit lui-même le commandement, à vingt ans. Muni de lettres de course, il promena le pavillon français sous toutes les latitudes, mais principalement dans l'océan Indien, dont il devint bientôt la terreur. A une bravoure folle, il joignait une habileté merveilleuse dans l'art de conduire un navire, et savait se tirer d'un mauvais pas avec un succès égal à l'audace qu'il mettait à s'y engager. Secondé par des équipages choisis, qui professaient pour lui une admiration voisine de l'idolâtrie, Surcouf ne paraissait craindre aucun adversaire, pourvu que Dieu ne se mît pas contre lui. On a dit justement que certains de ses exploits ont quelque chose de fabuleux. Vrai héros de légende, un peu pirate au besoin, (ce qui ne nuit pas à l'effet sur l'imagination populaire), il défrayait les contes des veillées dans toutes les chaumières de la côte bretonne, longtemps encore après sa mort.

Les Anglais réussirent à le capturer, mais non pas à le garder, et il leur fit payer cher les ennuis de sa captivité. La paix mit fin à cette lutte épique entre un homme et une nation : sa fortune y gagna sans que sa gloire en fût diminuée. Il mourut en 1827, entouré de l'affection générale; car il avait un excellent cœur qu'il s'efforçait parfois de cacher sous des formes d'une rudesse calculée.

La famille Surcouf est encore représentée dans le pays par les neveux de l'illustre corsaire, MM. Eugène et Robert Surcouf.

Lettre I.

LA VIE INTELLECTUELLE A SAINT-MALO

La gloire de Chateaubriand et de La Mennais a rejeté dans l'ombre les noms de plusieurs de leurs compatriotes dignes cependant de n'être pas oubliés tout à fait.

Dans la jurisprudence, Charles Toullier (né en 1752 (1), mort en 1835) mérite une place au premier rang parmi les professeurs de droit et les commentateurs du *Code civil :* son ouvrage *le Droit civil français suivant l'ordre du Code* (1811-1820), passe pour le meilleur commentaire que nous ayons, encore qu'il soit resté incomplet.

Dans la médecine, François Broussais (né en 1772) n'est pas moins remarquable. Son *Examen des doctrines médicales,* publié en 1817, fit une révolution dans l'enseignement. Médecin en chef du Val-de-Grâce, professeur de pathologie à la Faculté de médecine, membre de l'Académie des sciences morales et politiques, auteur applaudi de plusieurs ouvrages qui furent longtemps en vogue, Broussais n'en fut pas moins un homme peu heureux. La foi lui manquait, et il professait le matérialisme avec une âpreté qui ne réussit point à dissiper le doute final. Il mourut en 1838, triste et troublé, loin de son pays où l'on ne parut guère s'émouvoir de cette fin douloureuse. Du reste, il y avait longtemps qu'il semblait lui-même avoir oublié Saint-Malo, où son nom était à peu près inconnu.

Toullier et Broussais ont eu, dans l'opinion, une importance refusée à ceux dont nous allons parler : célébrités locales, qui ne furent pas tout à fait ignorées au dehors, mais dont le rayonnement fut surtout appréciable dans la région de leur origine.

Parmi les poètes, il faut rappeler M. Hippolyte de la Morvonnais, l'auteur de la *Thébaïde des grèves,* dont nous avons déjà cité le nom parmi ceux des habitués de la Chênaie. Il appartenait à l'école qui a donné à la Bretagne Turquéty, Hippolyte Violeau, et cet autre poète malouin, F. Longuécand, que sa modestie ne nous permet pas de louer à notre gré. Maurice de Guérin fut l'ami d'Hippolyte de la Morvonnais, et de ce fin lettré qui s'appelait A. Duquesnel : leurs noms se retrouvent souvent dans ses lettres et dans son *Journal.*

____

(1) Toullier naquit à Del ; mais il était Malouin d'origine.

L'histoire était représentée par M. l'abbé Manet, saint prêtre, que ses vertus recommandaient encore plus que ses ouvrages (1), et par M. Charles Cunat, adjoint au maire de Saint-Malo, auteur d'une *Vie de Robert Surcouf* et de divers autres essais dignes d'estime.

Les arts étaient cultivés avec succès, comme l'attestent les noms de Louis Garneray, peintre de marine, ami de Surcouf, avec lequel il courut la mer avant de la peindre (2) ; de Louis Duveau, l'auteur des fresques de Saint-Servan ; d'Auguste Laloue, artiste aussi modeste que consciencieux ; d'autres encore auxquels on doit le développement artistique dont Saint-Malo peut justement s'enorgueillir. Chaque année, le Salon ouvre ses portes à plusieurs de nos compatriotes qui n'y font pas trop mauvaise figure (3) : on voit que la semence est tombée en bonne terre. A l'époque dont nous parlons, il y avait déjà bon nombre d'artistes amateurs, et le goût des belles choses était fort répandu parmi nous, comme on pouvait le voir dans les maisons de l'aristocratie ou de la vieille bourgeoisie.

Les sciences naturelles avaient pour fervents adeptes M. le docteur de Kerollier et M. le docteur Martel, deux conchyliologistes dont les collections ornent aujourd'hui le Musée municipal. Les sciences exactes se faisaient honneur de M. Querret, mathématicien distingué, dont les ouvrages ont été classiques. L'architecture, qui tient de la science autant que de l'art, quittait les voies du xviiie siècle pour entrer dans celles de la Renaissance gothique, et M. Frangeul rêvait déjà la flèche dont il devait couronner la cathédrale.

Dans la période qui suivit, nous aurions à signaler plus d'un nom honorable ; mais nous sortirions ainsi du cadre qui nous est tracé. Disons seulement que la magistrature et le barreau, la marine et l'armée, le haut commerce et l'administration, ne le cédaient en rien à ce que les grandes

---

(1) *Biographie des Malouins célèbres, Histoire de la petite Bretagne*, etc.

(2) L. Garneray a écrit aussi des *Voyages et Souvenirs*, etc ; 1851.

(3) Voir les catalogues des Salons de 1880 à 1887.

villes pouvaient montrer de plus honorable et de plus
apprécié. Les noms de MM. Houitte, Jumelais, A. Gouët,
de Bachasson, Jausions, Raffron de Val, Du Temple, etc.,
suffisent à le prouver. Si tous ne sont pas arrivés à la célébrité, tous ont pris place dans les souvenirs que les Malouins
aiment à rappeler ; et, pour le dire en passant, les compatriotes de Chateaubriand ne sont pas prodigues de leur
estime.

Lettre **J,**

LE PILOTE SAISON

Lorsque Jean-Baptiste Le Carpentier, représentant du
peuple en mission dans les départements de l'Ouest, vint
s'installer à Saint-Malo, devenu le *Port-Libre* (15 décembre 1793), la cathédrale était encore aux mains de
l'intrus Duhamel, devenu *grand-curé* au prix d'une apos-
tasie. Le premier soin du conventionnel fut de supprimer
ce qui restait de l'ancien culte.

Le 30 décembre, il inaugura la célébration des décades,
et le 9 janvier 1794, la fête de la déesse Raison, représentée, ce jour-là, par une pauvre fille que nos contemporains ont vue mourir dans des sentiments de sincère
repentir, mais qui prêtait alors avec entrain sa jeunesse et
sa beauté à ces folies sacrilèges. Huit jours après, il abo-
lissait le culte constitutionnel et désaffectait (comme on
dirait aujourd'hui) la ci-devant cathédrale. L'anniversaire
du régicide fut marqué par la sommation aux prêtres
assermentés de jeter les restes de leur froc aux orties, et,
le 27, le soi-disant grand-curé donnait l'exemple en épou-
sant *civiquement* une lingère.

On avait déjà dépouillé de leurs plombs les toits de la
cathédrale, dans laquelle un agent-salpêtrier avait installé

ses fourneaux qu'il chauffait avec les boiseries sculptées
des chapelles et de la sacristie. On avait cependant réservé
le coffre du maître-autel, les stalles du chœur et le grand
orgue, comme utiles aux réunions que l'on pouvait tenir
dans le *Temple de la Raison*. Mais le 7 mars, un nouveau
décret transféra les solennités du nouveau culte à l'église
des Récollets (Saint-François), et Saint-Vincent devint un
magasin à fourrages, en attendant sa démolition arrêtée en
principe.

Pour en venir à cette suppression, il n'y avait rien de
mieux à faire que de mettre en vente, avec charge de
démolir : ce qui ne promettait pas une affaire très brillante
pour la commune, ni pour l'acheteur. Aussi la mise à
prix était-elle insignifiante : 23,540 francs en assignats, ou
600 francs en argent comptant. L'adjudication eut lieu au
profit d'un maître-pilote nommé Saison, mort en 1838,
dans une maison de la rue de l'Orme bien connue de
tous les enfants du quartier. Brave homme, s'il en fut
jamais, le maître-pilote était aussi l'un des plus fiers ori-
ginaux qui se pussent rencontrer. Devenu propriétaire légal
de Saint-Vincent, il eut grande hâte de le rendre à l'Église,
dès que les circonstances le lui permirent, mais en conservant de ses droits la plus singulière idée, comme on va
le voir.

Bon chrétien à la façon des marins de la vieille école, il
ne manquait jamais d'assister aux offices du dimanche, avec
la gravité et le recueillement convenables. Mais, si la fermière des chaises lui tendait, par distraction, la main pour
recueillir les cinq centimes traditionnels, il entrait dans des
colères folles, jurant qu'il aimerait mieux avaler le *Grand-
Bey* que de payer un rouge liard dans une église qui était
sa propriété. Puis, rentré chez lui, il accablait sa femme
de déclarations de principes entremêlées de jurons, dont
la conclusion était que la fermière des chaises n'aurait pas
un sou de lui jusqu'à ce qu'il eût, par cette économie,
recouvré les 23,000 francs d'assignats qu'il avait jadis
déboursés. La bonne dame n'était sans doute pas con-
vaincue de l'efficacité du moyen, mais elle opinait du

bonnet pour calmer ces fureurs inoffensives d'ailleurs ; car le dimanche suivant, le patron Saison était l'un des premiers rendus à la cathédrale, où il se serait fait reproche de ne pas donner son aumône à toutes les quêtes. Quand la mort vint le prendre, il s'endormit du sommeil des justes, confiant dans la parole de Celui qui sait payer exactement toutes les dettes et reconnaître tous les dévouements.

Lettre **K.**

OZANAM
ET LES CONFÉRENCES DE SAINT-VINCENT-DE-PAUL

Antoine-Frédéric Ozanam naquit à Milan, le 23 août 1813, d'une famille d'origine juive, convertie au christianisme par saint Didier, l'an 600, et fixée dans la Bresse. Il avait, par tradition, le goût des lettres et des sciences ; à seize ans, il écrivait dans *l'Abeille française* de Lyon, et lorsqu'il vint à Paris, en 1831, avec des lettres de recommandation pour Chateaubriand, il fut reçu presque en ami par l'illustre auteur du *Génie du Christianisme*. Ampère l'apprécia tout de suite, l'admit dans son intimité et l'associa bientôt à ses études, non comme un disciple, mais à titre de collaborateur.

Il était encore loin cependant de la célébrité, lorsqu'il créa, au mois de mai 1833, avec sept autres jeunes gens de ses amis, la première conférence de Saint-Vincent-de-Paul : humble essai dont il ne pouvait alors prévoir toutes les conséquences. Vingt ans après, au moment de sa mort, Ozanam pouvait dire : « Au lieu de huit, à Paris seulement nous sommes deux mille, et nous visitons cinq mille familles, c'est-à-dire environ vingt mille individus.

c'est-à-dire le quart des pauvres que renferme cette immense cité. Les conférences, en France seulement, sont au nombre de cinq cents, et nous en avons en Angleterre, en Espagne, en Belgique, en Amérique, et jusqu'à Jérusalem. C'est ainsi qu'en commençant humblement, on peut arriver à faire de grandes choses, comme Jésus-Christ, qui, de l'abaissement de la crèche s'est élevé à la gloire du Thabor. »

Ozanam était l'âme de cette première conférence, et ses confrères voyaient en lui un maître dans l'art de secourir et d'évangéliser les pauvres : il les aimait de tout son cœur, les traitait avec respect, et s'ingéniait à leur rendre service avec une habileté et une délicatesse sans égales. Se priver pour eux lui était un plaisir dont il ne voulut jamais rien diminuer, même quand il semblait avoir d'excellentes raisons pour le faire. Il communiquait sa tendresse et son ardeur à ses amis, leur enseignant à voir dans le pauvre, quel qu'il fût, Notre-Seigneur Jésus-Christ, le divin pauvre de Bethléem et de Nazareth.

C'est ainsi qu'il fonda ce *parti de Dieu et des pauvres*, que la sagesse humaine n'a pas tardé à méconnaître, mais qui a survécu à d'autres partis inspirés de pensées moins hautes et de sentiments beaucoup moins désintéressés. Personne n'ignore à quels orages fut livrée, dans les derniers temps du second Empire, l'œuvre des conférences, et combien encore elle rencontre d'antipathie et même de haine dans les régions où l'on devrait voir en elle un puissant moyen de pacification et de progrès. Cependant elle continue à vivre et à prospérer, entourée des œuvres nombreuses dont elle peut se vanter d'être la mère, puisqu'elles ont eu le plus souvent pour inspirateurs des membres actifs des conférences. L'œuvre était de Dieu, et, suivant la remarque de Gamaliel (1), elle était destinée à vaincre l'effort du temps et des passions.

La charité n'absorbait pas la vie d'Ozanam au point de

_____

(1) Act. Apost. V, 39.

nuire à l'étude : le P. Lacordaire, avec lequel il s'était lié, le poussait de toutes ses forces dans la voie où il devait s'illustrer. Docteur en droit en 1836, il se tourna vers les lettres où il se fit, du premier effort, une place au premier rang, par sa thèse sur *Dante et la Divine Comédie,* qui est datée de 1839. Après quelques hésitations, il accepta, sur le conseil de M. Ampère (le fils de son vieil ami et collaborateur), la suppléance de la chaire de littérature étrangère à la Sorbonne. Éloquent autant qu'érudit, le jeune professeur (il avait à peine vingt-huit ans) fut bientôt populaire dans les écoles et dans le monde lettré, quelles que fussent les idées religieuses et politiques de ses auditeurs. Triomphe rare et qui n'eut point de retour, parce que, comme le dit si bien le P. Lacordaire, « il était doux pour tout le monde et juste envers l'erreur ».

En 1844, il remplaça définitivement M. Fauriel à la Sorbonne. Il ne devait pas jouir longtemps de cette élévation sans exemple dans les fastes de l'Université. Dès l'été de 1846, il sentit ses forces décroître : un repos de quelques mois en Italie lui permit de reprendre son travail, mais avec la prévision d'une fin prématurée. Il publia successivement, à cette époque, ses *Études germaniques* et ses *Poètes franciscains de l'Italie au XIIIe siècle,* deux véritables chefs-d'œuvre dans des genres bien différents. Il rêvait d'un travail de longue haleine, l'histoire littéraire du Moyen Age, du cinquième au treizième siècle, lorsque la main de la mort se posa sur lui, à l'heure même où il semblait atteindre la plénitude de sa vie. Obligé de quitter sa chaire en 1852, il parcourut le midi de la France, l'Espagne et l'Italie, essayant de refaire sa santé délabrée, étudiant toujours, s'occupant surtout d'œuvres de charité chrétienne, établissant des conférences partout où il le pouvait. Le *Pélerinage au pays du Cid* est de cette période douloureuse et pourtant si active. Ce fut sa dernière protestation contre la mort, qui l'enleva le 8 septembre 1853, à Marseille, où du moins il eut la consolation de rendre son âme à Dieu au milieu des siens et sur la terre française.

Le P. Lacordaire lui a consacré quelques-unes de ses

plus belles pages (1), auxquelles nous empruntons les lignes
suivantes, qui peignent admirablement le fondateur des
conférences : « Vous fûtes le maître de beaucoup, le conso-
lateur de tous... Le pauvre vous vit à son chevet, la tribune
littéraire debout devant une génération, et la presse, cet
autre instrument du bien et du mal, eut en votre personne
un honnête et religieux artisan. Vous n'avez laissé de blessure à aucun, si ce n'est cette blessure qui guérit de la
mort, parce que c'est la charité qui la fait. Demeurés derrière vous, nous n'avons plus la joie de vous voir et de vous
entendre ; mais il nous reste encore celle de vous louer,
et, quelles que soient les destinées qui nous attendent au
seuil extrême de notre carrière, la joie plus grande encore
de vous imiter de loin, si Dieu le permet. »

Lettre **L.**

LA FÊTE-DIEU A SAINT-MALO

Les Malouins n'ont jamais eu le goût des manifestations,
quelle qu'en fût la raison ou la nature. Au point de vue
religieux, on eût vainement essayé chez eux les déploiements
de pompe qui réussissaient chez leurs voisins de Saint-Servan,
soit à l'intérieur de l'église, soit dans les rues de la cité :
on pourrait croire, à ce sujet, que ce sont deux peuples
d'origine absolument distincte et de sang tout à fait différent. Les Servanais se plaisent aux mises en scène comme
des Grecs de l'Attique ou de l'Ionie : les Malouins ont la
calme et froide rectitude de paroles et d'allures qui distingue les races celtiques. Ce qui réjouit ceux-là fait sourire ceux-ci d'un sourire un peu sceptique, auquel réplique

(1) Lacordaire : *Œuvres*, t. VIII ; *Frédéric Ozanam*. — Cette notice a été
publiée, en 1855, en tête des *Œuvres complètes* d'Ozanam.

volontiers un sourire dédaigneux. Inutile d'en chercher le *pourquoi* : des goûts et des couleurs il ne faut pas discuter.

Quoi qu'il en soit, certaines fêtes fournissaient aux Malouins l'occasion d'un apparat auquel on tenait d'autant plus qu'il était plus rare; et, parmi ces fêtes, le premier rang appartenait sans conteste à la Fête-Dieu, au *Sacre,* comme on disait à Saint-Malo.

La fête était double : le *Grand Sacre,* qui se célébrait le dimanche dans l'octave du Saint-Sacrement, et le *Petit Sacre,* qui avait lieu huit jours après. Mais le premier dimanche l'emportait de beaucoup en splendeur et portait seul, à proprement parler, le nom de Fête-Dieu. Le souvenir de ce jour unique hantait pendant de longs mois la mémoire des enfants, pour qui la solennité religieuse était la moindre partie des enchantements représentés par cette date.

Plusieurs jours à l'avance on construisait, sur divers points de la ville, des reposoirs de grandes dimensions, dont l'érection occupait les bras de nombreux ouvriers, la langue des commères du quartier et l'imagination de tous les bambins. Dès l'aurore du dimanche, on commençait la décoration de ces reposoirs, et chaque maison du voisinage s'empressait d'y contribuer : tapis, dentelles, cristaux, vases et candélabres affluaient. Des monceaux de fleurs et de feuillage s'entassaient sur les degrés, pendant que les alentours se jonchaient de verdure odorante qui ne tardait pas à embaumer l'air sous l'action du soleil. Les paresseux s'éveillaient dans une atmosphère saturée de lumière, de parfums, de bruits joyeux : car un va-et-vient continuel mettait toute la population sur pied, pendant que le bourdon *Malo* lançait du haut de la tour ses volées harmonieuses. La toilette s'achevait à la hâte ; de même le déjeuner. Il fallait se presser : il y avait tant de choses à voir, avant même le passage de la procession.

Les enfants, que leurs parents ne conduisaient pas à la grand'messe ou ne retenaient pas aux environs du reposoir voisin, se groupaient sur la place de la *Petite-Commune,* aux portes de l'Hôtel de Ville, afin de saluer, à son apparition, le palladium de la cité, la forteresse en miniature

connue sous le nom de *Sainte-Barbe*, à cause de la vierge-
martyre dont l'image couronnait la plus haute tour. Ce
monument, dont les proportions n'excédaient pas deux
mètres carrés, reposait sur un brancard que portaient six
hommes choisis parmi les mariniers et ouvriers du port :
toute la corporation lui faisait escorte, en grand costume,
et avec une gravité que rien ne pouvait déconcerter. Près
des pères marchaient les enfants, dont les plus heureux
étaient admis à l'honneur de tenir la poire à poudre, le
sac à bourres et le boute-feu nécessaires au service de l'artillerie de Sainte-Barbe ; car la forteresse avait une formidable artillerie composée de nombreux canons luisants
comme ceux du vaisseau-amiral et tirant des salves dont
les vitres étaient ébranlées dans tout le quartier.

C'était la grande *attraction* non seulement pour les enfants,
mais encore pour tout le peuple : le *Sacre* sans Sainte-Barbe
n'était plus rien, et mal en eût pris à la municipalité d'empêcher la sortie du fortin blanc et rose aux canons brillants
et sonores.

Après l'avoir reçu des mains des magistrats, les mariniers
le portaient jusqu'au grand portail de la cathédrale qui
s'ouvrait à son approche : on le déposait à l'entrée, sur des
tréteaux, et sans retard, il saluait de tous ses feux l'osten-
soir exposé sur le grand-autel, tout au fond de la longue
nef, au milieu des lumières et de l'encens. Puis, au signal
donné par le maître des cérémonies, il prenait la tête de la
procession, accompagné par une troupe d'enfants réglant
leur marche sur le pas cadencé des marins. Son apparition
à l'entrée d'une rue imposait le silence, réglait la tenue, et
donnait à tout l'ensemble l'air convenable à la circonstance.
Personne n'eût songé à railler cette naïve parade militaire,
et dans la pensée de tous, les salves tirées par les navires
de guerre qui se trouvaient en rade ne rendaient pas au
Dieu des armées plus de gloire que les minuscules couleu-
vrines de Sainte-Barbe.

Il m'en souvient comme si c'était d'hier et j'entends encore
les détonations qui tant de fois annoncèrent l'approche de
la Majesté divine.

Entre deux haies de soldats appartenant à l'armée et à
la garde nationale (dans le temps où la milice citoyenne
existait encore) s'avançait la procession. D'abord les demoiselles de la congrégation en robes blanches et voiles de mousseline, suivies des orphelins et orphelines, des dames de
charité et des congrégations religieuses, avec une profu-
sion de bannières, d'oriflammes, de statues de saints et
d'allégories pieuses. Puis venaient les frères des écoles chrétiennes, précédant le clergé revêtu de ses plus beaux ornements. À la suite, dans un intervalle habilement ménagé,
évoluait un groupe nombreux de jeunes gens du collège,
fleuristes et thuriféraires, en aubes de dentelle et ceintures
de moire, qui semaient de roses effeuillées la route du
divin Maître ou l'entouraient d'un nuage d'encens. Un
long exercice préparait ces jeunes gens aux figures que
devait former leur marche, suivant les indications d'un
maître de cérémonies spécialement préposé à leur conduite.
Rien n'était plus désiré que l'honneur d'appartenir à ce
groupe, où l'on entrait après bien des brigues et des solli-
citations comme il en faut pour arriver aux postes les plus
enviés. Les mères s'épanouissaient au passage du bataillon
sacré où leurs fils déployaient des grâces qui n'avaient pas
pour unique but de plaire à Dieu : mais qu'importe, puisque
Dieu s'en trouvait tout de même honoré ?

Le dais paraissait alors, porté par des diacres improvisés,
entouré des fabriciens et des *Messieurs* de Saint Vincent-de-
Paul, dont les principaux tenaient les cordons. Les pompiers
en grande tenue formaient la garde d'honneur, et ne faisaient vraiment pas mauvaise figure sous le casque à che-
nille et le plastron de velours noir. Sous le dais, le grand'-
curé portait le Saint Sacrement, fonction qu'il ne confiait
à personne, si ce n'est dans des circonstances tout à fait
exceptionnelles. Le peuple, du reste, s'en fût étonné : comme
l'évêque à Rennes, le grand-curé avait seul, à Saint-Malo,
le droit de se montrer dans cet appareil et ce ministère.

A chaque reposoir, il y avait un arrêt. Les divers corps
de musique, qui faisaient partie du cortège, se taisaient :
les chants religieux résonnaient à leur tour au milieu du

silence. Puis, au moment de la bénédiction, les commandements militaires couraient d'une extrémité à l'autre de
l'assemblée : les tambours battaient aux champs, les clairons
rappelaient joyeusement et Sainte-Barbe, postée près du
reposoir, lançait ses détonations aux échos des murs et du
port. C'était un moment solennel à donner le frisson :
vraiment on sentait Dieu présent, et l'adoration prenait le
cœur en même temps qu'elle pliait les genoux. Heureux
temps où il était encore permis à l'homme de s'incliner
d'autant plus profondément devant le Roi du ciel qu'il semblait plus digne de tenir la tête haute devant les puissants
d'ici-bas.

Le plus curieux sinon le plus beau des reposoirs s'élevait
sous les voûtes du *Marché aux légumes*, longue place cou-
verte, avec des arcades cintrées, et une fontaine d'un style
plus que médiocre. Comme on n'avait rien à craindre ici
des variations de l'atmosphère, les dames de la Halle pouvaient donner libre carrière à leur imagination et à leur zèle.
Leur triomphe était ce tapis de fleurs effeuillées, que les
Italiens appellent une *infiorata*, et dont le goût est peut-être
venu de Rome à Saint-Malo, sans qu'on puisse dire par
quelle voie : fantaisie charmante dont la fragile beauté dure
encore moins que celle de la rose, et ne paierait pas les soins
qu'elle réclame, si la foi ne se mettait pas de la partie.
Mais les bonnes dames avaient la foi et ne regardaient pas
à la peine pour honorer leur Sauveur.

Après la bénédiction donnée solennellement, Sainte-Barbe
reprenait la tête de la procession et le cortège continuait
sa marche à travers les rues jonchées de verdure, tendues
de draps blancs et de tapisseries bariolées, avec des drapeaux
aux fenêtres et des guirlandes multicolores courant d'une
maison à l'autre. Les familles se groupaient aux portes, en
compagnie des amis venus de la campagne ou des villes
voisines, tout le monde en grande toilette et en plein
épanouissement de joie. C'était bien là ce qu'on peut appeler
une fête populaire : nulle dissidence n'y mettait une note
fausse, et quand le jour finissait il en restait à tous **un**
même souvenir de tranquille bonheur.

C'était aussi la fête des « classes dirigeantes », pour employer une expression démodée aujourd'hui. A la fête du Roi ou de l'Empereur, les *autorités* se rendaient à la cathédrale pour le *Te Deum* traditionnel, mais sans grand apparat et par conséquent sans rien qui excitât l'admiration des spectateurs. Mais, au jour de la Fête-Dieu, le spectacle des grandeurs mondaines s'étalait à loisir aux yeux de la foule naïvement émerveillée : car, en ce temps-là, on croyait au prestige de dignités que l'on voyait honorablement représentées. Derrière le dais, le maire, le sous-préfet, le président du tribunal, le commandant de place, les magistrats, les officiers de la garnison et de la marine, les agents consulaires, les membres des diverses administrations, en un mot, tout ce qui avait une situation officielle, s'avançaient en grand uniforme ou en habit de cérémonie, non sans grand plaisir de se montrer. Dans l'assistance on se nommait les plus en vue de ces personnages, quelquefois avec des commentaires malins, toujours avec un profond respect de la fonction dont ils étaient honorés. Certains noms se prononçaient avec un accent pénétré : tout le monde se connaissait alors, et les vertus ou les services étaient connus de tous, parce que tous en étaient les témoins sinon les participants. Aussi n'est-il pas malaisé de comprendre avec quel plaisir ces honnêtes gens et ces bons chrétiens, que nous appelions « nos autorités », se montraient à un peuple dont ils avaient l'estime et l'affection. Les vieux Malouins savent combien cette parole est justifiée et se demandent peut-être quels avantages on a retirés du progrès qui emporte les vieilles mœurs.

La procession rentrée dans la cathédrale, une dernière salve d'artillerie annonçait la clôture de la fête, et Sainte-Barbe remontait à l'Hôtel de ville, au milieu des bousculades et des cris de joie. *Malo* sonnait gravement l'*Angelus* et chacun s'empressait de regagner sa demeure pour y prendre le repas de famille, plus copieux et plus soigné, ce jour-là, parce qu'on y avait convié les amis du dehors. Les commentaires allaient leur train, à mesure que la bonne chère déliait les langues. On trinquait encore une fois avant de

quitter la table et de reconduire les hôtes. Le soir venait
comme on rentrait en ville, et l'on se couchait, l'âme en
paix, non sans regret d'avoir vu finir cette belle fête, mais
avec l'espoir de la recommencer souvent encore, avant
l'appel définitif de Dieu.

Ces joies ne valaient-elles pas bien celles qu'on a pré-
tendu leur substituer et n'est-il pas permis de trouver que
la solennité du *Sacre* était préférable à l'anniversaire de la
prise de la Bastille?

Lettre **M**.

CHATEAUBRIAND

François-René, vicomte de Chateaubriand, naquit à Saint-
Malo, en 1768, d'une des plus illustres familles de la
Bretagne. Entré au régiment de Navarre, à 17 ans, avec un
brevet de lieutenant, il était capitaine en 1791 : mais la vue
des folies révolutionnaires et des faiblesses royales le conduisit à donner sa démission pour passer en Amérique, où
il courut les forêts et les pampas, en préparant ses *Natchez*,
la première œuvre célèbre de son génie. Rentré en Europe
à la nouvelle de la mort de Louis XVI, il rejoignit l'armée
de Condé, y fut grièvement blessé, et se réfugia mourant
à Londres, qui le vit plus tard gagner péniblement sa
vie en donnant des leçons de français.

Il était de retour à Paris en 1800 et ne tarda pas à publier
Atala (1801), puis le *Génie du Christianisme* (1802) qui fit
sensation et donna le signal d'un retour aux idées religieuses.

Le premier Consul s'attacha le jeune écrivain et l'envoya,
comme secrétaire d'ambassade à Rome, d'où il allait partir
comme ministre de France dans le Valais, quand arriva le

meurtre du duc d'Enghien. Il s'empressa de donner sa démission, et partit pour l'Orient qui lui fournit les éléments de son *Itinéraire de Paris à Jérusalem*, composé des notes prises pour *les Martyrs*, la plus remarquable de ses œuvres, à laquelle se rattache le grand mouvement d'études historiques que continua bientôt Augustin Thierry.

Brouillé de nouveau avec Napoléon, à l'occasion de son élection à l'Académie, Chateaubriand fut un des premiers à saluer le retour de Louis XVIII qu'il servit puissamment par son fameux pamphlet : *De Bonaparte et des Bourbons*. Ambassadeur en Suède, puis ministre d'Etat, il fut disgracié en 1816, pour avoir attaqué dans son écrit : *la Monarchie suivant la Charte*, la mesure qui dissolvait la Chambre des députés. La faveur lui revint, et il fut l'un des plénipotentiaires du Congrès de Vérone. Ministre des affaires étrangères, ambassadeur à Rome, il traversa des fortunes diverses jusqu'en 1830, qui marque la fin de sa carrière politique.

Les *Mémoires d'Outre-Tombe* furent désormais sa principale préoccupation, dans une vie qu'il partageait entre ses relations d'amitié et les travaux littéraires. Bien qu'entouré par les hommes les plus distingués de la France et de l'étranger, il tomba peu à peu dans l'oubli, au milieu de ce peuple qu'il avait si profondément impressionné. Le romantisme, dont il est le véritable père, le relégua dans l'ombre : la gloire de ses disciples, dans l'école historique, effaça la sienne : en politique, il se trouva seul, ou à peu près, à représenter ses doctrines. L'amertume envahissait de jour en jour cette âme hautaine, et il s'enfonçait de lui-même dans cette solitude morose où la mort devait le prendre, le 4 juillet 1848.

« Chateaubriand, dit Bouillet, est sans contredit le plus grand écrivain du siècle et peut-être le plus grand peintre de la nature qui ait existé. » Bien que méconnu de nos jours, il reste comme un des maîtres auxquels, suivant le mot de Fontanes, « il faudra revenir ». Sa langue est une des plus belles et des plus riches qui se puisse rencontrer, quel que soit d'ailleurs le genre dans lequel il se soit exercé, et toute éducation littéraire où il n'aura pas eu sa part, sera nécessairement incomplète.

En politique il s'est peint lui-même par ces paroles : « Je suis bourbonien par honneur, monarchiste par raison, républicain par goût et par caractère. » Toute sa vie est marquée de ce triple cachet. Sa loyauté et sa raideur empêchèrent souvent l'habileté qui eût permis à de très sages conseils et à des vues très élevées d'atteindre leur but : il eut le malheur d'être presque toujours mal compris.

On a beaucoup parlé de sa vanité et du tort qu'elle a fait à son bonheur et à sa gloire: Sans la contester, on peut cependant la réduire à de moindres proportions. Chateaubriand n'en vint jamais au ridicule de Victor Hugo : il avait l'âme trop grande, et, quoi qu'il en parût, l'humilité chrétienne le gardait contre les entraînements où s'égara l'auteur des *Châtiments*. Certes, il le montra dans bien des circonstances où il lui eût été permis, humainement parlant, de se souvenir des injures et des ingratitudes qui avaient payé son dévouement et ses services.

M. de Falloux lui a consacré quelques pages dans ses *Mémoires* (1), et lui a rendu pleine justice sur ce point. Nous y renvoyons le lecteur, pour lequel cette lecture aura double profit.

Chateaubriand avait épousé Mlle Céleste de Lavigne, femme charmante, qu'il n'apprécia pas toujours comme il convenait, et qui garda pour lui jusqu'à la fin une affection pleine d'admiration discrète et spirituelle. Mme de Chateaubriand excellait à mettre son mari en relief, sans rien laisser paraître de ses propres ennuis. Elle avait l'esprit caustique et disait volontiers : « M. de Chateaubriand est si bête que, si je n'étais pas là, il ne dirait jamais de mal de personne. » Mais elle n'en était pas moins bonne et pieuse d'une piété que Léon XII lui-même avait appréciée.

Ensemble, M. et Mme de Chateaubriand avaient fondé

---

(1) *Mémoires d'un royaliste*, t. Ier, p. 61 et suiv., etc

l'asile Marie-Thérèse pour les prêtres infirmes. La maison voisine, où sont établies les sœurs aveugles de Saint-Paul, est celle que le grand écrivain occupait dans les premiers temps de la monarchie de Juillet : il mourut dans la partie actuellement consacrée à l'œuvre de Marie-Thérèse, celle dont il parle avec tant d'effusion dans ses lettres à Mme Joubert. La chapelle de l'Asile garde le tombeau de Mme de Châteaubriand, humble monument chargé, semble-t-il, de continuer les traditions d'effacement qui gouvernèrent toute la vie de la compagne de René. Tous les grands astres ont des satellites perdus dans le rayonnement de leur gloire.

Les écrits dont nous avons donné les titres ne sont pas à beaucoup près tout l'œuvre de Chateaubriand. Il forme environ trente volumes, dont la meilleure édition est celle que Ladvocat a donnée en 1831 : bien entendu, elle ne contient pas les *Mémoires d'Outre-Tombe*, qui ont paru en 1850, et forment à eux seuls douze volumes in-octavo.

TABLE DES MATIÈRES

PARIS. — IMP. CHAIX, 20, RUE BERGÈRE. — 9574-9.

www.ingramcontent.com/pod-product-compliance
Lightning Source LLC
LaVergne TN
LVHW021522170726
843501LV00004B/922